U0902245

经济社会发展规划研究丛书之一

西部城乡一体化发展规划研究

——以甘肃省金昌市为例

主　编　李　强

副主编　朱光辉　刘朝亮　陈　璞

　　　　洪金城　刘梦超

华龄出版社

责任编辑：薛　治
责任印刷：李未圻

图书在版编目（CIP）数据

西部城乡一体化发展规划研究 / 李强主编. -- 北京：华龄出版社，2018.1
（经济社会发展规划研究）
ISBN 978-7-5169-1179-2

Ⅰ. ①西… Ⅱ. ①李… Ⅲ. ①西部经济-城乡一体化-区域经济发展-研究-中国 Ⅳ. ①F127

中国版本图书馆CIP数据核字（2018）第025327号

书　　名：西部城乡一体化发展规划研究
作　　者：李　强　主编
出版发行：华龄出版社
印　　刷：北京市通州兴龙印刷厂
版　　次：2018年1月第1版　2018年1月第1次印刷
开　　本：710×1000　1/16　　印　　张：20
字　　数：210千字
定　　价：168元（全三册）

地　　址：北京市朝阳区东大桥斜街4号　　邮　　编：100020
电　　话：（010）58124218　　传　　真：（010）58124204
网　　址：http：//www. hualingpress. com

前　言

（一）

城乡一体化是一个国家和地区在生产力水平或城镇化水平发展到一定程度的必然选择。其基本内涵是一种在现代条件下城乡互补、融合、协同发展和共同繁荣的新型城乡关系发展过程。根据发达国家的现代化和城镇化发展经验，当城镇化水平低于30%时，城市文明基本上固定在城市里，农村远离城市文明；当城镇化水平超过30%时，城市文明开始向农村渗透和传播，城市文明普及率呈加速增长趋势；当城镇化水平达到50%时，城市文明普及率可能达到70%左右；当城镇化水平达到70%以上时，城市文明普及率将接近或达到100%。当一个国家或地区的城镇化水平达到30%～50%时，城市文明会急剧向农村辐射，城乡融合的速度会进一步加快。2008年，甘肃省金昌市城镇化水平达到57.58%，这表明金昌市已经具备了加速消除城乡二元结构，全面进入了以工促农、以城带乡的新阶段，并且在一定程度上比全省其他地方更有基础、更有条件加大统筹城乡发展力度，在推进城乡一体化上率先取得突破，成为全省城乡一体化的先行之地。2009年，甘肃省委、省政府从全省经济建设的总体布局出发，将金昌市列为城乡一体化发展的三个试点城市之一。基于此，探讨研究金昌市及其金昌区城乡一体化发展不仅仅有利于推动甘肃省全省城乡一体化发展，而且对西部地区其他中小城市城乡一体化发展同样具有借鉴或参考意义。

（二）

本书《西部城乡一体化发展规划研究》分为上、中、下三篇。

上篇地市级城乡一体化发展总体规划研究，共6章。分别为：第一章编制一体化的背景；第二章金昌市城乡一体化的基础条件；第三章金昌市城乡一体化的总体目标；第四章金昌市城乡一体化的主要任务；第五章创新和完善城乡一体化发展的体制机制；第六章推进城乡一体化发展的保障措施。

中篇县区级城乡一体化发展总体规划研究，共7章。分别是：第一章编写一体化背景；第二章推进城乡一体化的基础条件；第三章推进城乡一体化的指导思想、基本原则和总体目标；第四章推进城乡一体化的评价指标体系；第五章推进城乡一体化的主要任务；第六章推进城乡一体化的机制体制；第七章推进城乡一体化的保障措施。

下篇县区级城乡一体化发展专题规划研究，共6章。分别是：第一章金川区城乡空间布局一体化专题规划；第二章金川区城乡产业发展一体化专题规划；第三章金川区城乡基础设施一体化专题规划；第四章金川区城乡公共服务一体化专题规划；第五章金川区城乡劳动就业和社会保障一体化专题规划；第六章金川区城乡生态环境一体化专题规划。

本书是根据本人负责主持承担的2009年项目课题《甘肃省

金昌市城乡一体化发展规划（2008—2020）》与《甘肃省金昌市金川区城乡一体化发展总体规划（2008—2020）》研究报告修改而成。本书由李强担任主编，朱光辉、刘朝亮、陈璞、洪金城、刘梦超、洪金城担任副主编。本书在研究写作过程中，先后得到了国家发改委、财政部、国家农发办、国家民委、农业部、中国农科院、发改委宏观经济研究院、甘肃省农业厅、甘肃省发改委等单位以及唐仁建、王征、梁春满、尚虎平、毋贤祥、钟京涛、欧阳东等领导、朋友、同事的大力支持，在此表示感谢。本书写作过程中参考借鉴了诸多文献资料，由于时间仓促，引用文献资源未能一一注明，敬请原谅。加之研究水平所限，书中错误疏漏在所难免，恳请各类领导、专家、读者批评指正。

作 者

2017 年 11 月 · 北京

目　录

上篇　地市级城乡一体化发展总体规划研究

中篇 县区级城乡一体化发展总体规划研究

下篇 县区级城乡一体化发展专题规划研究

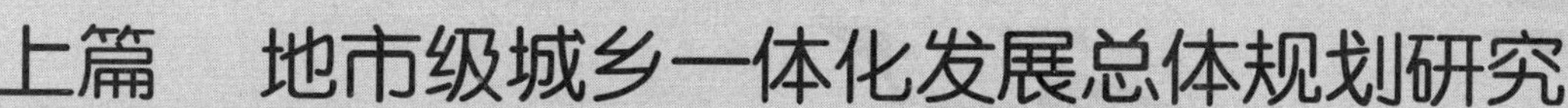

上篇　地市级城乡一体化发展总体规划研究

——甘肃省金昌市城乡一体化发展规划

第一章　编制一体化的背景

一、规划背景

城乡一体化是一个国家和地区在生产力水平或城镇化水平发展到一定程度的必然选择。其基本内涵是一种在现代条件下城乡互补、融合、协同发展和共同繁荣的新型城乡关系发展过程。根据发达国家的现代化和城镇化发展经验，当城镇化水平低于30%时，城市文明基本上固定在城市里，农村远离城市文明；当城镇化水平超过30%时，城市文明开始向农村渗透和传播，城市文明普及率呈加速增长趋势；当城镇化水平达到50%时，城市文明普及率可能达到70%左右；当城镇化水平达到70%以上时，城市文明普及率将接近或达到100%。当一个国家或地区的城镇化水平达到30%～50%时，城市文明会急剧向农村辐射，城乡融合的速度会进一步加快。2008年，金昌市城镇化水平达到57.58%，可以说，金昌市已经具备了加速消除城乡二元结构，全面进入了以工促农、以城带乡的新阶段，并且在某种程度上比全省其他地方更有基础、更有条件加大统筹城乡发展力度，在推进城乡一体化上率先取得突破，成为全省城乡一体化的先行之地。

2009年，甘肃省委、省政府从全省经济建设的总体布局出发，将金昌市列为城乡一体化发展的三个试点城市之一。金昌市作为甘肃省的新型工业城，2006年以来，在首轮新农村建设中，即对城乡一体化发展进行了初步探索，在建立以工促农、以城带乡长效机制方面具备相对较好的条件，理应做为排头兵，为甘肃省乃至全国统筹城乡发展带好头、探好路。

二、规划编制依据

（1）党的十七届三中全会通过的《中共中央关于推进农村改革发展若干重大问题的决定》

（2）中华人民共和国城乡规划法

（3）西部大开发甘肃省发展规划

（4）西陇海兰新线经济带甘肃段开发规划

（5）《甘肃省社会主义新农村建设试点工作意见（2009—2012）》

（6）金昌市国民经济和社会发展“十一五”规划纲要

（7）金昌市年鉴

（8）金昌市国民经济和社会发展统计资料

（9）金昌市政府工作报告

（10）金昌市城镇体系规划（2005—2020）

（11）金昌市社会主义新农村建设规划

（12）金昌市工业发展规划（2008—2012）

（13）金昌市循环经济发展规划

（14）金昌市服务业发展第十一个五年规划

（15）金昌市“十一五”环境保护规划

（16）全面建设小康社会目标与指标选择

（17）农村全面小康评价指标体系

（18）其他金昌市提供的相关材料

三、规划内容、范围及期限

（一）规划内容

金昌市城乡一体化的基本内容包括：空间布局一体化；城乡产业发展一体化；城乡基础设施一体化；城乡公共服务一体化；城乡劳动就业和社会保障一体化；城乡生态环境一体化等。

（二）规划范围

金昌市辖一区一县，金川区以及永昌县，总面积9593平方公里。

其中，金川区辖宁远堡镇、双湾镇2个镇以及6个街道办事处；永昌县辖城关镇、河西堡镇、新城子镇、朱王堡镇、东寨镇、水源镇6个镇以及红山窑乡、焦家庄乡、六坝乡、南坝乡4个乡。

（三）规划期限

规划期限：从2009年至2020年。近期从2009年至2012年；中期从2013年至2015年；远期从2016年至2020年。

规划基准年：2008年。

第二章　金昌市城乡一体化的基础条件

一、现状概况

（一）行政区划及人口

金昌市位于东经101°04′35″～102°43′40″，北纬37°47′10″～39°00′30″。地处河西走廊东部，祁连山脉北麓，阿拉善台地南缘。北、东与民勤县相连，东南与武威市相靠，南与肃南裕固族

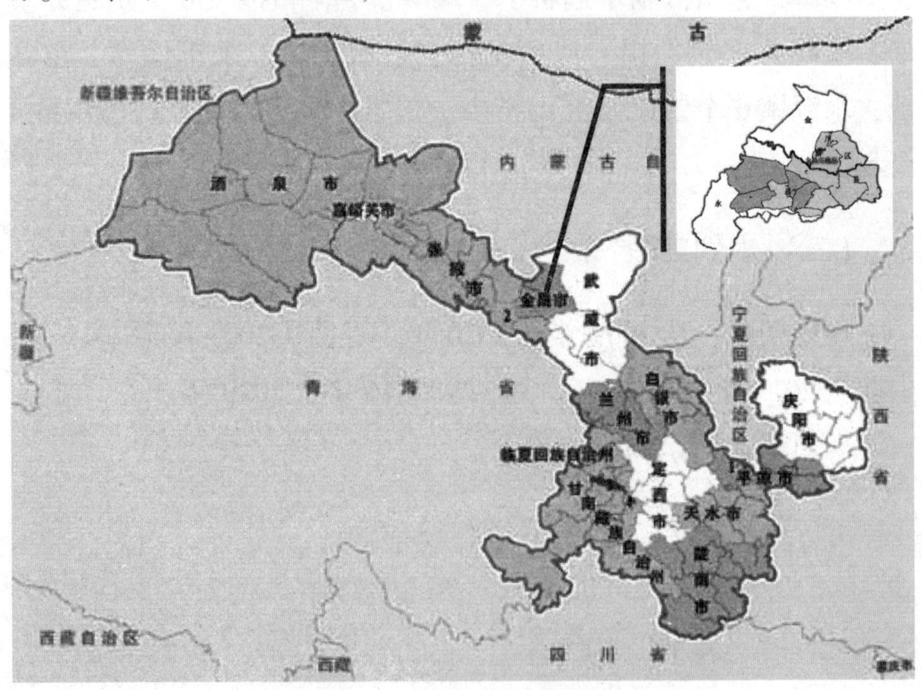

图2-1　金昌市行政区域图

自治州相接，西南与青海省门源回族自治县搭界，西与民乐、山丹县接壤，西北与内蒙古自治区阿拉善右旗毗邻。市人民政府驻金川，距省会兰州306公里（直线）。

全境东西长144.78公里，南北宽134.6公里。四至极端点：东为朱王堡镇董家堡村徐家北墩，西为白石崖沟（西南部），南为垴儿墩沟垴，北为陈家深井。边界线总长486公里。土地总面积9593平方公里（折合1438.95万亩），其中总耕地面积161.61万亩（净耕地146.83万亩），园林地62.38万亩，草滩地669.40万亩，城乡村镇、厂房等用地17.71万亩，交通用地8.55万亩，水域面积10万亩，剥蚀山地、沙漠戈壁等占地509.3万亩。

2008年，金昌市总人口达47.29万人（含流动人口）。其中，城镇人口27.23万人，乡村人口20.06万人，城镇化率达到57.58%。目前，低生育水平进一步稳定，人口自然增长率由建市初的9.26‰下降到2008年的5.79‰，人口出生率由建市初的27.28‰下降到2008年的10.81‰。有效控制了人口过快增长的势头，缓解了人口增长给经济社会发展带来的压力，说明金昌市已实现了向“低出生、低死亡、低增长”的人口再生产类型转变。

（二）综合实力

2000年以来，金昌市国内生产总值、人均生产总值和地方财政收入连续七年保持两位数增长。2008年，虽然金昌市受到世界金融危机的较大冲击，但经济仍保持平稳增长，全市共实现地区生产总值192.26亿元，按可比价计算，比上年增长6.2%。其中，第一产业增加值9.63亿元，增长0.68%；第二产业增加值155.53亿元，增长5.79%；第三产业增加值27.1亿元，增长

9.86%。三次产业比例为5.0∶80.9∶14.1。按年平均常住人口计算，人均GDP达到40772元（折合5871美元），比上年增长5.33%，远高于甘肃省的12110元和全国的22640元。完成大口径财政收入38.67亿元，下降23.13%；实现地方财政收入9亿元，增长6.85%。城镇居民人均可支配收入达到15408元，比上年增加2148元，增长16.2%；农村居民人均纯收入达5015元，比上年增加344元，增长7.36%；城镇居民人均可支配收入与农民人均纯收入之比为3.07∶1，低于全国的3.31∶1和甘肃省的4.03∶1。

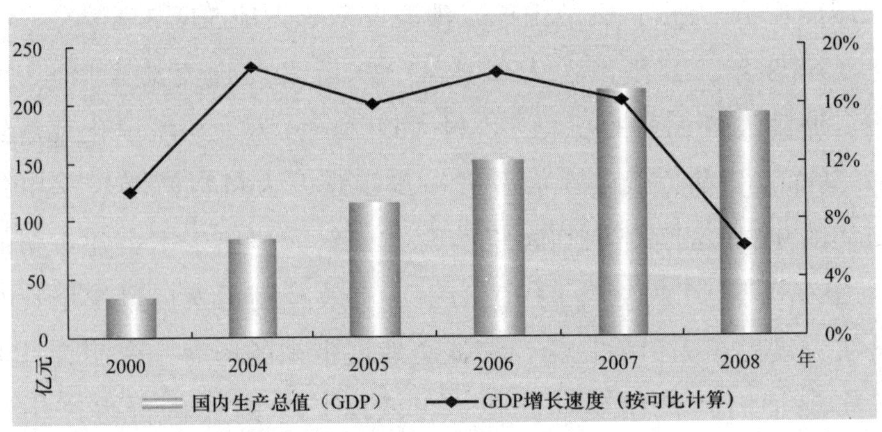

图2-2 2000—2008年金昌市生产总值及增速

（三）产业发展

1. 农业稳步发展

“十一五”以来，金昌市顺应国家产业政策的调整，积极落实中央一系列支农惠农政策，调整农业结构，大力发展农业产业化经营，加大了对“三农”的投入，全市涉农资金支出累计达到8.97亿元，农业综合生产能力有了新的提高，现代农业发展迈出了新步伐。

特色农业出现规模优势。以啤酒大麦、无公害蔬菜、食用菌等为主的特色农作物种植面积占总播种面积的70%以上：啤酒大麦种植面积稳定在40万亩左右，麦芽加工能力稳定在35万吨左右，成为全国三大麦芽生产基地之一；全市无公害蔬菜种植面积与产量稳步增加，面积已达13.32万亩，产量为48.23万吨；累计建成高效日光温室7126座，食用菌棚7039座，食用菌产量占到全省的近50%。同时，畜牧业通过加快品种改良步伐，加强防疫体系建设，扩大舍饲养殖规模，积极培育养羊专业村、专业户和养殖大户，建设养殖龙头企业和养殖示范小区，最终发展舍饲养殖小区15个，羊只饲养量达到112万只。

农业产业化经营水平不断提高。全市各类农产品加工储运企业达到370家，其中规模以上22家，省级龙头企业10家。加快建设啤酒大麦、干红辣椒、优质肉羊等农业标准化生产示范小区，新建5个标准化示范点，落实示范面积7.5万亩，标准化生产基地面积达到30万亩。全市良种覆盖率达到90%以上，农业科技贡献率达到53.1%。基本健全了以无公害农产品生产与管理相配套的质量安全体系、标准体系、生产技术推广体系等“五大”标准化生产体系，进一步完善了市、县、乡、重点产区和批发市场等四级检测网络。

农业社会化服务体系加快建设。已建成各类农村合作经济组织217个，其中，协会168个，合作社49个。农产品的市场化、规模化程度进一步提高，组织生产、利益分配运行机制顺畅，农业信息化服务网络初步形成。

2. 工业经济不断壮大

“十一五”以来，工业做大做强有色金属、无机化工、能源三大支柱优势产业，加快发展配套产业和积极培育以新材料、化工深加工为主的接续产业，已形成金川—河西堡—永昌“三点一线”的工业布局，并充分带动一、三产业发展。

扩大产业规模，进一步增强规模化、集约化生产能力。工业化程度不断提高，工业在国民经济中的比重超过80%。目前已形成了15万吨镍、40万吨铜、200万吨硫酸、18万吨合成氨、22万吨纯碱、42万吨磷二铵、120万吨水泥的生产加工能力，发电量达到14.35亿千瓦时。全市有工业企业379户，其中规模以上企业达到57家，年销售收入过亿元的工业企业有8户，其中，金川集团公司、金化集团公司、金泥集团公司、金铁集团公司、镍都实业公司等五户大中型企业跻身甘肃工业100强，尤其是金川集团公司实施“控制两种资源、面向两个市场”的经营战略，加大企业技术改造力度，为产业发展注入强劲活力，有力提升了企业竞争力，金川集团公司已发展成为全球同类企业中生产规模大、产品种类多、产品质量优的公司之一，综合技术实力居世界同行业前三位。

工业科技创新能力逐年增强。2001—2007年累计完成工业投资逾200亿元，组织实施重大技改项目90余项。2008年，新产品开发项目数57项，新产品开发经费3.8亿元，专利申请数79件。围绕资源综合开发利用，以提升企业技术创新能力为目标，金川集团公司等骨干企业大力开展新技术、新产品、新设备的自主开发和引进、推广，组织实施了机械化坑采技术、镍精矿闪速熔炼技术、超细氧化亚镍和电解钴生产技术研发及产业化等300多项科技攻关项目，取得科技成果206项；“中国名牌产品”2个；“国家免检产品”3个；申请专利38项；拥有世界先进水平的自主核心技术6项，具有国内领先水平的自主核心技术8项；

建成国家级企业技术中心 1 家，国家级博士后科研工作站 1 户，建成省级企业技术中心 3 家。2006 年，金川集团公司被列为全国循环经济试点企业。2007 年，全市有 19 户企业被省科技厅命名为高新技术企业。

新材料工业区规划建设全面启动。市委、市政府围绕循环经济发展，培育接续产业，实现金昌可持续发展，建设金昌新材料工业区。2006 年，新材料工业区建设全面启动，经过三年来的建设发展，第一批建设项目全部确定并有不同程度的进展，7 户企业 13 个项目入驻新材料工业区，征地 8875 亩，确定总投资约 140 亿元。目前，新材料工业区区域环评已通过省环保局审查，园区总体规划编制已完成，园区水、电、路工程已基本建成。入驻的 40 万吨烧碱、6 万吨精密铜镍合金管棒材、100 万吨新型干法水泥、20 万吨硫酸钾、20 万吨 PVC、100 万套印花镍网生产线等项目已建成或即将建成投产。

新兴接续产业发展有了重大突破。以硫化工、磷化工、氯碱化工、煤化工为主的“四大化工”产业格局初步形成。20 万吨离子膜烧碱、20 万吨硫酸钾、20 万吨 PVC 等项目开工建设，1.5 万吨海绵钛、1 万吨羰基镍、5000 吨羰基铁等项目前期工作全面完成。

3. 服务业长足发展

“十一五”以来，金昌市服务业有了长足的发展。现已基本形成门类比较齐全、多种经济形式并存的服务业格局，为全市经济稳定健康持续协调发展做出了重要贡献。

金融业进入新的繁荣发展时期。金融业服务领域不断拓宽，金融总量不断扩大，有力地支持了全市国民经济持续快速健康发展。

旅游、信息、咨询及房地产业迅速起步。金昌市具具有得天独厚的戈壁、沙漠、雪山、草原、高原水库、现代镍工业基地共居一市的自然人文景观和丰厚的历史文化底蕴，发展旅游业的条件较好，旅游产业快速启动。全市基本实现了村村通广播、电视。全市信息咨询中介服务与房地产业快速发展，全市城镇与农村人均住宅建筑面积大幅度提升。

市场体系健全，物流业有较大的发展。已形成带动作用较强的区域性专业市场——北京路大市场（年交易额过亿元）、金三角市场、金戈市场、白家嘴农产品批发市场，同时，天水路步行街、镍都商厦、金三角商厦等一大批商业基础设施的改造扩建使金昌市商贸流通业的硬件建设上了一个新台阶。

传统商品流通、餐饮业发展较快。商品流通领域形成了多种流通渠道、多种经济成份、多种经营形式的新流通业务。2008年，实现社会消费品零售总额 27.95 亿元。对外贸易大幅度上升，2008 年，全市进出口总额达到 33.06 亿美元。

(四) 城镇建设格局

全市城镇布局逐步形成了以 212 省道为轴线，东西辐射，市区、河西堡镇、永昌县城为核心的产业发展群，带动辐射周边乡村经济逐步向核心区域聚集，同时，在国家级发展改革试点镇朱王堡镇和省级发展改革试点镇河西堡镇、宁远堡镇的辐射带动下，周边乡镇大力发展农副产品深加工等农村特色产业经济，带动传统农业向现代化农业发展过渡。

1. 道路基础设施建设

至 07 年底，市区主次干道 29 条，道路总长 74.34 公里。市区现有 5 条公交线路，投入运营公交车辆 62 台，总里程 70.4 公里，城市公交基本覆盖了市区主要街道。全市小城镇建成区道路总长103.85公里，永昌县城和河西堡镇建成区道路基本形成了格网式布局，并且配套完善相应的人行道、路灯及绿化建设。全市基本形成了以国省干线为骨架，县乡道路、专用道路为支线，四通八达、干支相连的公路网络，境内公路密度达到每百平方公里12公里。

2. 供水基础设施建设

至07年底，全市城市供水综合生产能力为10.6万立方米/日，供水管道长239公里，人均日生活用水量为215.98升，用水普及率达到97.41%，供水主要服务范围覆盖了市区所有市政区域、市区近郊区、河西堡镇居民用水、工业企业（金川公司大型厂矿除外）及公益事业用水。全市各小城镇均建成集中供水设施，敷设供水管道总长245.33公里，用水普及率达到96.96%，村庄人畜安全饮水工程基本完成，集中供水的行政村达到86个，自来水普及率达到60.34%。

3. 排水及污水处理设施建设

截止07年底，市区建成排水主管线7条、支管线36条（不包括金川公司自建管网）管道总长78公里。建成污水处理厂1座，配套污水收集管网13.5公里、中水回用水管网13.1公里；污水处理厂日处理污水能力8万吨，已于07年5月正式投入运行，城市生活污水处理网络初步形成。全市小城镇共建成排水管道28.22公里，污水处理方面朱王堡镇建有1座小型污水处理厂，日处理污水能力0.07万吨，年污水处理总量18.6万吨。

4. 生活垃圾处理设施建设

市区现有生活垃圾处理场2座，垃圾中转站5座，生活垃圾采用卫生填埋方式处理，尾矿坝垃圾场现已基本填满，于07年底正式封场，新建的金昌市城市生活垃圾处理场设计日处理生活垃圾250吨，年处理10万吨，于07年底正式投入运行，各社区生活垃圾收集后经垃圾中转站转运垃圾处理场统一填满处理，日填埋处理生活垃圾280吨，生活垃圾处理率达到67.15%，基本满足城市发展的需要。全市小城镇生活垃圾处理已经在河西堡镇、宁远堡镇、双湾镇分别配备2～4辆垃圾转运车辆对垃圾进行堆埋处理。

5. 新农村建设

把整体推进农村基础设施建设与农村小康环保计划和农村“六小工程”等结合起来实施，完成了41个行政村、221个自然村和建设点的村庄规划；累计建设各具特色的示范住宅8328套，配套“一池三改”沼气池8361户。部分示范村基本实现了村村有办公、文化、体育、卫生所、客运站所、小超市等公共设施，大部分乡镇实现了村村通油路、户户通自来水、户户有沼气池、户户通广播电视等基础设施的目标。

6. 城市基础设施

高标准实施了城区改造和街景、居民小区配套建设，建成了人民文化广场等一批城市基础设施和富有人性化色彩的城市街景，城市人居环境大为改观。城区绿化覆盖率达到31.03%，人均公共绿地面积16.33平方米。

7. 其它公共设施

全市文化设施初具规模，共有文化馆2个，公共图书馆3个，博物馆1个。同时，新农村文化工作成效显著，已建成“农家书屋”87个、乡镇综合文化站5个、村文化大院30个，基本实现了乡乡有文化站、村村有文化室的目标。

（五）社会事业

“十一五”以来，金昌市各项社会事业协调发展。

科技事业不断进步。三年累计组织实施科技项目165项，安排科技三项经费540万元；申报省级科技项目44项，国家级科技项目1项。

教育事业快速发展。在继续巩固“两基”成果的基础上，整合城乡教育资源，优化了教育布局。三年共撤并农村中小学34所，建成寄宿制学校22所，全市小学、初中、高中入学率分别达到了99.8%、98.92%、86.2%；普及了高中阶段教育，85%以上的残疾少年儿童接受了不同层次的教育。农村中小学学生免除了学杂费，家庭贫困学生享受免费教科书，家庭贫困寄宿生享受生活补助资金。高中阶段教育层次和水平进一步提高，普通高考大专以上上线率达到80.1%，录取率达到60.2%。

卫生事业得到加强。建立了基本医疗、疾病预防、计划生育、康复治疗、卫生保健和健康教育“五加一”模式的社区卫生服务网络。率先在全省健全完善农村新型合作医疗、大病补助、医疗救助“三位一体”的合作医疗新机制，并进一步在城镇低保人员和非职工人群中推广，农村居民和城市居民合作医疗参合率分别达到98.99%和95.2%。实现“四个全覆盖”，即新型农村合作医疗制度覆盖全部农村人口，城市居民医疗保险制度覆盖城市非职工人群，医院床位补贴翻番、建立济困病床制度覆盖市县级公立医院，基层卫生院人员工资由财政全额供给覆盖全市乡镇。

广播电视和体育事业健康发展。金昌人民广播电台、金昌电视台、金昌市广播电视网络信息传输公司、金昌市电影公司、金昌路段微波站、金昌电视台公共频道播出中心等六家事业单位，共建成市级广播电台、电视台2家、广播电视转播台、差转台10座，发展城乡有线电视用户5万多户，广播电视人口覆盖率分别为85.71%和91.36%。按照省体育局全面启动千乡镇农民健身工程的要求，金昌市“一乡一站”工程实行整市推进，全市12个乡镇每个乡镇文体站建成一个硬化篮球场，一个乒乓球室和一条健身路径。全市138个行政村到今年底将有116个（其中永昌县89个、金川区27个）完成“一村一场”建设任务，一个覆盖全市广大农村体育健康活动的配套设施正在逐步建成。

社会保障体系进一步健全。在全省率先建立了城乡一体的低保、养老、医疗、教育以及住房救助、法律援助等社会事业体系，并从医疗、教育、就业、供水等方面为低保对象提供费用减免等优惠政策，先后两次提高城市低保标准，城市低保边缘户在医疗、教育、住房等方面按城市低保对象补助标准的50%实施救助，分步骤对人均住房面积8平方米以下的城镇低保家庭全部实施廉租房补贴。

多渠道开发就业岗位。2006—2008年的3年里，金昌市新增城镇就业岗位分别达到6053个、7070个和8116个，城镇就业困难对象再就业累计达到7074人，“零就业家庭”的就业问题得到较好的解决。

农民培训输转和劳务经济得到较快发展。实施了“10万农民劳动技能提升计划”，三年累计输转城乡富余劳动力31.32万人（次），实现劳务收入11.1亿元。

（六）生态环境

加大节能减排力度，发展循环经济。2006年金川集团公司被国家列为首批循环经济试点企业，随后 2007 年金昌市被列为全省循环经济试点城市。目前，金昌为争取全国循环经济试点城市，加大节能减排工作力度，加强对高耗能、高污染工业企业的治理。在继续实施对金川集团公司二氧化硫回收利用及烟气治理的同时，爆破拆除了永昌电厂 9.9 万千瓦机组、金泥集团年产 8.8 万吨水泥立窑生产系统、关闭了五家小硅铁厂和境内全部 12 家造纸厂，并确定了金泥集团全部立窑水泥生产线和金铁集团两座 200 立方米高炉的淘汰计划。

工业企业污染治理取得一定成效，环境质量明显改善。2008 年，金昌市万元生产总值能耗已降至 1.7149 吨标准煤；化学需氧量排放量为 11190 吨；二氧化硫排放量呈逐年降低的趋势。2008 年，全市可吸入颗粒物平均浓度为 0.102 毫克/立方米，达到了国家三级标准（0.15 毫克/立方米）。市区空气质量达到二级或好于二级的天数增加到 321 天，占全年总天数的 87.8%。

大力发展高效节水型特色农业。近年来，金昌市依靠农业科技进步和科技创新，建立水、土、光、热等资源的高效利用与环境保护有机统一的农业发展模式和生态农业良性循环体系，重点组织以节地、节水、节肥、节能和生态环境治理及资源循环利用为主的农业科技开发项目，继续推广日光温室、地膜覆盖、膜下灌溉、设施农业微滴灌、间作套种、立体栽培、少免耕垄作栽培、农田污染防治、机械化精量播种、土地沙化治理等技术，有效保护和合理利用农业资源。同时，开发丰富的光能、热能、风能和戈壁、沙滩资源，大力发展以特色种养业、林果业、花卉业、沙产业为主的阳光农业、绿色农业和戈壁农业，促进农业再生资源循环永续利用和非农业再生资源节约利用，推进农业可持续发展。

继续抓好生态林业。金昌市220万亩以旱生超旱生灌木为主的荒漠化草原、高山草原被有157.3万亩被列入国家重点公益林生态补偿项目，成为全省补偿面积比率最高的地区，也使金昌市林业用地面积达到589.3万亩，森林覆盖率显著增加并达到20.82%，林木蓄积量达到177.48万立方米，出现了林地面积、林木蓄积量双增长态势。同时，针对林业产业基础十分薄弱的情况，林业部门积极寻求生态与产业的发展，充分考虑水资源对林业产业发展的制约，把适度发展乡土经济林和适生经济生态兼用型经济林树种结合，政策引导以林养林，积极探索反季节设施栽培特色水果和效益水果，2006年，全市果品产量达到5261吨，林业产值达到3667万元，增加值1822万元。共取得17项林业科技成果，建立完善了市、县、乡三级林业科技推广站15个。完成改扩建苗圃2处，完成良种基地建设2处，基本实现苗木繁育产业化、苗木供应当地化、苗木栽植良种化的种苗“三化”目标。

（七）发展后劲

1. 资源优势

金昌市矿产资源优势明显，集中了全中国70%的镍和50%以上的铂族金属，境内有多金属共生的大型硫化镍铜矿床，已探明的矿石储量为5.2亿吨，镍金属储量550万吨，列世界同类矿床第三位，铜金属储量343万吨，居中国第二位；同时矿石还伴生有钴、铂、钯、金、银、锇、铱、钌、铑、硒、碲、硫、铬、铁、镓、铟、锗、铊、镉等元素，其中可供回收利用的有价元素有14种。

2. 工业集群

金昌市已经形成金川——河西堡——永昌“三点一线”的工业布局，有色金属、化工、能源、建材等优势产业扩张势头强劲。其中，金川集团公司是采、选、冶、化配套的大型有色冶金和化工联合企业，目前已形成年产15万吨镍、40万吨铜、10000吨钴、8000千克铂族金属和280万吨化工产品的综合生产能力，位列全国工业企业500强第107位，综合技术实力在世界同行业中名列第三。在其带动下，金昌市近年来引进了新川化工、宇恒镍网、金泥集团等企业，有效增强了拉动全市经济快速和可持续发展的能力。

3. 重大项目支撑

2008年，金昌市被国家发改委批准为全国首批7个新材料产业国家高技术产业基地之一。2009年，甘肃省又将金昌市列为推进城乡一体化建设试点城市之一。与这些决策相伴随，金昌市得到了国家和省上诸多项目支持，目前已批准立项并着手建设的有新材料工业园区、金昌支线机场、金永高速公路、金阿铁路专线等重大基础设施和750千伏输变电工程、永昌发电公司2×330MW热电联产、市区2×330MW热电联产等重点电力能源等建设项目。

新材料产业工业园。工业园是国家发改委确定的全国首批7个新材料产业国家高技术产业基地，园区项目包括金川公司投资100多亿元建设的1.5万吨海绵钛、1万吨羰基镍等重点项目，年产值15亿元，年产300万套镍网的宏联镍网项目，年产150万镍网的宇联镍网项目等。

金昌支线机场。金昌机场设计为国内小型支线机场，预计旅客吞吐量20万人次、货邮吞吐量1400吨。机场的建设与运营，将有力促进物流、旅游、宾馆、交通运输等产业的发展。

金永高速公路。已经获得批复的金永高速公路经宁远堡、山湾、周家湾、张家老庄、下四坝、刘新庄、八一农场东寨分场，跨国道312线后与国家高速公路相接，跨金川集团公司铁路接市新材料工业区东路。作为甘肃省公路网的重要组成部分和“四纵四横四重”公路网主骨架的“一个重要路段”，金永高速公路是金昌市区与连霍国道主干线连接的唯一线路。

金阿铁路。金阿铁路专用线金昌至红沙岗段从兰新线金昌站西咽喉接轨，经宁远堡、下四分至红沙岗一矿，全线长99.8公里。建成后，不仅可以有效解决红沙岗矿区的物资运输问题，而且可以有效改善沿途区域交通运输结构，进一步促进区域内农副产品的调出和各种矿产资源的开发，带动整个沿线地区经济持续快速发展。

重点电力能源项目。永昌段750千伏输变电工程为西北（陕甘宁青）电网七项750千伏输变电工程重要部分，是西北电网“十一五”规划重点建设项目，对于进一步完善西北750千伏主网架，满足黄河上游水电送出需要，推动西北电力外送具有十分重要意义。

两个2×330MW热电联产工程。两个2×330MW热电联产工程包括永昌发电公司2×330MW热电联产与市区2×330MW热电联产。工程建成后，既可满足全市热、电负荷快速增长的需要，又将取代冬季采暖供热的小锅炉，极大地减少各类污染物的排放量，有效改善全市大气环境质量。

争取国家级开发区。突出抓好新材料工业区建设，使新材料工业区真正成为产业集聚、项目集中、技术集成和循环经济发展的示范区，争取建成国家级经济技术开发区。如能建成国家级经济技术开发区，将会为金昌市带来产业集群优势、技术优势、制度优势、人才优势等一系列“综合优势”，加速推进金昌市产业发展。

全省循环经济试点城市。2005 年以后，金昌市作为循环经济试点城市，坚持把发展循环经济作为资源型城市可持续发展的突破口，以“减量化、再利用、资源化”为原则，已初步形成企业内部小循环、产业中循环、区域大循环的循环经济模式，构建了关联产业聚集集群的循环经济发展格局。

二、存在问题

（一）城乡居民收入与消费差距继续扩大，农民增收难

城乡居民收入与消费的差距进一步扩大扩大。全市农民人均纯收入与城镇居民收入的差距由建市初期的 531 元扩大到 2008 年的 10393 元，相差 19.57 倍；城镇居民人均可支配收入与农民人均纯收入之比为 3.07∶1，低于甘肃省的 4.03∶1 和全国的 3.31∶1。“十五”期间农民人均纯收入增速低于城镇居民收入增速 2.3 个百分点；农村社会消费品零售总额增速低于城镇社会消费品零售总额增速 5.89 个百分点。农民增收困难。农业经营较为分散，组织化程度偏低，农村市场体系建设相对滞后，社会化服务体系和服务功能不健全，产前、产中和产后的服务不配套，难以形成农业产业化经营模式，市场竞争力很弱。农业生产资料价格上涨，农产品价格回落，降低了农业的比较效益，压缩了农产品收益的增长空间，再加上农产品卖难问题突出，资金回流不畅，导致农民收入增长缓慢，与城镇居民收入的差距进一步

拉大。

（二）城镇规模结构不完善，区域差异大

金昌市包括市区和郊县，两者经济发展不平衡的状况较为明显。横向看，金川区城镇化水平较高，而永昌县城镇化水平较低，1982 年两者相差68.68 个百分点，1990 年相差53.16 个百分点，2008 年仍相差 48.4 个百分点，二元经济结构比较明显。

金昌市城镇人口规模等级呈明显的首位分布，区域经济集中于首位城市，作为次一级中心城市的永昌县城与河西堡镇，虽然人口、产业具有一定规模，但与首位的金昌市区差距极大。大多数城镇规模偏小，缺乏中型镇，全市 12 个小城镇中，只有永昌县城关镇与河西堡镇的城镇人口大于两万，其余各镇人口均低于1 万，城镇规模等级呈“小城市—大型镇—集镇”的三级结构体系，规模结构不完善。在金昌市小城镇建设规划中，粗线条规划较多，缺乏个性和特色；规划建设标准仍然较低，城镇综合开发率较低。同时，小城镇集聚规模小、布局分散，缺乏支撑产业，使城镇功能不健全，吸纳农业剩余劳动力的能力的滞后于小城镇数量的增加。

（三）产业结构不尽合理，第三产业发展相对缓慢

金昌市从 1981 年以后，一、二、三产业比例顺序即呈重工业化特征的“231”型，20 多年来一直维持这种稳定的状态，表现在三次产业结构中，第二产业比重偏高，第三产业滞后；而工业结构中，轻工业比重很低，资源、能源型产业几乎占了 90% 以上的工业总产值。2008 年一、二、三产业比例为 5.0:80.9:14.1，第三产业的比重明显偏低，与现代化的要求有较大差距。从就业

结构看，二十多年来虽有一些缓慢变化，但一直维持“123”的顺序，金昌市第三产业从业人员占全社会从业人员的比重长期低于全省、全国平均水平，表明金昌市虽然产业发展已进入工业化中期，而就业构成仍处在工业化初期阶段。

（四）城乡基础设施建设相对滞后

村镇基础设施建设相对滞后，城镇道路体系不完整、道路老化，城镇集中供热设施建设跟不上房地产业发展等所带来的用热需求，污水处理和垃圾无害化处理设施建设滞后，市政环卫设施严重不足，城市绿化水平低等突出问题，严重影响城市形象和城镇功能的发挥，也不利于招商引资和城镇产业的发展；城镇现有基础设施应对各种突发性事件的能力严重不足，已经影响到城区大规模改造计划的实施；目前农村地区基本都没有供排水、供热、绿化、环卫设施等专项规划，导致基础设施建设存在前瞻性不足、投入不足、建设标准低等问题。

（五）城乡劳动就业与社会保障矛盾突出

全市城镇每年新增劳动力2000多人，国有企业改革改制产生富余劳动力6500多人，农村富余劳动力有8.1万多人，此外，还有一大批大中专毕业生需要就业。同时，城乡就业差距扩大，农民富余劳动力转移缓慢。金昌市的经济结构比较单一，非公经济规模较小，吸纳就业的容量有限，劳动力供大于求的问题在短时间内还难以解决。

人口老龄化速度加快，养老保险资金长期平衡压力巨大；社会保障覆盖范围比较窄，一些困难群众缺乏基本的社会保障；农村居民和城市无业人员养老问题日渐突出；国有、集体企业职工连年减少，民营经济、个体经济从业人员以及灵活就业人员大量增加，社会保障制度必须适应新的就业结构；协调机制还不健全，收入分配关系尚未完全理顺，企业改革遗留问题较多，个别职工要求解决自身利益问题的呼声比较迫切；停产停业企业人员、改革改制企业职工、企业军转干部、城镇无业人员等群体的就业和社会保障问题日益凸显，在一定的时期内，可能会影响到社会的稳定。

（六）城乡体制机制二元结构明显

户籍制度为基础的城乡壁垒，事实上是将城乡两部分居民分成了两种不同的社会身份。二元户籍制度及依附其上的二元社会福利制度的存在，在城乡之间筑起了一道壁垒，限制和剥夺了农民分享现代工业、城市文明和社会福利待遇的权利，造成了城乡发展的两极分化，城乡居民在就业机会和社会福利水平事实上的不平等还未根本改变。

（七）水资源短缺

金昌位于河西走廊东端，是全国110个重点缺水城市和13个资源型缺水城市之一，干旱少雨，水资源短缺是金昌的基本市情。全市多年降水量100毫米左右，年蒸发量是降水量的24倍，全市水资源总量5.374亿立方米。目前，金昌市每年实际需水量均在8亿立米以上，供需缺口近2亿立方米，不足部分靠超采地下水维系，水资源利用程度已达到148.9%。根据金昌市“十一五”发展规划，即使在保持现有灌溉面积不变、最大限度挖掘节水潜力的前提下，到2010年金昌市缺水仍达0.9亿立方米。水资源短缺已成为制约金昌市经济社会可持续发展的主要瓶颈。

（八）生态环境脆弱

金昌市土地荒漠化持续扩张，植被退化，沙尘暴频发。根据荒漠化普查，全市沙区总面积47.5万公顷，占总面积的49.5%，全市有8大风沙口和210千米长的风沙线。据监测，近5年流沙每年以1~2m的速度向农区推进，全市每年净增沙化土地0.3万公顷，有2.0万公顷耕地不同程度地受到风沙危害，1.7万公顷草场退化，自然林草植被群落生态系统造成很大破坏，1286个村庄饱受沙患，每年因风沙危害造成的直接经济损失达650万元以上。与这些因素相伴的还有经济社会快速发展带来的环境污染问题等。

三、机遇和挑战

（一）机遇

西陇海——兰新经济带是我国西北地区未来50年唯一的一级发展轴线，国家把西陇海——兰新线作为西部大开发“两带一区”重点建设地区之一；国家新材料产业高新技术产业基地的确立，拓宽了金昌市的产业发展空间；甘肃省将金昌市列为城乡一体化发展的试点，使金昌市有了改革创新的较宽松空间，给城乡一体化建设的综合配套发展带来了机遇。

（二）挑战

加强生态环境建设，打造宜居城区和现代化农村社区的挑战；水资源有效保护、科学利用及节水型高效农业的培育与发展的挑战；以重点乡镇改造为龙头，加快破除城乡二元体制障碍和增加农民财产性收入、缩小城乡居民收入差距的挑战。

第三章 金昌市城乡一体化的总体目标

一、指导思想

以邓小平理论和“三个代表”重要思想为指导，深入贯彻落实科学发展观和党的十七大、十七届三中全会精神，认真贯彻中央关于加强“三农”工作的一系列指示精神，按照“工业强市、以工促农、以二带三、和谐共享”的思路，以统筹城乡发展为主线，以建立以工促农、以城带乡的长效机制为动力，以加大投入、夯实基础、强化公共服务为着力点，以缩小城乡差距和提高城乡居民生活水平为目标，打破城乡二元结构，促进城乡经济社会互动融合、和谐发展，使农村和城市共享现代文明，推进和谐金昌建设，在全省率先实现城乡一体化。

二、总体要求

坚持统筹规划、重点突破，政府推动、市场引导，城乡联动、协调发展，按照“关键抓发展、重点抓农村、核心抓统筹”的基本要求，着力推进“三大集中”（工业向集中发展区集中、农民向城镇集中、土地向规模经营集中），建立和完善“四项制度”（城乡统一的新型户籍管理制度、城乡基本统一的社会保障制度、农村土地管理和使用制度、公共财政城乡合理分配制度），实施“五个加快”（加快公共财政向农村倾斜、加快基础设施向农村延伸、加快社会保障向农村覆盖、加快公共服务向农村侧重、加快城市文明向农村辐射），围绕“五化目标”（基础设施配套化、增收机制多元化、公共服务一体化、发展理念生态化、基层民主制度化），推进“六个一体化”（即城乡发展规划一体化、城乡产业布局一体化、城乡基础设施建设一体化、城乡公共服务一体化、城乡劳动力就业与社会保障一体化、城乡生态环境一体化），坚持推进城乡一体化与建设新农村紧密结合、同步进行，有计划、有重点、有步骤，积极开展推进城乡一体化工作，推动城乡相互促进、不断融合、协调发展，经过努力，把金昌市建成全省城乡一体化发展的示范区。

三、基本原则

（一）坚持城乡统筹，促进城乡协调发展

正确处理城市和农村关系，尽快让农村地区享受城市文明。始终把解决好“三农”问题作为全部工作的重中之重，加大以工促农、以城带乡力度，把基础设施建设和社会事业发展的重点放在农村，促进城乡经济社会一体化发展。

（二）坚持科学发展，着力转变发展方式

正确处理经济发展与人口、资源、环境的关系，实现经济社会与生态环境的协调和可持续发展。加快产业结构优化升级，提高自主创新能力，形成产业新格局和竞争新优势。把节约资源和保护环境放在突出位置，实现经济社会发展与人口资源环境相

协调。

（三）坚持以人为本，推进和谐社会建设

把改善人民生活作为一切工作的出发点和落脚点，解决好群众最关心、最直接、最现实的利益问题。尊重群众意愿，维护群众合法利益，调动群众积极性和创造性，注重提升人的素质和生活质量。大力发展社会事业，促进基本公共服务均等化，实现和保障社会公平正义。

（四）坚持改革开放，推进体制机制创新

以统筹城乡改革发展为工作抓手，在重要领域和关键环节率先突破，破除制约经济社会发展的体制机制障碍。改革现行的与城乡经济社会发展一体化要求不相符的行政管理体制，突破户籍、社保、就业等体制障碍，创造有利于城乡人口和生产要素合理流动的新机制，进一步激发城乡经济社会发展活力。

（五）坚持统一规划，实现有序推进发展

以金昌市城乡整体为范围，统一编制城乡规划，明确城乡功能定位，有效整合城乡资源。加快城镇建设、产业发展、基础配套和公共服务设施的建设步伐，分阶段、分梯度推进城乡一体化发展。

四、发展目标

推进城乡一体化，要逐步在城乡之间通过资源和生产要素的自由流动和优化配置，使城乡经济、社会、文化、生态和空间得

到持续协调发展，最终实现城乡融合。

（一）总体目标

加快推进城乡一体化步伐，建立和完善城乡一体化的规划体系，建立和完善城乡一体化推进机制，建立和完善城乡教育、医疗、文化合理布局和均衡配置的公共服务体系，建立和完善城乡有效衔接、功能完善的基础设施体系，建立和完善覆盖城乡的公共就业服务及社会保障体系，建立和完善城乡生态环境保护体系，消除城乡二元结构，缩小城乡发展差距，促进生产要素在城乡之间自由流动和优化配置，基本形成以统筹城乡发展规划、产业布局、基础设施建设、劳动力就业、公共服务、社会管理、生态环境为重点的一体化发展格局，最终实现城乡融合，达到全面协调发展。

1. 夯实城乡一体发展的经济基础

促进一二三产业融合，加快构筑产业联系紧密、空间布局合理、资源深度整合、区域特色明显、基础设施共享的产业发展新格局。坚持“工业强市”，加快传统农业向现代农业转变，大力推进新型工业化，全力打造现代服务业，逐步形成产业布局合理、市场体系完善、信息资源共享的区域经济共同体，实现区域经济在不同层面、不同结构、同一平台上协调发展。

2. 形成城乡一体发展的规划基础

以提高城乡规划建设组织程度为核心，强化城乡空间联系，超前谋划、精心规划、高标准建设、高效能管理，加大小城镇建设，逐村推进农宅改造与建设，建设具有西部特色、地方特点的农居；完善基础配套设施，实现城乡供水、供电、排污、绿化、环境卫生等公用服务设施一体化，把全市农村建成为具有现代化气息的新型农村社区。

3. 营造城乡一体发展的环境基础

坚持以人为本，树立全面、协调、可持续的科学发展观，按照建设现代化生态城市的要求，以生态环境保护为重点，全面推进生态环境建设，加大污染治理力度，基本形成城乡生态环境融合互补，经济社会与生态环境协调发展，人与自然和谐相处的新格局。

4. 打造城乡一体发展的人文基础

牢牢把握科学发展这条主线，不断完善并加快推进适宜创业、适宜人居、适宜人的全面发展的现代文明城区建设步伐。坚持以转变发展方式为主线，推动经济又好又快发展；坚持以公民有序参与为重点，加强民主法制建设；坚持以提高公民素质为根本，繁荣和发展文化事业；坚持以大力改善民生为关键，使农村居民在教育、文体、卫生、科技、广电等社会事业方面与城镇居民共享发展成果。

（二）阶段目标

为了尽快形成城乡经济社会发展一体化新格局，金昌市推进城乡经济社会发展一体化规划将分为“三步走”，分为近期（到2012年）、中期（到2015年）以及远期（到2020年）目标。

1. 近期目标值

到2012年，做好先行地区“一区（金川区），三镇（城关镇、河西堡镇、朱王堡镇），七个中心村（新城子镇新城子村、红山窑乡红山窑村、焦家庄乡水磨关村、东寨镇双桥村、六坝乡六坝村、南坝乡永安村、水源镇永宁村）”的城乡一体化试点工作，为整个金昌市城乡一体化带好头。先行地区将基本实现城乡居民平等的发展机会，促进城乡各种资源要素的合理流动和优化配置，缩小城乡差距与工农差距，促进城乡分割的传统“二元经济社会结构”向城乡一体化的现代经济社会结构转变。

2. 中期目标值

到2015年，金昌市将以点带面，通过推广先行地区城乡一体化经验，从发展规划、产业布局、基础设施建设、城乡公共服务、劳动力就业与社会保障、生态环境六个方向全面推进城乡一体化，在甘肃省乃至西北地区成为推进城乡经济社会发展一体化的排头兵。将基本实现公共资源在城乡之间的均衡配置、生产要素在城乡之间自由流动，实现城乡经济社会发展大融合。经济社会发展的重要领域和经济社会体制的关键环节改革取得重大进展，统筹城乡经济社会发展一体化的制度框架基本形成。

3. 远期目标值

到2020年，金昌市将全面实现城乡一体化，城乡经济社会发展一体化新格局的主要方面处于全国领先地位。各项改革将全面深化，形成城市经济反哺农村经济，农村经济助推城市经济新格局，支柱产业和优势产业得到明显发展壮大，二、三产业对农村劳动力的吸纳力明显增强，生产要素在城乡之间合理流动；初步建立起配置合理、高效统一的城乡文化教育、医疗卫生、社会保障、科技信息等公共服务和社会管理体系；城乡经济、社会、文化和生态协调发展，形成结构优化、布局合理、优势互补、互促共荣的城乡发展格局。在西部地区率先实现全面建设小康社会的目标，基本消除城乡二元结构，城乡差别明显缩小，全区城镇化率达到75%，地区国内生产总值达到566亿元，农民人均纯收入达到10000元，城乡居民收入差异系数进一步缩小为2.16。

五、指标体系及分析

由于城乡一体化发展的本质特征是实现城乡融合，因此，设定的指标体系主要着眼于城乡“五个融合”，即：城乡经济融合度、城乡人口融合度、城乡社会发展融合度、城乡生活融合度、城乡生态环境融合度（见表3-1）。

——城乡经济融合度：主要体现在城乡居民收入比和第三产业增加值比重这两项指标上。2008年，金昌市城乡居民收入比为3. 07∶1，根据城乡一体化的均衡发展的要求，两者之比要逐步缩小，到2012年降低为2. 77∶1；到2015年降低为2. 57∶1；到2020年降低为2. 16∶1。2008年，金昌市第三产业占经济总量的比重为14. 10%，不仅低于世界一般水平，同样也远低于我国平均水平40%。到2012年，第三产业所占比重为15%左右；到2015年升为18%左右；到2020年将达到23%。

——城乡人口融合度。主要体现在人口城镇化率、非农就业人口占农村就业总人口的比重、城乡人口平均预期寿命比这三项指标上。2008年，金昌市城镇化率达到57. 58%，高于全国的45. 7%的平均水平，到2012年该指标超过65%；2015年达到70%左右；2020年超过75%。2008年，金昌市农村非农就业人口反占农村实有劳动力总数的30%，远远低于全国平均非农就业人口比重为50%，更远远低于世界平均水平。该指标到2012年达到40%左右；到2015年达到50%左右；到2020年达到60%左右。2008年，全市城乡人口平均预期寿命分别为71岁和69岁，到2020年，该指标的城乡一体化标准确定为城市75岁以上，农村人口的平均寿命达到73岁以上。

——城乡社会发展融合度。主要体现在城乡社会保障覆盖率、城乡居民收入基尼系数、城乡高中普及率和大学入学率以及城乡农村合作医疗覆盖率这四项指标上。预计金昌市城乡社会保障覆盖率到2012年达到50%以上；到2015年在60%以上；到2020年在80%以上。2008年，金昌市城乡居民收入基尼系数为0.50，不仅超过了国际公认的警戒线0.4，也超过了我国专家建议的警戒线0.45，因此，该指标到2012年应停止上升趋势，保持0.50左右；到2015年应在0.47左右；到2020年下降至0.45以下。2008年，全市高中阶段入学率达到90%左右，该指标到到2012年超过94%；到2015年超过98%；到2020年应到达100%。到2012年，全市大学入学率超过15%；到2015年超过20%；到2020年应该达到30%以上。2008年，全市城乡农村合作医疗覆盖率达到98.99%，高于全国85.96%平均水平，到2012年该指标而达到100%，达到完全覆盖。

——城乡生活融合度。主要体现在城乡居民恩格尔系数、城乡居民人均居住面积和农民居住质量指数、城乡居民文化娱乐消费支出的比重、城乡居民信息化实现程度这四项指标上。2008年，金昌市城乡居民恩格尔系数已低于或接近0.4全面小康的目标值，该指标到2012年，低于0.33/0.36的水平；到2015年低于0.32/0.34的水平；到2020年低于0.31/0.31的水平。2008年，金昌市城市、农村居民人均住房面积分别为30平方米和39平方米，到2012年，城市和农村人均住房面积分别达到35平方米和50平方米，综合居住质量指数超过67%；到2015年，城市和农村人均住房面积别达到35平方米和50平方米，综合居住质量指数超过75%；到2020年，城市和农村人均住房面积分别达到40平方米和50平方米，综合居住质量指数超过80%。2008

年，金昌市城市、农村文化娱乐消费支出比重分别为15%和9.5%，农民文化娱乐消费支出比重到2012年高于11%；2015高于15%；2020年高于18%。2008年，金昌市城市居民信息化实现程度为80%，农村居民信息化实现程度为64%。。到2012年，城市、农村居民信息化实现程度平均分别达到88%和73%以上；到2015年，城市、农村居民信息化实现程度平均分别达到93%和78%以上。到2020年，城市、农村居民信息化实现程度平均分别达到98%和85%以上。

——城乡生态环境融合度。主要体现在城乡安全饮用水普及率、城乡森林覆盖率以及国家资源环境安全系数这三项指标上。到2012年，金昌市农村安全饮用水普及率超过80%；到2015年超过90%，到2020年超过99%。2008年全市森林覆盖率为20.82%，到2012年该指标达到21.5%；到2015年超过22.5%，到2020年超过25%。2008年，我国的资源环境系数在1.73左右，属于次安全国家之一，该指标到2012年要控制在1.50左右，2015年要控制在1.40左右，2020年要控制在1.35左右。

表 3-1　城乡一体化综合评价指数体系

一级指标	二级指标	基数值	目标值			实际值	实现程度
		2008	2012	2015	2020	年份	（%）
一、城乡经济融合度	1. 城乡居民可支配收入比	3.07∶1	2.77∶1	2.57∶1	2.16∶1		
	2. 第三产业增加值比重（%）	14.1	14.9	17.9	22.9		
二、城乡人口融合度	3. 人口城市化率（%）	57.58	66	69	75		
	4. 非农就业人口占农村就业总人口的比重（%）	29	40	49	59		
	5. 城乡人口平均预期寿命	71.4/	72.6/	73.5/	75/		
		69.5	70.7	71.6	73		
三、城乡社会发展融合度	6. 城乡社会保障覆盖率（%）	38	50	60	80		
	7. 城市、乡村以及全体居民收入基尼系数	0.37/	0.36/	0.34/	0.31/		
		0.38/	0.37/	0.35/	0.32/		
		0.5	0.49	0.47	0.44		
	8. 城乡高中普及率（%）和大学入学率（%）	90/	94/	98/	100/		
		10	15	20	30		
	9. 农村合作医疗覆盖率（%）	99	100	100	100		

续表

一级指标	二级指标	基数值	目标值			实际值	实现程度
		2008	2012	2015	2020	年份	(%)
四、城乡生活融合度	10. 城乡居民恩格尔系数	0.35/	0.33/	0.32/	0.31/		
		0.41	0.36	0.34	0.31		
	11. 城乡居民人均居住面积(平方米)和农民居住质量指数(%)	30/	35/	35/	40/		
		50/	50/	50/	50/		
		39	67.9	77	80		
	12. 城乡居民文化娱乐消费支出的比重(%)	9.5	11.5	15	18		
	13. 城乡居民信息化实现程度(%)	80/	88/	93/	98/		
		64	73	78	85		
五、城乡生态环境融合度	14. 城乡安全饮用水普及率(%)	50	80	90	99		
	15. 城乡森林覆盖率(%)	20.82	21.5	22.5	25		
	16. 国家资源环境安全系数	1.73	1.51	1.42	1.35		

注:实现程度 =(实际值 - 基数值)/(目标值 - 基数值)×100%

第四章　金昌市城乡一体化的主要任务

一、建立城乡一体化空间布局推进体系

（一）城乡空间布局一体化的总体思路

城乡空间布局一体化的总体思路具体有以下四个方面：

一是强调空间集聚——改变分散状态，促进人口和经济向中心城区、中心镇、中心村集中，淡化行政体制和区划，形成合理的区域城镇体系和强大的中心城市。

二是强调协调分工——实行资源的优化配置，功能的合理分配。

三是强调资源共享——实行基础设施和公共服务设施共建共享，发挥资源和资金的最大效益。

四是强调环境质量——提高生活和生态质量，充实和完善各项设施，创造良好的生活和生产环境。

（二）城乡空间布局一体化的规划布局

市域城乡一体化主要工作是确定城镇化发展水平和市域城镇体系结构，明确区域整体空间规划思路，实现城乡一体化发展目标。

1. 城镇化水平

2008年底，全市常住总人口约47.29万人，城镇化率为57.58%，由此推测：2015年全市城镇化水平达到69～72%，城镇人口达到41～45万人，2020年全市城镇化水平达到73～78%，城镇人口达到47～53万人。

2. 城乡空间布局

规划期末，市域城镇体系形成“一带两轴、五区十七片”的空间格局。

一带，金永经济带：包括中心城区（含宁远堡镇）、双湾镇、河西堡镇、永昌县城关镇、东寨镇。以省道212、金永高速、金阿铁路等为依托，积极构建金永综合设施走廊，加强人口和生产要素的集聚，打造金昌市核心发展带，形成金昌市及周边地区重要的人口城镇化承载区。

两轴，陇海兰新发展轴：以连霍高速、国道312、陇海兰新线、兰州至张掖城际铁路为依托，积极融入河西走廊的一体化发展进程中，实现更大范围的区域分工与协作。金武发展轴：以金武公路、金武高速（规划）为依托，加强与武威市的分工与协作，促进朱王堡镇的发展。

五区，发挥中心城市（镇）的辐射带动作用，构建“以城带乡、城乡一体”的发展格局。金川区城乡统筹发展区：金川区行政所辖范围。河西堡镇城乡统筹发展区：河西堡镇行政所辖范围。永昌县城乡统筹发展区：永昌县城关镇、东寨镇、六坝乡、南坝乡、焦家庄乡、红山窑乡、新城子镇。朱王堡城乡统筹发展区：朱王堡镇、水源镇。生态保育城乡统筹发展区：西北荒漠草原区、南部草原区。

十七片，以中心村为中心，将与中心村联系紧密的村庄划分为一个村庄发展片区，作为培育农村特色产业、促进农业产业化的组织单元，将金昌市划分为17个村庄发展区。红山窑发展区、毛卜喇发展区、新城子发展区、赵定庄发展区、焦家庄发展区、河滩发展区、黄家学发展区、下三坝发展区、头坝发展区、六坝发展区、永安发展区、杜家寨发展区、梅南沟发展区、河西堡发展区、西湾发展区、陈家沟发展区、古城发展区。

3. 城乡等级

金昌市城乡体系分成中心城市、副中心城镇、重点镇、一般镇、中心村、一般村六个等级：

中心城市1个：中心城区（含宁远堡镇）和双湾组团：中国镍都，甘肃省重要的先进制造业基地。

副中心城镇2个：永昌县城（含东寨组团）：陇海兰新经济带上的重要节点，以农副产品加工、机械加工、旅游业为主。河西堡镇：河西走廊中东部地区重要的交通节点、镍都门户，集能源、化工、建材、冶金和现代物流于一体的工贸强镇，西北最大的化工、无机化肥生产基地和甘肃省重要的能源、建材生产基地。

重点镇2个：朱王堡镇：永昌县域东部中心城镇，以特色农产品加工、机械加工等产业为主的工贸城镇。新城子镇：永昌县域西部中心城镇，以特色农产品加工、商贸流通、旅游等产业为主的商贸城镇。

一般镇5个：水源镇、红山窑乡、焦家庄乡、六坝乡、南坝乡。

中心村：综合型村庄：以工业、商贸和都市农业为主，包括：西坡村。城郊农业型村庄：以大棚蔬菜、养殖和乡村旅游为主，包括：西湾村、中牌村、新安村、陈家沟村、天生炕村、龙口村、古城村。商贸型村庄：以发展农产品加工、农村商贸流通为主，包括：河西堡村、黄家学村。特色产业型村庄：以特色农产品种养殖为主，包括：朱王堡村、下汤村、梅南村、流泉村、刘正村、郑家堡村、赵定庄村、新城子村、永宁村、祁庄村、杜家寨村、新沟村、宋家沟村、西沟村、玉宝村、双桥村、六坝村、七坝村、河滩村、梅家寺村、水磨关村、焦家庄村、西校村、永安村、红山窑村、毛卜喇村、毛家坪村、头坝村、下三坝村、大坝村、沙沟岔村、河东堡村、宗家庄村、沙窝村、青山堡村等。

一般村：农业型村庄：以特色农产品的种养殖为主，包括：水泉子村、高古城等。

4. 城乡规模

2020 年，全市城镇人口规模如下：

（1）中等城市：中心城区（含宁远堡镇），人口约 20 ~ 50 万；

（2）小城市：河西堡镇、永昌县城关镇，人口约 5 ~ 20 万；

（3）重点镇：东寨镇、朱王堡镇、双湾镇、新城子镇，人口约 1 ~ 5 万；

（4）中心乡镇：水源镇、红山窑乡、焦家庄乡、六坝乡、南坝乡，人口约 0.5 ~ 1 万；

（5）中心村庄：杜家寨村、西湾村（宁远堡）、白家咀、西坡村、西湾村（新城子）、流泉村、沙窝村、东湾村、唐家坡村、河西堡村、中牌村、高古城村、陈仓村、天生炕村、古城村、毛卜喇村、河东村、北地村，人口约 2000 ~ 5000；

（6）一般村庄：其他村庄，人口约 2000 以下。

5. 城乡生态环境布局

（1）南部水源涵养林区

以祁连山国家级自然保护区为核心，按照“核心区、缓冲区、实验区”三级保护网的发展格局分步实施，重点保护山地森林及山地森林草原，同时，要采取人工辅助措施全范围封护。

（2）北部沙尘暴源区

以芨芨泉省级自然保护区为核心，重点实施北部防护林体系建设工程和全市荒漠化治理工程，采取全范围的封护措施，增强沙区自我修复能力，以造林、扩大林草植被和沙生植被为中心，建立防、治、用有机结合的防风治沙体系，增强对风沙危害的抗御能力。

（3）中部城乡绿洲区

以城镇为中心，辐射农村，不断增加城市公共绿地、道路绿地面积，抓好生态经济林、绿色通道和村屯城镇绿化美化等生态林业工程，缩小城乡差距，实施生态小康村镇建设；加快水污染治理工程建设，做好石羊河流域综合治理工作，增强污染防治能力；推行清洁生产，发展循环经济；实施污染物排放总量控制，大力削减老污染源的污染物排放量，实现工业污染物的全面达标排放。

6. 中心村及农村居民点布局

金昌市村庄布局分为以下四种类型：

（1）城镇化过渡型：包括白家咀、西坡村、马家崖、高岸子。此类村庄属于城中村，主要需要消除城乡差异，融入城市核心区。

（2）重点发展型：包括红山窑、毛卜喇、马家坪、新城子等村。此类村庄属于农业集约化生产、有一定农产品加工基础的村庄，以发展特色农产品生产为主。

（3）一般发展型：包括水泉子、永胜、姚家寨、土沟、河沿子、高古城等。此类村庄属于农业基础良好的村庄，应该积极发展特色农业。

（4）整体搬迁型：此类村庄属于人口密度低或环境条件恶劣，可由政府主导，根据农民意愿，逐步引导农民向城镇聚集。

7. 中心村及农村居民点定位

（1）布局优化。村庄建设规划要科学处理生产、生活、生态文化之间的关系，组团建筑要有个性特色、美观大方，组团建筑间要相互协调；建筑布局要充分结合自然地形，因地制宜，错落有致；新建农宅要力求实用、美观，并符合抗震设防要求。

（2）道路硬化。通村及村内道路网的合理布局，全面硬化村内主干道。

（3）环境绿化。中心村建成区的绿化覆盖率要达到25%以上，村庄中有休闲健身绿地，主要道路和河道两边要绿化，住宅之间要有绿化带，农户庭院也要绿化。

（4）路灯亮化。村内主干道和公共场所路灯安装率要达到100%。

（5）卫生洁化。给水、排水系统完善，管网布局规范合理，自来水普遍入户；村庄内有专用公共厕所，农户卫生厕所改造率要达到100%；农户要普遍使用清洁能源；保洁制度要健全，垃圾等废弃物处理要集中，生产和生活污水要净化处理，达标排放，基本消除垃圾及废水污染。

（6）河道净化。保护好村域内现有河道清洁，河道堤防和排涝工程必须符合国家规定标准。

（三）城乡空间布局一体化的推进措施

1. 制定规划

2010年，要形成完整的城乡一体空间布局总体规划体系，全面完成在永昌县城关镇、河西堡镇、朱王堡镇、新城子镇为、双湾镇、焦家庄乡、六坝乡、红山窑乡和南坝乡等重点乡镇空间布局详细规划设计。2012年，全面完成金昌市所有行政村的村庄空间布局规划设计，形成完整的村镇空间布局规划体系，村组规划覆盖率要达到100%。

2. 适时调整行政区划

行政区划调整的主要原则和目的是实现各行政单元间的相互协调发展，达到各行政区规划适度、布局合理。一方面按照城乡一体化的要求，对城镇管理体制进行了调整，将河西堡镇规划为金昌市域副中心城镇，赋予河西堡镇县级经济管理权和计划决策权。另一方面按照城乡一体化的要求加快优化城镇等级结构，将宁远堡镇并入金昌市区，将东寨镇并入永昌县城关镇，将水源镇并入朱王堡镇，宁远堡镇政府，迁入金昌市区，将城中四村（白家嘴村、西坡村、高岸子村、马家崖村）纳入城市规划区。

3. 城镇体系建设

根据《金昌市城乡一体化发展规划》和城镇体系规划，进一步深化市域城乡空间一体化规划，以基础设施协调发展、公共服务设施资源共享等为重点，以“一线三点两区十七片”为目标，以改善和提高农村居住和生产条件为基础，做好城乡规划一体化文章，促进城乡空间一体化发展。

4. 村居改造

按照城乡一体化的要求，抓紧编制完成农村居民点布局规划，重点做好农村居民点配套设施的规划建设，提高村庄配套设施标准，引导农村生产方式的转变，改善村庄居住环境，加强村容村貌整治力度，抓好“三改三清”工程（改厨、改厕、改圈，清粪堆、清土堆、清柴堆），实行“三区分离”（生活区、养殖区、生产区相分离），建立健全村庄环境整治和垃圾处理长效机制，逐步改变村镇建设落后面貌，切实改善农民群众生产生活环境，缩小城乡居住水平的差距。

二、建立城乡一体化产业发展推进体系

（一）城乡产业发展一体化的总体思路和主要目标

按照统筹协调城乡经济社会发展的要求，坚持走“优化一产，提升二产，攻坚三产，促进三次产业融合”的路子，大力发展农业“一特两化”，做大做强新型工业，加速扩展第三产业，大力发展循环经济，为工业化、城镇化和农业现代化提供产业支撑和强大物质基础，促进工业向集中发展区集中、农民向城镇集中、土地向适度规模集中，实现城乡产业发展一体化。

农业：要紧紧围绕农业“一特两化”战略的要求，以市场为导向，坚持“市场牵龙头，龙头带基地，基地连农户”的发展模式，切实创新经营体制机制，发展壮大特色农产品基地，做大做强优势主导龙头加工企业，积极发展农村合作经济组织，不断完善市场体系建设，走“产加销、农工贸”一体化发展的路子。

工业：全力实施“工业强市”战略，以新型工业化为核心，以园区和基地为载体，以优势企业为依托，以新材料高新技术为方向，以循环经济为切入点，以延伸产业链条为突破口，以项目

建设为抓手，以改善投资环境、扩大开放为途径，主动承接产业转移，着力培育产业集群，加快发展优势产业和强优工业企业，改造提升传统产业，培育发展新兴产业，全面提升金昌工业整体素质和综合竞争力，实现工业新跨越，使金昌市成为全省“工业强省”的示范区和排头兵。

服务业：构建由传统服务业和新型服务业组成的、功能齐全、灵活多样、布局合理的社会综合服务体系；适应市场经济运行需要、结构合理、功能完善、运行规范、监管服务到位的市场运作体系；国家、集体、个人三方合理负担、为下岗失业人员和城乡弱势群体提供有效保障的社会保障体系。要大力发展服务业，制定和完善对策措施，坚持市场化、产业化、社会化方向，以企业为主体，完善市场服务体系，促进管理体制、企业机制、组织形式及服务品牌创新，不断提高服务业整体层次和水平，实现网络化、品牌化经营，规模化、效益化发展。

优化经济结构和产业布局，推动城乡经济发展，加快城乡产业一体化步伐，到 2012 年，预期三次产业结构比调整为4. 5:80. 6:14. 9，第一产业增加值达到 12. 6 亿元，第二产业增加值达到 225. 7 亿元，第三产业增加值达到 41. 7 亿元；到 2015 年，预期三次产业结构比调整为 4. 0:78. 1:17. 9，第一产业增加值达到 14. 7 亿元，第二产业增加值达到 287. 4 亿元，第三产业增加值达到 65. 9 亿元；到 2020 年，预期三次产业结构比调整为 3. 0:74. 1:22. 9，第一产业增加值达到 17. 0 亿元，第二产业增加值达到 419. 4 元，第三产业增加值达到 129. 6 亿元。调整三次产业结构，稳定第一产业比重，继续扩大第三产业比重，推动一、二、三产业协调发展和区域经济社会的可持续发展。

（二）城乡产业发展一体化的规划布局

1. 农业产业规划布局

从农业发展的不同条件出发，统筹经济、人口、水资源、土地和环境等因素，着重建设“一带四区”，即环城生态园林绿化带、城郊区、井灌区、东河灌区以及西河灌区。

（1）环城生态园林带

以西坡老林区、北部绿色长廊、金永高速公路为圈，范围主要包括城中四村（西坡、马家崖、高岸子、白家咀）。

环城生态园林带属于典型的“农夹居”地带，其农田属性稳定性较差，灌排系统不畅，插花田多，而且污染相对较重，不适宜进行粮食、蔬菜等农作物生产，应重点发展苗木生产，既是生态林、也是产业林，构筑城市生态绿地网络系统，防治城市环境污染、化解环境压力。同时，在西坡、马家崖等村，加大饲草作物的种植面积，大力发展草畜业，巩固并提升传统养殖业。

（2）城郊区（集约化农业示范区）

范围主要包括城关镇、河西堡镇以及宁远堡镇。

依托市区、城镇的关联度和今后城镇化发展的方向，坚持城郊定位，以发展城郊型、外向型集约化农业为主，重点发展蔬菜、瓜果、畜禽、花卉等特色农产品。利用区位优势，可以通过发展品尝型农业生态旅游和是体验型农业生态旅游的模式，大力发展生态旅游农业让城市居民亲身体验农村的生活，参与农业生产，从中获得乐趣。

（3）井灌区（高效农业示范区）

范围主要包括朱王堡镇、双湾镇以及水源镇。

以小城镇综合改革为动力，以加快农业特色产业和农产品加工业为重点，这一区域要重点发展舍饲养殖、玉米制种、红辣椒、洋葱等特色产业，走基地化与标准化生产、特色化种养、协会搞活、农副产品加工企业带动的发展路子，不断改造提升传统农村加工业，大力发展农产品加工、保鲜和贮运业，延伸产业链条。引导农业向优势品种集中、土地向规模经营集中，不断增强农业发展活力。

（4）东河灌区（节水农业示范区）

范围主要包括东寨镇、南坝乡以及六坝乡。

在加强农业节水基础设施建设，改善农业生产条件的基础上，增强农村经济发展活力，重点发展啤酒大麦产业和畜牧业，配套发展以高效日光温室为主的设施农业，通过加大结构调整和科技投入，促进啤酒大麦产业向规模化、专业化方向发展，扩大市场占有率，力争发展成为全国重要的啤酒原料生产加工基地。

（5）西河灌区（设施农业示范区）

范围主要包括新城子镇、焦家庄乡以及红山窑乡

在继续挖掘现有耕地增值潜力的基础上，加强特色及设施农业建设，突出发展以双孢菇为主的食用菌和特色林果业等“戈壁产业”，扩大种植规模，继续巩固发展草畜产业。积极提高农产品质量，参与市场流转，打造品牌，把优势农产品做大做强，不断增强农产品的市场竞争能力。

2. 工业产业规划布局

（1）市区

依托金川公司的产业基础、资源优势和基础优势等资源，引导金昌市经济技术开发区以及新材料国家高技术产业园区建设，加大镍铜钴等有色金属的精深加工，加强技术创新，大力开发高技术、高附加值、高效益产品，不断延长产业链条，努力建设成

为北方最大的铜及铜产品加工生产基地和全国最大的镍钴及铂族贵金属生产基地。

（2）河西堡

河西堡要立足化工、能源、电力、冶金、建材等产业优势，按照“产业集聚发展，资源集约利用，功能集成建设”的要求，加快河西堡工业区建设步伐，努力建设集化工、能源、电力、建材、冶金和现代物流业于一体的工贸强镇，把河西堡镇建成金昌市新的经济增长极，形成西北最大的化工、无机化肥生产基地和甘肃重要的能源基地、建材生产基地。

（3）永昌工业区

充分发挥县城中心的区位优势，重点发展啤酒麦芽、优质肉羊等特色优势产业，加快发展机械加工制造等产业，建成特色农畜产品精深加工、冶金和机械加工制造为主的工业基地。

（4）朱王堡工业区

充分发挥朱王堡镇的农业资源优势，以井灌区高产高效农业为依托，着力培育农副产品加工业，带动二、三产业发展，建成重要的绿色农副产品加工贸易基地。

3. 服务业规划布局

根据金昌市发展特点，第三产业按“一中心、四节点、多经济带”的布局发展。

（1）一中心

以城区（含宁远堡镇与双湾镇）为中心，精心培育市场，营造发展载体；继续改造提升金川农产品批发市场、步行购物街、金戈购物广场等综合市场及街区，增加人流、物流和信息流，形成市场“龙头”；继续培育发展购物中心、配送中心、超级市场、连锁商铺经营方式，形成适应不同层次消费、购销方便、层次分明、布局合理的市场体系；对银行、保险、电信、教育卫生、广播电视等行业，在推进城乡一体化过程中，要逐步放宽准入条件，引入竞争机制，促进第三产业发展；在城区周边，以西坡、马家崖、白家嘴、高崖子等环城村为中心，重点发展餐饮、住宿、房屋租赁、物流配送、仓储运输、汽车修配等服务业；完善陈家沟生态园区综合功能，把其建设成为广大市民的“度假村”，把双湾镇打造成金昌市的“后花园”。

（2）四节点

以河西堡、永昌县城、朱王堡镇、新城子镇小城镇为节点，建成基础设施配套完善、集聚功能齐全、辐射带动作用明显、一、二、三产业共同发展、城乡互为促进的新型小城镇。重视现代物流业的发展，加快建设河西堡物流中心项目，力争建成河西最大的现代物流配送中心；依托现有的工业矿山、大漠戈壁、雪山草地等资源优势，积极发展工矿、生态等特色旅游；加快交通运输、餐饮娱乐、商业贸易、公共服务等行业的改组改造，进一步提高服务层次和水平。

（3）多经济带

形成以省道212为主轴，国道312为次轴以及金永高速公路、金阿铁路、金昌支线机场周边为主的交通物流沿线经济带和生态观光休闲经济带，发展汽车修配、农机农资服务、农村连锁超市、休闲观光、旅游度假、“农家乐”等服务业，有利于转移农村剩余劳动力，增加农民收入，壮大农村第三产业。

（三）城乡产业发展一体化的工作重点

1. 农业产业工作重点

（1）加快农业科技进步

积极组织开展节水灌溉、杂交制种、设施农业、肉牛、肉羊胚胎移植、蔬菜丰产栽培等一系列科技攻关和先进技术示范推广工作，推动牧业新品种、新技术、新成果的转化，建立啤酒大麦、无公害蔬菜、肉羊、食用菌等多项农畜产品生产技术规程，提高农业综合生产能力和竞争力。

（2）保证粮食生产安全

要在结合农业结构的战略性调整，加大基本农田保护力度的基础上，积极引进、试验、示范和推广优质专用新品种，鼓励支持科技人员深入到田间地头开展经常性的技术指导和服务，加大中低产田改造力度，不断提高粮食单产，提升粮食的品质和效益。切实加强耕地保护和质量建设，提高粮食综合生产能力。

（3）做大做强啤酒大麦产业

要发挥金昌市生态条件适宜，光照充足，温差大，病害少，生产啤酒大麦具有得天独厚的优势，坚持以产业化经营为发展方向，以资源为基础，以市场为导向，按照“产、加、销”一体化经营和做大做强特色产业的发展要求，从种子规范引进、规范种植、质量监测等方面入手，适度扩大种植规模，继续扩建改造提升现有麦芽加工企业，把金昌市建成啤酒大麦品质优良、产量稳定、全国重要的啤酒原料生产加工基地。

（4）提升蔬菜产业

全市蔬菜产业的发展，总体上要把握两个转变：即由注重数量、保证供给，向更加注重质量、保证卫生和安全转变；由注重阶段性供求平衡，向建立长期稳定供给机制转变。首先，要不断调整蔬菜品种结构，不断更新和引进新的优质品种；其次，建立健全质量检测体系，保证蔬菜质量，生产有机无公害蔬菜；然后，随着蔬菜产业的发展，要切实把贮运保鲜加工等企业发展起来，形成产业链，确保蔬菜销售价钱；最后，结合实施农业生产节水之路，应该大力发展日常温室反季节蔬菜生产。

（5）增强草食畜牧业

首先，以永昌种羊厂建成“全国肉用种羊繁育中心”为目标，提升羔羊品质，不断提高肉羊良种率；其次，巩固提高草产业，以农户种草推动养殖业的发展，防止草产业的大起大落，为舍饲养羊提供可靠的饲草料保障；然后，不断增强规模养殖示范户、示范村的辐射带动功能，依托农户大力发展以舍饲养羊为主的养殖业，抓好扩大舍饲养殖规模，养殖方式向全舍饲方向转变；最后，加大对肉羊产业的加工销售力度，不断增强肉羊产业的可持续发展能力，使全市养羊规模达到200万只，肉羊年加工能力达到30万只。

（6）发展食用菌产业

首先，积极利用农产品下脚料、农作物秸杆以及牲畜粪等食用菌栽培原材料，变废为宝；其次，探索和建立完善食用菌生产模式，发展以双孢菇为主的反季节生产食用菌基地与加工原料菇基地；接着，建立食用菌试验中心，全面开展优良菌种扩繁、技术骨干培训、产品营销中介等服务；然后，加强菌种生产管理，加强对全市食用菌及菌种生产的监督检验；最后，构筑产业经营链条，延伸产业链，组建以加工企业、运销大户、种植大户为主的全市范围的食用菌产业协会，努力形成食用菌生产加工销售产业链。

（7）培育特色渔产业

稳步发展以金鳟鱼为主的渔产业，发挥地域、资源优势，加快良种选育，扩大养殖总量，提高金鳟鱼繁育生产基地建设规模和水平。积极创造条件，组建金鳟鱼产品加工龙头企业，开发金鳟鱼系列产品，依托旅游、餐饮等第三产业，大力发展休闲渔业，扩大金鳟鱼知名度。以“永昌金鳟一号”统一全县品牌，培育精品，开拓市场，力争把金鳟鱼发展成为全国知名的特色渔产业。

（8）改造中低产田

大力改造中低产田，提高农业综合生产能力。从金昌市中低产田所占比重大的实际出发，坚持以改造中低产田和建设高标准农田示范工程为重点，项目资金重点用于高标准农田示范工程建设，着力建设一批高产稳产、节水增效的高标准基本农田，粮食生产能力明显提高。同时，在坚持项目立项条件、统一规划、分布实施的前提下，实现集中连片、规模开发、综合治理，对水、土、田、林、路进行整治，对渠、路、林、田和桥、涵、闸进行配套，注重提高项目科技含量，逐步消除了制约农业生产发展的障碍因素。

（9）发展节水农业

加快节水农业发展步伐，坚持抓好节水灌溉工作，全面推进渠道衬砌建设，大力引进推广管灌、滴灌及垄作沟灌、全膜灌溉等节水新技术。为此，一方面要进一步加大节水项目工作力度，特别是积极争取国家对大中型灌区骨干工程节水改造和重点节水示范项目的资金；一方面要积极协调发放节水农业贴息贷款，通过增加贷款额度，提高贴息标准，延长还款年限等措施对工程节水给予支持。

（10）壮大龙头企业

立足金昌市实际，根据国家有关政策，把培育扶持的重点放在啤酒原料、优质肉羊、优质面粉、优质饲草、高原无公害蔬菜等特色农副产品加工技术水平上，突出培育扶持一批有较强竞争力的农产品精深加工企业，包括金昌农垦公司、兰州黄河（金昌）麦芽有限公司、永昌县天寿面业有限责任公司、永昌德赛羊业科技发展有限公司、永昌植物油有限责任公司、甘肃中农草业科技有限公司等。把培育、催生农业龙头企业与“扶强、扶优、扶大、扶特”结合起来，鼓励和支持农民合作兴办农副产品加工企业，支持供销社、乡镇企业、国有工商企业、外地企业和外商投资企业向农业开发和农产品加工领域延伸，培育和扶持发展农产品精深加工企业。

2. 工业产业工作重点

（1）有色金属工业

重点是围绕金昌市有色金属资源开发，以矿山建设与资源占有为基础，为金昌市有色金属产业的可持续发展奠定原料基础；以采选冶技术革新与提升为手段，加大资源综合利用力度，提高采选冶能力；以镍、铜、钴等有色金属生产技术改造提升为重点，降低单位生产能耗，提高资源有效利用率和现有产品生产能力，巩固、壮大规模，优化产品结构，保持金昌市在国内、国际上最大镍钴及贵金属生产基地的优势。

（2）化学工业

甘肃省“工业强省”战略中将化工产业列为做大做强的首位，给金昌市化工产业的发展带来了新的机遇。应借西部大开发和甘肃省“工业强省”历史机遇，发挥金昌市及周边的资源优势，利用金川集团公司有色冶炼副产的化工原料及配套化工产品，围绕金川集团公司、金化集团公司的发展，以发展循环经济为主线，以产业关联为纽带，建成以硫化工、磷化工、氯碱化工为主，辅以氟化工、煤化工配套的多业并举的化工产业链，形成具有突出竞争优势的化工循环经济产业集群，成为西北地区重要的基础化工生产基地。

（3）能源工业

能源工业作为金昌市国民经济和社会发展的重要组成部分，未来发展坚持适度超前、优化结构、节能高效、环保安全的原则。在煤炭产业方面，积极与大型煤炭企业进行战略合作，加大煤炭资源勘探力度，为金昌市工业提供能源保障。在石油天然气产业方面，以西气东输复线建设为依托，加快永金支线及城区天然气管网建设步伐，提高天然气管网覆盖率；同时加快汽车加气站建设和汽车“油改气”改造工程，提高天然气利用水平。在电力产业方面，将电力发展放在能源发展的首位，加快火电与水电开发建设，强化电网建设与电源建设，构筑稳定、安全的电力供应体系；稳步推进风电，将永昌县南山坡、青山堡—白烟墩滩、平口—岌岭滩作为风力发电开发重点，认真做好测风工作，力争建设5万KW风力发电机组。在可再生能源及农村能源产业方面，全面实施“生态家园富民行动计划”，以农村户用沼气池项目建设推动社会主义新农村建设。积极开发利用太阳能和生物质能等清洁能源。

按照创建节约型社会的要求，坚持把节能作为转变增长方式的重要内容，综合运用经济、法律、技术和必要的行政手段，以大幅度提高能源利用效率为核心，以转变增长方式、调整经济结构、加快技术进步为根本，以法治为保障，以提高终端用能效率为重点，抓好节能重点领域和重点项目，逐步改变生产方式和消费方式，加快建设节能型社会，以能源的有效利用促进经济社会的可持续发展。

（4）镍铜钴及贵金属新材料高技术产业

立足资源优势，突出产业特色，在镍钴铜及贵金属产品精深加工及新材料高技术开发重点突破的基础上，拉长产业链条，形成合理的产业结构。发展形成镍、铜、钴压延产品精深加工、镍铜钴粉体材料、镍铜钴金属盐化工、贵金属及稀有金属新材料高技术四大产业链。

（5）装备制造业

抓住国家和省上实施振兴装备制造业行动计划的契机，充分发挥金川集团机械制造公司、自动化工程公司等企业的人才和技术优势，以“金川机械”为主体，通过自主创新、联合开发、协作生产等方式，开发和批量生产拥有自主知识产权的井下无轨运输设备、大型选矿设备、冶金窑炉制造，实现采选冶设备成套化、控制自动化；计划投资 10 亿元，建设装备制造产业园，将“金川机械”发展成为国内最具实力、有一定竞争力的矿冶工程设备制造企业。同时，积极支持农业机械、城乡居民取暖设施等设备制造业发展。

（6）冶金工业

重点是支持金昌铁业集团公司通过技术改造等方式，将生铁生产能力由目前的 40 万吨增加到 80 万吨，积极促进金川集团公司和金昌铁业集团公司的合作，利用生铁原料和金川集团公司每年上百万吨含铁冶炼废渣，生产优质不锈钢和特种钢产品。通过不锈钢产业链和特种钢产业链的延伸，做大做强不锈钢和特种钢产业。同时，利用电力资源优势，发展、扩大金属硅产业，并积极延伸以硅为原料的下游产品。

（7）建筑材料工业

建筑材料产业发展的重点是利用丰富的非金属矿产资源、镍铜钴弃渣、电石废渣、粉煤灰等资源开发新型特种水泥、新型墙体材料、化学建材、新型保温隔热材料、建筑装饰装修材料等。

3. 服务业产业工作重点

(1) 发展八大现代服务业

大力发展金融业、旅游业、社区服务业、现代物流业、住宅服务业、信息服务业、中介服务业、文化娱乐体育业八大现代服务业，加快发展生产性服务业。重视现代物流业的发展，加快建设河西堡物流中心项目，力争建成河西最大的现代物流配送中心。依托现有的工业矿山、大漠戈壁、雪山草地等资源优势，积极发展工矿、生态等特色旅游。

金融业——努力扩张信贷业务品种、保险业务品种和证券业务品种，加大对全市经济建设和社会发展的信贷支持，拓展住房、汽车、旅游等个人消费信贷业务，加大发展地方性金融机构的力度，为中小企业融资提供保障。引导发展上市公司、证券公司、财务公司等各类非银行金融机构。大力发展商业性财产保险和人寿保险，开展国内外联保，拓展和延伸农村保险市场。

旅游业——将旅游业作为金昌市第三产业的新兴支柱产业和新的经济增长点，不断提升规模和档次。一是依托金川集团公司镍工业基地及绿色农业为主的工农业观光特色旅游；二是骊千古迹、丝绸古道、长城等文化特色旅游，发展历史文化遗迹旅游；三是依托腾格里、巴丹吉林两大沙漠的沙漠体育赛事等的沙漠探险旅游；四是依托具有典型西部风情的原始森林、西北草原、近郊休闲度假景区，发展特色生态旅游。基本完成主要旅游基础设施和旅游服务设施的建设，将重点旅游资源培育成成熟旅游产品，确保旅游从业人员经过培训分批投入旅游接待工作，进而初步体现旅游产业的服务功能，促进金昌第三产业发展由慢变快，增强区域经济的整体活力，力争把旅游业培育成为全市第三产业的支柱产业。

社区服务业——推进和谐社区，必须坚持以人为本，按照党建统领、政府推动、多方参与、服务为本、市场运作的思路，以“星级社区”、“阳光服务工程”和“基层组织示范社区”创建活动为载体，以社区文化、社区服务、城市管理、社会治安和社区组织体系建设为重点，创新载体，丰富内容，努力建设管理有序、服务完善、环境优美、治安良好、生活便利、人际关系和谐的新型现代化社区。鼓励个体、民营和社会各方面共同兴办社区服务设施和网点建设，重点开展社区各种便民服务、维修服务、接送服务、托幼教服务、托养老服务、保健服务、上门服务及保安、保姆、餐饮、装潢、医疗康复、个体娱乐等社区服务，努力构建和谐社区和居民小区。

现代物流业——积极发展第三方物流，尽快建成河西堡物流中心项目。使第三方物流企业充分发挥其专业化、规模化的优势，建立信息管理系统，将物流服务和工商企业的生产和营销紧密融合，强化服务意识，完善服务功能，真正具备为用户优化物流管理提供策划设施、组织运筹和实际操作等综合服务能力。提倡物流企业经营主体、投资主体的多元化和物流服务形式的多样化，鼓励物流企业间加强联合，支持工商企业与物流企业、物流企业与运输、仓储、货代、联运、集装箱运输等企业结成合作联盟，提高物流企业的竞争力。加快物流交通基础设施建设，规划物流结点的集中分布区域，规划建设物流中心、配送中心、商业中心三个规模层次的物流结点，积极培育现代物流服务市场，努力营造现代物流发展的宏观环境。

住宅服务业——重点发展城镇居民住宅服务，综合开发适应不同层次居民的住房，鼓励合作建房和个人建房，买卖房、按揭购房等。建立健全住宅开发经营体系，配套发展装修服务，不断提高住宅经营、装饰装修服务、物业管理的水平。

信息服务业——大力推进全市的信息化进程，加快“数字金昌”工程的建设步伐，建设和完善电子政务系统，启动一批资源数据库建设，充分发挥电信提供的综合信息服务优势，依托“号码百事通”的电话信息服务平台和“商务领航”中小企业信息化平台，加快建立和完善企业信息化系统，逐步实现以财务成本管理为核心，包括仓储、生产、财务、营销、决策、供应链、客户关系、质量控制等环节的信息化控制和应用，积极推动广大中小企业从建立网站、应用财务软件和实现办公自动化等基本的信息应用起步，积极开展电子商务和网上营销。在传统电话和现代网络技术上提供综合信息服务，以充分满足政府、企业、个人的各种信息需求为出发点，以电信提供平台，社会各界选择应用的方式，积极推动全社会信息化进程。邮政是国民经济的重要基础设施，它以强大的网络系统、完整的物流系统、高效快捷的信息处理和资金结算系统，有着搞好服务业的独特优势，邮政部门根据市场需要开展化肥、种子、农药等农业物资配送，提供适合农村经济发展和农民生产、生活所需的金融、汇兑等多项服务。

中介服务业——积极发展会计、审计和税务咨询、资产评估、工程与建筑咨询、科技咨询、管理咨询、法律咨询、统计咨询、市场调查等行业，规范发展代理、代办、经纪、拍卖等行业。

文化娱乐体育业——开发文化资源和文化产业，鼓励社会办文化产业，推行文化事业产业化经营，发展大众化娱乐项目，积极建设覆盖全社会的比较完备的公共文化服务体系，完成城市有线电视数字化改造任务，不断丰富人民群众的文化生活。娱乐业、印刷业、艺术培训业初步形成集约化发展态势，音像、图书零售业向规模化、连锁化方向发展，演出业、文化旅游业初步形成产业雏形，初步建立起适应社会主义市场经济体制要求的文化产业运行机制和产业体系，文化产业所占 GDP 比重明显提高，成为国民经济发展新的增长点。大力开发体育竞赛和健身服务项目，重点发展竞赛表演、健身娱乐、技术培训、场馆开发、无形资产开发等体育产业。随着经济社会的快速发展，大力发展休闲产业。

（2）提升传统五大服务业

制定和完善促进服务业发展的政策措施，加快发展餐饮业、运输服务业、科技教育业、农业服务业、公共服务业，进一步提高服务层次和水平。坚持市场化、产业化、社会化的方向，建立规范、公开、平等的行业准入制度。营利性公共服务单位要逐步实行企业化经营，积极发展服务力强的企业集团。

流通餐饮业——重点发展商业连锁经营、加盟经营、物流配送、直营直销、特许经营、代理制、电子商务、农副产品批发、进出口贸易、大众化餐饮、旧货调剂等。积极引导住宅消费市场的开发。积极培育私人汽车消费市场。

运输服务业——主要发展公路客货运服务、运输辅助服务、运输维修服务，重点加强交通运输基础设施建设，配套完善客货运站场布点，提升运输装备水平，发展和规范运输维修等辅助服务，把运输服务业融入现代物流业。

公用服务业——继续加强城市道路、污水处理、集中供热、园林绿化和环卫设施等基础设施建设。加快文化中心、金水湖、龙泉景观等项目建设，不断完善城市综合功能。抓好城市住宅小区的建设与改造，拓宽居民的休闲娱乐和文化体育活动空间，加大旧城区和城市沿街道两侧建筑物改造，优化人居环境。坚持高起点规划、高标准建设、高水平管理和高效能经营城市，提升城市形象，提高城市品位，努力把金昌市建成中国西部殷实敦厚、安逸舒适、文明祥和、幽雅美丽、生产生活环境良好的现代化工业戈壁园林城市。

科技教育业——深入实施科教兴市和人才强市战略。围绕经济转型和产业结构调整，注重技术引进消化，提升科技创新能力，努力构筑科技创新体系，进一步拓宽科技融资渠道，增加科技投入力度，加速科技成果向现实生产力转化，加强中介服务机构建设，培育和发展技术市场，提高科技服务的质量和水平，健全科普组织，壮大科普队伍，大力普及科学知识和实用技术，提高人民科学文化素质。大力发展各种形式的职业教育、成人教育、继续教育、岗位培训和下岗分流人员再就业培训及多层次的基础教育，积级鼓励社会力量办学，促进各类、各级教育协调发展。建立和完善覆盖全市的多层次教育培训网络，构建以学校、机关、企业、社区为主体，全民参与的网络化、社会化终身教育体系，构建学习型社会。继续实施“5218”创新人才开发计划，实行多种形式的引技引智，鼓励人才柔性流动，在政治上关心、政策上优惠、工作上支持、生活上保障、文化上包容，用事业造就人才，用机制激励人才，用法制保障人才，用待遇留住人才，加快培养具有一定专业技能的熟练劳动者和科学实用人才。坚定不移地加大农民工的培训力度，推动农村富余劳动力转移，加速劳务社会化进程。

农业服务业——积极发展农业产前、产中、产后服务，强化科技、信息服务，为农业生产提供及时、高效的农技、农机、农电、农水、农贷、植保、检疫、气象、农贸、土肥、良种、农产品精深加工、销售、信息咨询、农业保险、监测检验等服务。突出构建新型农村物流服务业，应以更新改造为途径，以创新机制为措施，带动农业综合服务体系建设，逐步形成以市区为区域辐射中心，以金川区、永昌县城、河西堡镇点轴经济带为轴心，以朱王堡镇、六坝乡、焦家庄乡、双湾镇等中心集镇为支点，以全市农村物流网络为基础，以农业生产资料市场、农产品批发市场为主体，以线串点，以点带面，相互衔接的农村物流服务网络体系。加强农村基础设施和公益事业建设，不断改善农村生产生活条件，全面实现农村村村通电话、通油路、通广播电视。大力发展邮政系统开展直接为农民生产生活服务的连锁配送业务，邮政部门依据市场需要开展化肥、种子、农药等农业物资配送，同时，要积极利用邮政的农村网络，提供农村经济发展和农民生产生活所需的金融等多项服务，市级各相关部门应该大力支持邮政部门开展农业物资配送业务，帮助解决遇到的实际问题，积极支持邮政参与农业物资流通，大力支持邮政服务“三农”工作。

（3）培育发展服务市场

加快流通领域建设，进一步培育和建立适应市场经济运行机制的面向国内外、省内外开放的消费品市场、生产资料市场、要素市场、科技市场四大服务市场。

消费品市场——健全完善各类批发市场、集贸市场、专业市场和市区便民市场，进一步提升现有商业网点档次，加快现代物流基础设施建设，积极发展特许连销、代理制、连锁店、直营直销、加盟、配送中心、电子商务、一卡消费等现代流通方式为特征的现代物流业，引导居民消费行为，繁荣市场流通。

生产资料市场——创新农业合作组织，完善农业产业化服务体系，改造重组农业特色产业，壮大农畜产品集散能力，不断健全完善农畜产品市场；建立有色金属市场，并尽快实施镍、铜等稀缺金属的国家储备制度；完善企业出口服务体系，加快培育多元化的出口主体，提升外贸市场，努力扩大产品出口，积极开展对外工程承包、装备制造、劳务输出及境外加工贸易，大力支持金川集团公司等企业拓展国外资源，不断扩大进出口总量，提升经济的外向型水平。

要素市场——稳步发展金融、证券市场。积极培育城市建设的资本市场，积极发挥市建设投资开发集团有限责任公司的作用，建立城市建设基金会，对供水、供气、公共交通、环卫、绿化、城市空间等城市资源和设施实施市场化运作。进一步放开搞活房地产二级市场，建立和完善住房保险、担保、抵押登记、房地产配置等配套政策，推进房地产开发、销售与物业管理的企业化经营，促进住宅物业化管理，推动和规范房地产中介服务、装饰装修服务等相关行业的发展。不断健全土地市场，坚持推行城市建设发展用地统一规划、统一报批、统一征用、统一开发、统一供应的“五统一”管理方式，完善配套基础设施，涵养级差收益，提高土地价值；继续完善土地收购储备制度、挂牌拍卖交易制度，加强划拨土地使用权流转管理。建立和完善以职业介绍、人才交流、劳务输出、劳动就业服务为主要内容的劳务人才市场。

科技市场——进一步推动科技创新，加速科技成果转化，充分发挥金昌的科技优势，遵循“统一政策，分口管理，放开搞活，服务基层”的原则进行科技市场的建设，开展实用技术专利、专有技术和科技成果的引进、转让、推销等，加快高新技术推广，促进科技人才交流，引导技术市场围绕有色、能源、化工等支柱产业的壮大，建筑、建材、装备等配套产业发展，新材料基地建设，围绕乡镇企业、中小企业做大做强开展技术服务。大力扶持开发、发展科技中介服务机构，运用市场机制和政策引导等手段，有效配置科技资源，加速科技成果转化，有效服务于经济、社会发展。

（四）城乡产业发展一体化的推进措施

1. 农业产业推进措施

（1）完善农业科技体系

一是健全完善农业科技推广和技术服务体系，加快农业科技成果转化。要积极鼓励和引导农业企业、合作组织以及学会、协会等围绕特色产业、主导品种、主推技术的应用，参与农业科技推广服务。鼓励农业科技单位和技术人员带资金、带项目、带技术，以技术入股型、中介服务型、资金入股型、承包服务型等形式与农户、专业大户、龙头企业结成利益共同体，开展农业科技示范推广和技术服务，加速科技成果转化和应用。二是加强农业科技产学研结合，建立新型农业科技创新体系。要进一步加强与农业院校、科研院所在金昌市特色产业的发展与开发、农产品加工、保鲜等方面全方位开展技术交流、合作、研究和攻关，吸引和鼓励各类专家、教授围绕金昌市主导产业，建立技术开发和技术服务中心及科研示范基地开展技术服务，促进产学研结合，加快农业新技术、新成果的推广应用。三是加强农业科技培训和科技人才队伍建设，努力提高农民群众的科技致富能力。积极开展符合农民和农村经济发展特点的农业实用技术培训，大力培养一批懂技术、善经营、会管理的乡村技术服务人才和科技带头人，力争使每个农户中都有一名掌握 1～2 项种、养及加工方面先进实用技术的科技骨干，提高农民依靠科技致富的本领。四是创新农业科技投入机制，切实加大农业科技投入力度。建立健全财政支农稳定增长机制，把农业科技投入放在公共财政投入的优先位置，逐年加大对农业科技进步和创新的支持力度。同时，要不断创新科技计划项目管理机制，在已推行科技项目立项论证制的基础上，逐步实行重大科技项目招投标制和项目业主制，鼓励龙头企业、专业大户、农户和农业社会化服务组织联合科技研发机构和大专院校共同参与实施，以充分调动他们对农业科技投入的积极性，拓展农业科技投融资渠道，形成良性的农业科技投入体系。

（2）积极推进标准化生产

要坚持“制标与贯标、硬件与软件、宣传与引导、示范与带动”相结合，严格执行国家质量标准，健全完善农产品质量标准和检验检测体系，全面实施无公害食品安全行动计划，加快培育优质、安全的无公害、绿色品牌，提高农产品的市场竞争力。一是制定完善优势产业和特色农产品的质量标准及其技术规程。要在已制定颁布特色农产品地方标准的基础上，按照“有标贯标、无标制标”的原则，制定完善符合实际的无公害农产品质量标准、生产技术规程、农业投入品使用准则，形成以国家、行业标准为主体，地方标准相配套，涵盖产前、产中、产后全过程的农业标准体系，实现用标准组织生产、评价质量、规范市场、引导消费。同时，要开展对农业标准化的宣传和引导。把各类农产品系列标准形成生产经营者易懂易记的操作性文本，通过印发资料、举办培训班和新闻媒体等形式，进行广泛宣传，提高农技人员和农民的农业标准化知识。二是切实加强质量检测监管。要按照优质、高效、环保和安全的要求，实行农产品原产地标识制度，加强对农业投入品、农产品的检查检疫和市场监管力度，从生产、加工、流通等各个环节全方位推行标准化生产、标准化经营，尤其要深入开展农药及农药残留、兽药及畜产品违禁药物滥用、水产品药物残留等专项整治工作，强化流通领域的标准化管理，逐步实现市场检测向基地检测、局部控制向全过程控制延伸，切实提高生产经营的组织化程度和农产品的质量卫生安全水平。三是深入开展标准化生产示范区建设。要积极创建国家级标准化生产示范基地，在发展壮大优质胡萝卜、西芹、花椰菜等绿色产品种植示范区的基础上，根据农产品标准化的实施要求，切实抓好啤酒大麦、金鳟鱼、优质肉羊、美国红辣椒、鲜食葡萄等标准化生产示范小区建设。同时积极鼓励农业龙头企业通过与农户签订合同等形式，明确双方的权利和义务，建立标准化示范园区和生产基地。加强动物防疫体系建设，实施重点区域动物疫病应急防治工程，鼓励乡村建立标准化畜禽养殖小区。四是以标准化培育知名品牌。切实鼓励和引导企业增强品牌意识和商标意识，及时注册商标，保护自己商标权和知识产权。并要大力支持龙头企业采用国际国内先进标准组织生产、加工农产品，不断提高产品质量档次，开发名牌产品，打开产品销售市场，通过品牌优势启动资源优势，扩大生产优势，创造经济优势。五是加大产品品牌宣传力度。各级政府牵头做好金昌市特色品牌宣传的组织和引导，多渠道积极宣传标准化知识，传播标准化信息，广泛开展对农户和农业企业的农业标准化教育，宣传农产品，提高金昌市优势农产品品牌的知名度。特别是要以有机、绿色、无公害为目标，把“德赛羔羊”产品培育成为全国名牌产品；把“羊肉垫圈子”发展成为甘肃传统名优小吃；把金鳟鱼、黑瓜籽、西甜瓜、食用菌和胡萝卜等培育成知名品牌。

（3）积极发展农村合作经济组织

市场是农业产业链条的终端，对整个链条起拉动作用，决定农业“一特两化”的规模和效益，搞活市场流通，是实施农业“一特两化”的主要内容和重要条件。一要大力发展农村合作经济组织，提高农民进入市场的组织化程度。打破地域、行业和所有制界限，实行跨区域、跨行业的多种形式的联合与合作，大力发展专业合作社、专业协会、联合体等中介服务组织，鼓励支持它们发展农副产品的加工、储藏和运销服务，并在政策和信贷上给以优惠，在组织形式、服务内容、服务方式等方面加以引导，帮助其逐步规范。力争2~3年内，村村建立各具特色和优势的行业协会或经济合作组织。通过各类专业技术协会、专业合作经济组织以及行业协会的服务联结、契约联结、资产联结等方式将产加销各环节联结起来，使农民种有计划，销有保证。同时，要巩固、规范、完善行业协会或合作经济组织，充分发挥这些组织在规范农业产业化经营主体之间的经营行为、价格协调、利益纠纷调节、行业损害调查等方面的积极作用，切实维护和保障行业内农户和企业的合法权益。二要积极培养农民经纪人队伍，降低市场风险。要把千家万户农民引进市场，必须加强对农民经纪人的培养，不断提高其经营素质，依法保护其合法权益。通过大力培养农民经纪人队伍，发展农民自己的流通组织，降低市场风险，解决农产品卖难问题，从根本上促进农业结构调整。对重合同、守信用、在开拓市场方面做出突出贡献的农民经纪人进行表彰奖励，促进他们自觉地用市场规则约束自己的行为，使之逐步成熟壮大。

（4）积极培育农产品市场体系建设

根据产业规模、产品特点及交通条件等，对市场进行统筹规划，合理布局，加快组建一批规模较大、功能齐全、管理手段先进的农副产品批发交易市场和专业市场，还可视情况建立或参与期货交易市场；进一步加强和完善市场管理与服务，建立良好的市场交易秩序；积极引导优质、有品牌的农产品直接进入超市；对现有的各类市场，特别是乡村集贸市场，要引导帮助其加强软件和相关服务设施建设，增强功能，规范运行，努力形成以初级市场为基础，以区域性批发市场为骨干，以重点批发市场为龙头、多种经济形式和多种经营方式并存、设施完备的市场网络。强化农业和农村信息化建设，实现产销有效对接。要坚持把农业和农村信息化建设作为农业和农村工作的一项重要任务来抓，着力解决农村信息不畅问题。要加快建立完善多元化的市场价格、供求信息采集、整理和发布系统，为农民、经营户、管理部门提供信息服务。继续加大投入力度，深入实施农村“家家 e”信息工程计划，不断健全完善市县乡村四级综合信息网络，使农村经济综合信息网不但向农业产业化龙头企业、农产品批发市场、中介组织、经营大户延伸，而且能够全方位、多层次向广大农户延伸，使市场信息传递到千家万户，让基层干部和广大农民群众全面了解掌握国家产业政策法规、农产品供需、国内外农产品价格行情等，实现产区与销区、生产与市场的信息对接。同时，要围绕特色农业发展，对主要农产品的生产供求、价格等信息进行动态检测，及时向农民预报。

（5）健全完善龙头企业与农户的利益联结机制

龙头企业与农户建立稳定的利益联结机制，是农业产业化顺利推进的重要保证，也是是农业产业化经营发展的核心。要把规范合同契约订单，逐步扩大股份制、股份合作制经营方式，作为推进农业产业化经营的重要环节来抓，通过完善龙头企业与农户的利益联结机制，为龙头企业建立稳定的原料供应基地，解决企业的原料问题。一是推进利益联结机制由松散型向紧密型和更加紧密型转变。鼓励、引导龙头企业与农户将经营目的由单纯顾及自身经济利益上升为考虑产业的整体利益，凡是通过农民建立基地的企业，都必须与农民签订完善规范的购销合同，以避免由于合同内容漏洞造成的当产品市场好时，农民违约卖高价，市场价格低时企业拒收拒购、抢收抢购、压级压价等现象的发生。要在企业提供有偿的技术、种苗、药肥、信息、产后收购等系列服务的基础上，通过适当的利益调节，如实行农产品收购保护价、承贷转贷、利润返还等多种联系形式，形成“风险共担、利益均沾”的利益共同体，努力改变过去企业与农户之间简单的相互协作关系，使经营活动趋于稳定协调，抗御市场风险能力增强。二是在完善现有合同契约为主的利益联结机制的基础上，加快建立股份合作制为主的利益联结机制。股份合作制既能发挥股份产权明晰的优点，又能保留合作制劳动联合的特点，使企业与农户的两个积极性都能得到充分发挥，真正形成互利互惠，兴衰与共的一体化经济实体，是从根本上强化“龙头企业”与农户间利益联结机制的措施。要打破行政区划和所有制、行业界限，发展跨区域、跨行业的多种形式的协作与联合，引导产业化加工企业采用股份合作制的方式，与农民或农民经济组织结成利益共同体。积极鼓励和引导农民以入股、参股的形式参与加工、流通企业的经营管理，形成以资产为纽带的新型经济运行机制。同时，要把以行政、法律手段为内容的监督约束机制与“龙头企业”和农户间利益联结机制有机地结合起来，建立和完善监督约束机制。特别是要树立法制观念，强化法律意识，用法律手段保证龙头企业与农户合同的法律效力。三是积极探索建立风险基金。由龙头企业和农户每年按销售额或利润的一定比例交纳，一般为利润的5%左右。由各参与主体根据出资额多少派人参加基金管理委员会管理，小额出资人可不参加，但有权随时支取，以出资额为限。为防止基金被挪用，可由政府或银行托管，支取时管理委员会出具认可意见。

（6）多方联动调控农业生产成本

一是认真贯彻落实中央、省上关于调控农资市场价格的一系列政策规定；二是积极做好本区域内化肥生产企业农资出厂价的平抑工作，实现企业增效与农民增收的双赢；三是进一步发挥供销系统的农资销售主渠道作用，建立完善化肥储备长效机制，加强内部管理，做大做强农资业务，为农民提供便捷、优质的服务。四是在财政能力范围之内，列支一定资金，对农民购买化肥等生产资料予以补贴。五是继续加强农资市场监管，严厉打击制假、售假和无照经营者，杜绝伪劣假冒农资进入市场，切实保护农民利益。

（7）切实增加农业产业化资金的投入

要坚持国家、集体、个人一齐上的原则，逐步建立以国家投资为主导，农民群众投入为主体，社会投资为辅助的市场多元化投资机制。首先，要确保用于农业的财政资金不断增长。其次，要建立农业产业化经营的发展基金，有重点的予以扶持。第三，要广泛发动群众投资投劳，发挥农民投入的主体。第四，要广泛吸引社会各方面的资金，实现融资的多元化。第五，要发挥金融部门的作用，不断增加对农业的贷款投入，把支农信贷资金重点用于支持农业产业化经营，积极发放农户小额信贷和联保贷款，扶持农户发展特色产业。第六，要加大招商引资力度，帮助企业通过各种渠道扩大直接融资，对从事农产品经营的龙头企业和农副产品批发市场的建设用地，要予优先安排、优先审批，放宽注册条件和依法实行税收减免政策。第七，要整合资金的管理和使用，采取“吃拼盘”的办法，把各方面用于支持农业的资金集中起来统一使用，实现资金效益的最大化。

(8) 推进生态循环农业

各级农牧部门要制定循环农业发展规划，运用青贮、黄贮、气化、固化、液化、深加工、秸秆还田等先进技术，积极开发农作物秸秆综合利用，提高秸秆的饲料化、燃料化、材料化、肥料化水平，综合开发秸秆产业。积极引进废旧塑料的再生利用技术，加快废旧农膜的回收利用，提高可再生资源的利用率和经济效益。大力推广“一池三改”农村沼气综合利用技术，继续实施农村沼气建设项目，把农村“三废”（秸秆、粪便、垃圾）变成“三料”（燃料、饲料、肥料）。加大有机肥使用量，积极推广高效、低毒、低残留农药和物理、生物防病虫技术，加强农业环境保护。利用农业污染源普查成果，制定污染源治理规划，实施污染源动态监控，建立农业环境污染评价机制，采取多种措施，改善农业环境。加强饮用水源地和区域的监管，坚决制止在饮用水源地养殖和搞开发，切实保护饮用水源的安全。

2. 工业产业推进措施

(1) 加强政府扶持引导，打造政策平台

加强组织领导。建立市工业发展领导小组，建立强有力的决策指挥核心、精干的办事机构和协调运转的推进机制。加强调研规划。科学制定、动态完善工业发展战略规划，围绕重点领域和重大事项制定专项规划、实施方案，提出指导意见。加强政策扶持。认真贯彻国家和省的战略意图和部署，积极争取支持，用足用好各项扶持政策。从金昌实际出发，研究制定配套政策、地方政策及实施办法。加强舆论引导。对“工业强市”战略及其实施进行全方位跟踪宣传报道，形成吸引国内外人才、资本、技术加入金昌经济发展的社会舆论氛围。

（2）实施重大项目建设，强化增量推动

围绕做大做强有色、化工、能源等支柱产业、培育发展镍铜钴及贵金属新材料高技术产业和新兴产业，通过加强规划研究、政策导向、资金引导、院地合作等措施，规划、引导和催生一批重大高技术项目、高新技术改造传统产业项目、资源综合利用项目和产业链延伸项目。形成以发展规划为指导、以市场和资金为导向，企业、政府和专家共同参与的项目生成机制。一是向上积极争取国家西部大开发和甘肃省“工业强省”战略政策和资金的支持，争取承担更多国家重点支持的高技术产业、循环经济、节能减排等项目，争取国家和省工业专项资金用于金昌重大工业技术改造项目，工业技术创新等项目建设。二是发挥财政杠杆作用，加强市级技术改造专项资金投入，用于推进全市重大工业项目建设。三是进一步加大招商引资力度，积极引进大项目，不断培育龙头企业，促进产业链发展，不断开拓工业新的经济增长点，进一步促进工业可持续发展。

（3）加快企业组织结构调整，培育企业集团

做大做强，将金川集团公司发展为年销售收入过千亿的特大型跨国企业集团。培育扶植，重点发展一批成长性好、具有产业发展前景的中小板和创业板上市公司，形成具有一定竞争力的中小企业群体。改组改造，积极支持金昌铁业集团公司等企业实施企业重组或引进战略投资者，进一步优化市属国有企业的产权结构。扶优扶强，重点支持金昌化工集团公司、金昌铁业集团公司、金川机械制造公司、永昌发电公司、金昌水泥集团等企业的发展，打造行业“小巨人”，形成区域经济发展的中坚力量。产

业聚集，围绕支柱产业，以发展民营经济为主，着力搞好配套项目建设，抓好产业节点项目，形成一批产业共生伴生企业，促进产业集聚效应的形成。

（4）建立区域创新体系，加大科技注入

推进企业研发中心建设。加大金川集团公司国家级技术研发中心和博士后工作站的建设力度，推进“小巨人”企业技术研发中心建设，加速技术创新和科技成果转化。依托有色金属、化工及新材料等相关产业的发展和金昌国家新材料高技术产业基地，组建相应研究中心；依托金化集团公司技术中心组建精细化工研发中心。建立区域创新平台，完善创新支撑体系。加强产学研合作，整合、集聚区域内外的创新资源，建立区域创新平台，为中小企业提供技术开发、技术转让、技术咨询、技术服务、技术培训。通过产业技术分工和技术转移、技术服务，形成大企业带动中小企业发展的有效机制。依托政府的科技服务体系，加大公共服务体系的投入，通过完善企业技术创新社会支撑体系，营造有利于技术创新的社会氛围和良好的区域创新环境。加快科技企业孵化器建设。建立服务平台，帮助在孵企业开展工商登记、专利代理、金融保险、运输物流、会计、统计、税务、培训等方面的配套服务。大力发展技术市场。大力发展技术转移、技术经纪、科技咨询、科技评估、专利代理等中介机构，建立资源库，构建服务网，提高服务水平，强化行业自律，平等竞争，择优扶持。

（5）实施全面开放合作，开拓发展空间

进一步扩大对内开放。吸引国内知名企业到金昌发展，严格执行外资企业的有关政策，做好为外埠投资企业的服务工作。重视吸引省内资金和工业资源，发挥具有相对完善工业体系的优势，做好规划、开发等工作，为企业、研发机构等入驻提供便利。努力扩大利用外资规模。重点引导和鼓励大产业、大企业加强与世界500强、国际同行业一流企业、科技研发机构的交流与合作，积极寻求战略合作伙伴，引入战略投资者。完善服务体系，按国民待遇为外来企业提供规范、便捷的优质服务，努力营造良好的投资环境，吸引更多的外商来金昌投资。实施“走出去”战略。发挥金昌在有色金属采选冶技术等方面的比较优势，鼓励和支持有竞争优势的企业到境外投资设厂，带动技术设备、商品和劳务输出。

（6）大力发展循环经济，转变发展方式

充分利用金川公司国家级循环经济试点企业和金昌市省级循环经济试点城市这一良好机遇，通过新材料接续产业发展，调整产业结构，加强资源综合、高效利用。依靠科技进步，将现已初步形成的“龙首山硫化铜镍——镍和铜提炼；二氧化硫转化成硫酸——化工产业：PVC项目消化电石、氯气、烧碱干法水泥消化电石渣——水泥回填到龙首山的矿洞”的大循环经济做大做深，提升各个循环环节的资源利用度，延伸产业链条，实现企业小循环、产业中循环、区域大循环的良性循环经济系统。从资源减量化入手，加强对各种废旧资源的回收和循环利用，提高资源综合利用效率和水平。研究构建法律规范、政策激励、技术创新、机制保障四大支撑体系，调动企业发展循环经济的积极性。全面推行清洁生产，从源头和全过程控制和减少污染物的产生和排放。严格进行能源、资源利用及清洁生产审核，提高环境保护准入门槛，努力从源头上控制污染。建立节能减排工作问责制，健全节能减排工作监督和奖惩机制。最终形成以政府为主导、规划为先导、企业为主体、项目为支撑、技术为平台、关联产业聚集集群的循环经济发展格局。

(7) 支持民营经济发展，增强多元动力

鼓励民营经济进入镍铜钴及贵金属新材料高技术产业、有色冶金产业、化工能源产业领域投资，消除妨碍民营经济发展的观念障碍、政策歧视、程序阻滞和体制约束。营造多种经济成份平等参与、公平竞争的市场环境和社会环境。支持和引导民营经济加快发展。引导民营经济与国有经济嫁接融合。对技术含量高、市场潜力大、经济效益好、成长性强的民营企业，在资金、税收、用地等方面给予更多支持，使之迅速做强做大。建设民营经济发展服务体系，发挥好行业协会、生产力促进中心、中小企业信贷担保机构等在民营经济发展方面的作用。

(8) 优化人力资源配置，构筑人才高地

培养和引进一批懂技术、会管理、善经营的产业领军人物，创造条件确保人才能干成事业。采取灵活方式，配强骨干企业领导班子，积极培育职业经理人群体和企业家市场，造就一支高级企业经营人才队伍。利用高校、科研院所、企业博士后工作站、工程研究中心培养专业科技人才。提倡院校（所）与企业挂钩，定向委托培养企业急需的各种人才，造就一支高层次、高素质的科技人才队伍。设立专项资金，加快培育创新领军人才和创新团队，重点支持企业引进海内外高层次创新人才。支持留学生、研究生、大学生和高技能人才创新创业。完善吸引人才的政策措施。打破各种限制，帮助解决各类人才的生活工作问题，为其创业提供有力资助，在税收等方面给予优惠。建立科学的人才考核评价机制，完善科技人员的职称评定、成果奖励、分配激励政策。

(9) 加快工业园区建设，培育产业集群

以金昌高新技术产业开发区、永昌东西合作示范区、河西堡工业聚集区为基础，着力抓好工业园区建设，加快园区基础设施建设，完善园区功能，提高承载能力，坚持项目入园，促使同类产业向园区集中，培育产业群。特别要围绕建设国家级新材料产业化基地，扶持发展万方新材料园、纳米科技园、金川绿色建材园等特色园区，不断提高工业的集约化水平。同时，要充分挥政府的综合调控职能，加强水、电、运力、资金的协调服务，进一步完善和发挥中小企业担保中心的作用，不断提高企业的运行质量和效益。

3. 服务业产业推进措施

(2) 广泛采用信息技术，加快科技创新和标准化建设

信息网络技术是构成现代服务业的重要组成部分，也是提高服务业效率的重要保障。服务业要积极利用互联网技术，通过网络平台和信息技术将服务网点连接起来，实现资源整合。加快先进技术的推广应用，广泛采用标准化、系列化、规范化等服务技术，借鉴比较成熟的服务业技术和服务标准，加快对金昌市服务业相应技术、服务业标准的研究制定工作。

(3) 推进服务业产业化

企业、事业单位所属学校、医院以及有条件的机关后勤服务设施要向社会开放，其所需服务由社会提供；除法律规定外，后勤服务机构要逐步改制为独立法人企业，鼓励民营资本投资兴办后勤服务；加快各种服务业产业化进程。

（4）规范市场秩序

要合理界定各行业的经营范围、从业条件、准入要求等，理顺管理体制，制定和完善行业管理法规和办法及适宜市场稳定发展的制度和交易规则，加强市场监督和管理，使市场交易公开化、规范化、法制化。

（5）挖掘就业潜力

坚持把第三产业发展作为就业主渠道，鼓励各行各业挖掘就业潜力。建立城市和主要地区的劳动就业信息网络，对各地就业信息进行监测、发布，以有效地利用就业市场。坚定不移地加强农民工培训工作，加大农村劳动力转移力度。

（6）加大投入力度

建立多元化的服务业投入机制，既要集中一定的财政资金，对服务业发展的重点项目给予引导、贴息，吸引更多的社会资金投入服务业；又要以股份制、股份合作制以及单位和个人投资为主要形式，大力招商引资，吸引民间资本、社会资金发展服务业；同时，向金融部门积极提供有市场、有效益的服务业发展项目，争取信贷支持；特别要充分发挥政府投资基础设施和公共服务的职能，加大对基础设施建设的投资力度。

（7）加大服务业人才的引进培养力度

加快引进培养服务所需要的各类人才，特别是社会急需的信息服务、金融、保险、中介服务、社区服务、物业管理、物流管理人才及熟悉服务业政策与管理、国际贸易服务等方面的人才；加强岗位职业培训，提高服务从业人员的职业道德水平、质量意识、创业和适应职业变化能力；全面实施职业资格证书制度，建立服务业职业资格标准体系，有序扩大实施范围和领域，全面提高服务从业人员的职业素质。

三、建立城乡一体化基础设施推进体系

（一）城乡基础设施一体化的总体思路与主要目标

以建设社会主义新农村为中心，以城乡规划为龙头，以村镇基础设施建设为重点，以农宅建设和村庄整治为抓手，坚持高标准，立足长远，统筹规划，突出重点，加快城乡基础设施建设，逐步形成基础设施完善、服务功能齐全，发展协调有序的现代城乡基础设施建设体系。

到2015年，城乡交通基础设施基本完善，城镇集中供热能满足城镇发展需要，一般城镇污水和垃圾做到集中处理，主要城镇污水和垃圾无公害化处理达到国家标准，市政基础设施网络体系建设迈上新台阶，电力、通信网络体系进一步升级，学校布局完成全面调整，图书馆、博物馆进行部分设施补充和人员培训，文化大院实现村村有的目标，新型农宅改造建设全面完成，通过城市基础设施和公共服务向农村延伸，搞好城乡对接，积极推进城乡基础设施一体化进程，加快城市基础设施向农村延伸，城市公共服务向农村覆盖，城市现代文明向农村辐射，逐步减小城乡差距，使城乡居民共享现代文明、全面实现城乡一体化建设目标。

（二）城乡基础设施一体化的工作重点

1. 交通基础设施建设

（1）加快已建成公路的升级改造步伐

将金民公路改建为二级公路，将金宁公路金川至东湾段改建

为二级公路；按照设计年限，对城区和各镇未改造和升级的公路逐步进行改建。

（2）加快通畅和联网交通工程建设

完善全市农村公路项目库，加大项目争取力度，积极申报争取并开工建设已入全省农村公路项目库建设项目；将金川内国营农场道路建设纳入整体规划，争取项目适时予以建设；在规划期间，完成每个小城镇都有1～2条主街道的道路工程目标；以G312等高速路为中心建设主要道路，合理规划，使各镇能更好的与高速路衔接。

（3）建设综合交通运输体系，形成区域大交通格局

在配合做好金昌支线机场、金永高速公路、金阿铁路项目建设工作的同时，积极支持建设金武（金昌——武威）高速公路、金山（金昌——山丹）高速公路和金昌至阿拉善右旗高等级公路建设项目，最终形成四通八达、快捷方便的交通运输格局。到2015年，100%的行政村通公共汽车，田间道路通机动车。

（4）实施农村公路养护体制改革和创新

落实各级政府的管护责任，做到有路必养、有路必管，通过及时有效的养护管理延长现有公路使用年限；到2015年，行政村道路硬化率达到100%，自然村道路硬化率达到60%。

（5）加强城乡道路网建设

科学合理地搞好城乡公路网规划，加快推进农村公路标准等级化、路面铺装高级化、道路结构网络化建设，拓展县（区）、乡（镇）、村三级公路的通达深度和广度，形成内外衔接、城乡互通、方便快捷的交通网络。规划期间要实现村村通油路，县区之间、县（区）与乡（镇）之间分别有高速、三级以上公路直通，全市基本实现村村通公交目标。

2. 农田水利、供排水及防洪工程基础设施建设

(1) 农田水利建设

积极推动农田水利基本建设，争取国家灌区续建配套与节水改造项目，加快东、西河地区末级渠系配套改建步伐，使全市农田灌溉水利用系数由现状的0.40左右提高到0.52以上，渠系利用系数由0.51提高到0.66以上，综合亩均毛灌溉用水量较现状减少80立方米左右。采取民办公助、以奖代补等形式，鼓励和支持农民广泛开展小型提灌站、集雨工程等农田水利设施。

(2) 供水工程建设

加大资金争取力度，积极实施供水工程项目；改建老化的供水系统，在还未统一供水的城镇新建供水体系，使城乡供水一体化。到规划末期基本解决全市人口的饮水不安全问题。应加快城市中水管网的配套建设，实施中水回用工程，将污水处理后用于环境绿化、冲洗厕所、洗车、工厂冷却用水等各方面。对今后占地规模较大的新建办公综合楼、住宅小区、工厂等，应在综合管沟中预设中水管网，建设中水回用设施，实行分质、分类供水。同时，加强用水管理，建立和完善城乡一体化供水运行管理办法，实行计划用水和节约用水，在实行统一水价的基础上，适时实行阶梯水价，促进节约用水。

(3) 排水工程建设

为提高城市污水再生利用率，节约水资源，改善城市居民的生活条件，减轻水污染和加强金昌市水源地的保护，在金昌市建立污水处理再生利用项目2个，其中金川区、永昌县分别1个；对布局不合理及排量不够大的排水管进行改造，并根据实际情况新建排水管道。

（4）水资源管理体系建设

进一步深化税务管理体制改革，推进城乡水务一体化管理，建立以水权、水市场管理为基础的水资源管理体制，全市水资源开发利用实行统一规划、统一调配、统一发放取水许可证、统一征收水资源费、统一管理水质水量，实现所有涉水事务统一管理。同时，在政府宏观调控下，发挥市场在水资源配置中的基础性作用，完善民主决策程序，鼓励公众广泛参与水资源管理的各项工作，形成“总量控制，定额管理，以水定地，配水到户，公众参与，水量交易，水票运转，城乡一体”的一整套运行机制。

（5）防洪体系建设

全方位、多渠道争取项目资金，逐步改造、除险加固金川西干渠防洪护堤、金川南干防护堤、亮峰砂沟防护堤、金川区马家小砂沟河道、金川河河道、双湾防洪工程、旧沟西山岗防洪堤、龙口村河道、马莲沟防洪护堤、金川峡水库、老人头水库、皇城水库、山沟流域、马莲沟流域、泗儿沟流域、清河灌区南河弯、西河灌区水泉子壕北沙沟；四坝灌区，东河灌区等防洪工程，形成坚固安全的城乡防洪体系。

3. 垃圾收集处理体系建设

（1）垃圾收集转运设施

在镇中心区（主街道）按照每50～80米一个的标准设置密封式垃圾收集容器；在居住区按照每30～50米一个的标准设置密封垃圾收集容器或垃圾池；在镇中心区和村镇集中连片居住区按照实际垃圾产生量建设小型垃圾转运站。

（2）垃圾收集转运车辆

在村镇中心区和居住区按照居住区人口每3000人配备1辆垃圾收集拖拉机，每10000人配备1辆垃圾转运汽车。

（3）公厕

在镇中心区按照每500～1000人一座的标准规划建设公共厕所；公厕建设达到三类以上标准。

（4）垃圾处理场

各镇建设1～2座垃圾填埋处理场，集中处理各镇生活垃圾。在河西堡镇、城关镇、朱王堡镇、新城子镇等主要城镇建立1～2个垃圾处理厂。

4. 电力设施体系建设

加强用电管理，改善供电条件，努力完成城网改造项目；新建变电所以及改造升压变电所，全面实现调度管理自动化，提高供电可靠性；全面完成新农村电气化镇的建设任务，建成“新农村电气化区”。

抓好永昌发电公司2×330MW热电联产机组、330千伏双湾变电站、110千伏城东变电站、农村电网完善工程和小水电等项目建设进度；做好东大滩330千伏变电站工程；积极配合抓好西北750千伏输变电工程前期工作，开工建设750千伏金昌输变电工程。

5. 广播电视通信基础设施体系建设

（1）建设高效宽带传输网

整合现有各运营商的传输网络资源，推进传输网络的互联互通，实现传输网络资源共享，优化传输网络结构，使核心传输网络结构由环状结构为主向网状结构过渡，扩大传输网覆盖空间，提高传输容量，积极使用先进传输技术建设适合全业务经营的宽带高效城域传输网，为通信业务的拓展提供强有力的保证。

（2）建设覆盖城乡的智能化宽带接入网

普及宽带接入网，在郊区和农村采用xDSL、无线、HFC宽带接入方式，普及农村宽带接入；实现宽带接入网终端智能化，确保能提供有线、无线（WLAN）室内布线接口，满足用户对个性化业务的需求；更新原有的相对落后、封闭、分散和相互不兼容的接入网，使其平滑过渡成为高度兼容的电信管理网（TMN）的一个子集。

（3）网络改造

首先进行干线改造，将现有的同轴电缆传输的树枝型结构干线网改造为光纤传输的星型结构网；解决同省、市有线电视联网接口问题，开展数字节目及增值业务传输。然后改造支干线用户分配系统，将用户分配系统改为屏蔽性能良好，适于双向传输的系统。在城区网络改造完成后，建立（区）县至城郊的一级光纤网，在逐步建立城郊二级树型结构的 HFC 网，把永昌广播电视网建成城乡一体功能健全的广播电视 HFC 宽带综合业务网络。

（4）建设安全可靠的电话、广电网络

优化局（所）、基站和电视转播中心布局，满足城市发展后数据业务量急剧增长的需求；推进电话网的智能化建设，确保能提供集约化、规模化、个性化的电信服务；继续推进各固定电话网及移动通信网运营商的网间互联；在技术上向 MSTP 升级，为移动业务的快速增长和其他业务的开展提供强有力的支撑平台；在继续完善现有第二代移动通信网络的基础上，适时开展第三代移动通信技术的商用实验和商用网络建设；优化广播电视网络的物理结构，推进电视节目制作、转播、信息交换技术设备的全数字化改造，完成模拟电视向数字的整体平移；重点建设农村基础网络设施建设工程、模拟电视向数字电视的整体转换工程、第三代移动通信系统建设工程、下一代网络建设工程。

（5）推进电子政务建设，完善政府信息网

加快企业信息化步伐，发展电子商务；完善市、区、县政府网站，增加各个中心镇、中心村介绍，加快网站政府信息更新，利用政府网站实现产业项目招商引资；依托广播电视和互联网络平台，积极开展远程教育、远程医疗、可视电话、电子商务等信息业务，不断提高信息化服务水平；建立乡镇农业信息综合服务站，每乡镇建立5个村委会信息室，10%左右的农业龙头企业、经营大户、种养殖大户与国际互联网连通。

（6）农村通讯建设

进一步完善农村通讯和广播电视网络，加大农村信息网络建设投入力度，完成行政村宽带网络建设任务；进一步完善农村“家家e”信息工程，及时为农民提供实用信息服务。

6. 教育资源基础设施整合

（1）重视农村幼儿教育

抓好“基本满足幼儿学前三年教育”巩固提高工作，以民办为主，利用农村中小学布局调整后的富余教育资源发展农村幼儿教育，在3~5年的时间内基本普及农村幼儿教育，到2015年各个乡镇驻地办好一所中心幼儿园；到2020年，在高标准普及幼儿学前三年教育的基础上，中心幼儿园全部达到二类以上标准。

（2）整合中小学教育资源

3~5年内，将龙口小学合并到东四沟小学；将三角城小学、营盘小学、新粮地小学、许家沟小学、新华小学、油籽洼小学、下四分小学合并到双湾镇中心小学，建立寄宿制小学；将中牌小学、龙景小学合并到宁远中学；将康盛小学、金河小学合并到天生坑小学；将东湾小学、西湾小学合并到宁远中学；将龙源小学合并到双湾镇中心小学；将西坡小学、高崖子小学、马家崖小学、新安小学以及民办小学合并到城郊学校；将小井子小学合并到五营小学；永昌县在保留现有城关一小、城关二小、城关三小关小的基础上，在县城东北部新建城关四小；各乡镇继续加大撤点并校的工作力度，在中心村或乡镇驻地兴建或扩建较大规模的寄宿制小学；到2020年，永昌县撤并农中初中部到三中，焦中、六中撤并至县城新建初中，县城3所（职中、五中、新建一所初中），农村保留4所（新中、红中、三中、河中）。

（3）整合高中与职业技术学校教育资源

继续扩大高中办学规模，到2012年前，扩大3所高中（一中、四中、市二中）办学规模，市二中和永昌四中初中部撤销，办成独立高中；到2015年，永昌四中并入永昌一中，永昌四中成为永昌一中分部；到2020年，三中高中部撤并至一中高中分部。扩大农职业技术学校办学规模，办好县级职教中心一所，整合永昌职中和永昌农中资源，到2020年将农中初中部撤并到永昌三中，把永昌农中办成一所高标准农村寄宿制小学。

7. 文化体育设施建设

以村文化大院建设为基础，建立健全由市文化中心、县（区）文体中心、镇文体中心、村文化大院、家庭文化示范户组成的城乡协调五级文化阵地网络；对现有文化大院进行升级改造，完善文化大院内文化活动设施，新建的文化大院参照标准设置，最终实现全市村村有文化大院的目标；文化设施与体育设施一同考虑，设在文化大院内；对现有图书馆进行改造，增加阅览座位，对文献资料设备适当填充和更新，建成信息资源共享工程，并加强人员培训；完善博物馆的防盗防火等设施配备，加强人员培训；在河西堡镇、城关镇等中心城镇建立文化广场，以满足市民文化活动要求，为活动提供场地。

8. 卫生基础设施建设

加强疾病防控设施、社区卫生服务中心和村卫生室（所）标准化建设，不断改善医疗卫生条件，进一步提高城乡基层医疗卫生服务能力。加强公共卫生体系建设，提高卫生应急保障能力。加强应急队伍和公共卫生体系建设，提高突发公共卫生事件应急处置能力。严格执行疫情监测、报告、处置制度，加强对性病、艾滋病疫情的监测报告，扎实推进免疫规划工作和母婴保健工作。加强中医药建设，健全中医药管理体系。加强中医重点专科建设，积极探索中医药特色优势，推广中医药适宜技术，不断提高中医临床疗效和中医药治疗率。

9. 小康新居设施建设

加强宅基地规划和管理，突出村庄民宅的规划建设，按社会主义新农村建设标准搞好村镇规划和住宅设计，向农民免费提供经济安全适用、节地节能节材的住宅设计图样；着力抓好“三改三清”工程（改厨、改厕、改圈，清粪堆、清土堆、清柴堆），实行“三区分离”（生活区、养殖区、生产区相分离），建立村庄环境整治和垃圾处理长效机制，彻底改变农村脏乱差的现象，全面改善农村人居环境，力争2015年前，全面完成全市新型农宅改造建设的任务。

（三）城乡基础设施一体化的推进措施

1. 健全城乡一体基础设施建设工作体系和应急机制

一是根据交通、给水、垃圾处理、污水处理、电力、通信等基础设施建设的不同特点，进一步理顺基础设施建设、运行、管理体系，建立、完善相应的工作推进体系，确保基础设施建设、发展的顺利推进；二是根据全市城乡一体化推进的总体要求和基础设施建设、发展的不同特点，重点制定交通、给水、垃圾处理、污水处理等发展的专项规划，完善扶持发展政策；三是根据给水、垃圾处理、污水处理等基础设施的运行特点，建立、健全相应的应急机制，及时处理各种突发事件，确保运行的可靠性和安全性。

2. 深化改革，增强城乡一体基础设施建设的动力

遵循基础设施建设、发展规律，致力于机制体制创新，积极探索市场经济条件下基础设施建设、发展的新路子。各级行政管理部门要抓宏观、间接和行业管理，切实履行规划、协调、指导、服务和监督职能。充分发挥市场机制作用，抓好基础设施网络的优化、升级，更好地发挥资源整体效益，将资源优势转为产业优势。

3. 拓展融资渠道，增加资金投入

各级政府要根据基础设施的年度投资计划，统筹安排基础设施新建、扩建、改建项目建设资金，充分发挥财政资金在基础设施一体化建设中的引领作用。深化投融资体制改革，进一步创新融资手段，拓展融资渠道，充分运用BT（build-transfer，即“建设—移交”）、BOT（Build-Operate-Transfer，即“建设—经营—转让”）、企业债券等多种市场化融资手段，积极吸引外资和工商资本、民间资本等投资基础设施建设。

4. 建管并重，持续发展

加强对城乡一体基础设施体系建设的监管力度，严格按照规范进行操作，积极推广新技术、新产品，确保工程质量，努力做到一次投资、长期受益。各级投资综合管理、交通、规划建设、水利、环保、电力、通信等部门要进一步加强对基础设施建设、运行的监督管理，严肃查处破坏基础设施的违法行为。各责任主

体要进一步加强内部运行管理，不断提升服务质量，确保基础设施处于良好运行状态。

四、建立城乡一体化劳动就业和社会保障推进体系

（一）城乡劳动就业和社会保障一体化的总体思路与主要目标

以推动科学发展、和谐发展为核心，以保障和改善民生为重点，统筹城乡就业和社会保障，积极实施扩大就业的发展战略，促进以创业带动就业；全面落实覆盖城乡的社会保险制度，不断提高保障水平；大力推进城乡新型社会救助体系建设，进一步提高社会救助能力。

到2015年，在全省率先建立与国民经济和社会发展相适应的全面覆盖、比较完善、城乡一体的劳动就业和社会保障体系，形成以政府为主导，社会各界广泛参与，法制化、规范化、社会化的运行机制，建立健全劳动就业、社会保险、社会救助等相互衔接、相互促进的工作联动机制，实现社会就业平等充分，社会保险健全完善，社会救助全面协调，社会关系和谐稳定，管理服务规范高效，城乡居民劳有所得、病有所医、老有所养、住有所居的目标。

（二）城乡劳动就业和社会保障一体化的工作重点

1. 实施扩大就业的发展战略，促进以创业带动就业

（1）坚持实施积极的就业政策

政府制定政策提供及时准确的就业和失业率信息；建立完善

的组织管理体系，通过市、县（区）、乡（镇）三级管理网络的建设，及时掌握失业人员求职、培训、就业和生活状况，有针对性地向失业人员提供职业指导、职业培训、职业介绍、社区就业和政策咨询等项服务；实现失业人员管理网络与职业培训网络、职业介绍网络和社区就业服务网络的对接，发挥全市劳动力市场信息网络的整体功能。建立促进就业的资金保障体系；拓宽就业经费筹资渠道，调整资金的支出结构和使用方向，提高资金的使用效益。

（2）加强职业技能培训

在开发就业岗位的同时，加大职业培训力度，大力提升劳动者职业技能和创业能力；组织实施“技能型人才培训工程”和“再就业培训工程”，加强对城市从业人员、失业人员、新增劳动力的职业培训，重点培养数控机床、汽车技术、建筑技术、电子技术、计算机应用技术等方面急需的技能人才；结合金昌市经济带布局，加强职教基地建设；在重点抓好金昌市高级技工学校、永昌县职教中心、河西堡化工技校三所学校建设的同时，依托金川集团公司培训中心现有基础，积极建设金昌职业技术学院；全市将利用职业技术学院，开展再就业培训、创业培训、农村劳动力转移培训、劳动预备制培训、在职职工培训以及技能训练和考核鉴定、职业标准开发等。

（3）大力发展农民劳务培训

坚持把提高农民素质作为推进城乡一体化的重要内容和根本途径，认真组织实施农民劳动技能提升计划，继续从乡村干部、存量农民、增量农民三个层面进行文化、科技、法律、现代营销管理知识以及职业技能和诚信意识的培训。各级劳动保障部门要重点抓好农村劳动力转移培训，为农民进城务工创业创造条件；

各级农业主管部门要重点抓好农民的实用技术培训，为提高农业发展水平和农民持续增收的能力创造条件。继续坚持走以就地输转为主与异地输出相结合的农村劳动力输转路子，紧紧抓住区域内开工在建项目多、地企关系融洽和沿海发达地区劳动力趋紧的有利时机，充分依托市、县（区）、乡（镇）各级劳务中介组织，强化信息发布、职业介绍等服务，加大有组织输转力度，不断提升劳务经济发展水平，通过多种途径减少农民，多渠道增加农民收入。

（4）多渠道增加农民收入

紧紧抓住政府推动产业升级的机会，加快工业园区建设，大力发展高新技术产业、商贸流通业、信息服务业、旅游业等现代服务业，发展劳动密集型产业，广开就业门路，拓宽就业渠道。扶持非公有制经济发展，鼓励劳动者从事社区服务业，支持他们组织起来就业和自主就业。建立阶段性就业制度，实行灵活多样的就业形式，鼓励非全日制、季节工、短期工、临时工等弹性就业，增加就业岗位。

把土地集约化经营作为农业持续增收的第一要务，政府争取政策补贴，项目推动，成立合作经济组织等形式，鼓励农户土地有偿流转，把不依靠土地作为主收入的分散种植户土地向大户集中，发展规模生产，抵御市场风险，从而提高农产品竞争力，增加经营大户的收入。同时经营大户的发展，提高了农民的兼业化比重，能够带动富裕劳动力的转移。

组织入住中心城区的中青年妇女联合经营家政服务业和个体小商贸，鼓励其进入超市、市场等劳动密集场所，赚取工资性收入；在规划小区和城市核心区逐步发展物业管理、社会治安等公益性岗位，适当安排困难家庭成员就业。

围绕城中四村生活安置区建设公共商业服务区和专业蔬菜市场，以分户租赁和集体租赁相结合的方式，逐步加大房屋租赁业的资产规模，扩大无地农民就业问题。

（5）巩固再就业成果

重点做好国有企业下岗失业人员、集体企业下岗职工、国有企业关闭破产需要安置人员的再就业工作，基本解决体制转轨遗留的下岗失业问题，巩固再就业工作成果，增强就业的稳定性。进一步完善和落实再就业扶持政策，鼓励下岗失业人员和破产、关闭的企业职工自谋职业和自主创业。对有劳动能力和就业愿望的国有企业下岗失业人员，国有企业所办集体企业下岗职工，享受城市最低生活保障且失业一年以上的城镇其他登记失业人员，发放《再就业优惠证》，提供相应的政策扶持。对持《再就业优惠证》从事个体经营的人员，减免税费和管理费。为从事个体经营、自筹资金不足的持《再就业优惠证》人员、城镇复退军人和城镇其他登记失业人员提供小额担保贷款。通过税费减免、社会保险补贴、岗位补贴等政策，鼓励商贸企业、服务型企业、劳动就业服务企业中的加工型企业、街道社区具有加工性质的小型企业，招用持《再就业优惠证》人员。

（6）加强就业服务

推进劳动力市场城乡一体化，建立城乡统一、机构完善、配置合理、制度规范、队伍专业、服务高效的公共就业服务管理体系，实现劳动力市场服务功能向农村延伸，劳务输出工作职能向城镇需要就业的人员延伸，形成城乡劳动力双向合理流动的市场就业机制。推进乡镇劳动保障事务所（站）建设，形成就业服务网络全面向农村延伸，形成多层次的就业服务网络。开展“以人为本”的就业服务，增强服务的针对性和实效性，提高公共就业服务的质量和效率。

(7) 切实保障残疾人就业

全面落实按比例安置残疾人就业办法，采取社保补贴、税费减免等优惠措施，引导企事业单位招用残疾人。大力开发和提供公益性岗位，重点安置贫困残疾人就业。加强残疾人职业技能培训，提高残疾人的就业能力。巩固和发展福利企业集中安置残疾人就业，积极筹划建立残疾人庇护工厂（工疗站），重点安置智障和精神残疾人员就业。

(8) 建立新型退役士兵安置保障体系

统一安置政策和安置办法，建立城市退役士兵货币化安置保障制度和农村义务兵优待制度。完善“货币化”安置办法，建立安置保障金自然增长机制，逐步提高补偿标准。拓宽安置渠道，鼓励用人单位优先向退役士兵提供就业岗位。在就业服务、社会保险、税收减免等方面给予扶持，引导退役士兵自谋职业。加大就业指导、信息咨询和创业培训力度，提倡和鼓励退役士兵自主创业。

(9) 建立城乡失业调控机制

支持企业重组改制，规范企业关闭破产工作，加强对企业裁员指导协调，切实维护职工合法权益。建立失业预警机制，制定失业调控预案，有效控制失业率。统筹管理城乡劳动力资源，建立覆盖城乡的劳动力资源库和就业统计制度，探索建立农村劳动力就业和失业登记制度，实现城镇登记失业率向城乡调查失业率监控方式的转变。

(10) 建立城乡统一开放的人力资源市场

加快建立以市场为导向、城乡平等统一的劳动就业制度和失业登记制度，建立城乡统一的公共就业服务体系，统筹做好城乡富余劳动力转移就业工作。坚持城乡劳动力就业预备制度，健全完善乡镇劳动保障事务所，集中提供职业介绍、职业技能培训及劳务输转等相关服务。取消对农民进城就业的限制性规定，建立农民工工资支付监控管理制度，依法维护农民工的合法权益。认真落实扩大就业的政策，优化创业环境，建立自主创业推进机制，以创业带动就业，努力使更多的劳动者成为创业者。

2. 健全协调机制，努力构建和谐稳定的劳动关系

（1）完善劳动合同制度

认真组织开展劳动合同制度实施三年行动，加强劳动合同管理，规范劳动合同的订立、变更、终止、解除行为，推进劳动合同管理规范化。重点加强非公有制企业、国有重组改制企业和进城务工人员等流动就业人员的劳动合同管理，推动各类企业普遍与职工签订并履行劳动合同。大力推进集体协商和集体合同制度，在外商投资企业、私营企业以及实行现代企业制度试点的国有企业普遍实行集体协商签订集体合同的制度。进一步加强劳动关系三方协调机制建设，完善由政府劳动保障行政部门、工会组织和用人单位组织组成的劳动关系三方协调会议制度，协调解决本地区的重大劳动关系问题。

（2）完善劳动争议仲裁制度

进一步完善三方劳动争议仲裁体制和多形式的劳动争议处理制度，促进劳动争议仲裁机构实体化建设，完善办案机制和基础设施，充实仲裁员队伍，提高仲裁员的职业化、专业化水平，增强咨询、调解、仲裁等预防和处理劳动争议的综合能力，加强劳动争议调解处理工作，劳动争议案件结案率达 100%。

（3）建立现代企业工资收入分配制度

积极探索按劳分配与按生产要素分配相结合的具体实现形

式，深化企业内部分配制度改革，完善企业工资指导线、劳动力市场工资指导价位、人工成本预测预警和依法监管四项宏观调控手段，引导企业工资水平随着经济效益的增长逐步提高。建立按劳分配与按生产要素分配相结合的分配制度，积极探索资本、技术等要素参与收益分配的办法，形成有效的激励和约束机制。研究制定小时最低工资支付制度。健全工资支付和最低工资保障制度，监督企业严格执行最低工资规定，保障中低收入劳动者的合法权益。推行年薪制，将企业高层管理人员年薪收入与其承担的责任、风险和经营业绩联系起来，提高国有企业高层管理人员、技术人员的工资报酬。建立预防和解决拖欠工资问题的长效机制，建立工资支付监控制度、工资支付诚信制度和建筑业等重点行业的工资支付保障制度。

（4）强化劳动执法监督

加强劳动保障监察执法队伍建设，建立适应市场经济需要的执法监督体系。充分发挥劳动监察在调整劳动关系中的作用，实现劳动监察向侧重于事前、事中预防劳动争议和协调劳动关系的转变。同时，进一步做好国有企业改制重组、关闭破产等各项改革中的劳动关系处理工作，督促企业认真落实各项政策待遇。

3. 完善和落实一体化、多层次、全覆盖的社会保险制度

（1）完善城乡一体的养老保险制度

按规定完善社会统筹与个人帐户相结合的职工基本养老保险制度，加大财政投入逐步做实个人帐户。积极推行企业年金制度，建立多层次的职工养老保险体系。探索建立新居民务工人员在本市范围内可接续可转移职工基本养老保险关系的办法，积极推进基本养老保险区域一体化。以贯彻《劳动合同法》为契机，以督促非公有制企业、城镇个体工商户和灵活就业人员参保为重

点，进一步扩大养老保险参保范围，到2015年基本实现覆盖。

(2) 建立一体化、多层次的城乡居民医疗保险制度

深化医疗保险制度改革，完善多层次职工医疗保险制度，健全运行机制和管理办法，实现区域医疗保险一卡通。完善城乡居民医疗保险制度，逐步增加筹资额度，提高保障水平。逐步实现城乡居民医疗保险制度与城镇职工基本医疗保险制度的接轨。积极推进医疗卫生体制、药品流通体制的配套改革，加强城乡医疗服务体系建设，扩大医疗保险定点医疗机构定点零售药店，规范服务行为。坚持合理检查、合理用药、合理收费，努力减轻城乡居民的医疗负担。强化医疗保险基金监管，医疗保险基金节余率控制在合理的水平以内。完善医疗保险信息系统，逐步统一全市医保政策，实现全市范围内医疗保险参保人员就医刷卡。

(3) 积极推进失业保险制度改革

实行统一缴费费率，统一征收管理办法，统一失业保险待遇，统一支付办法，建立城乡一体的失业保险制度。扩大失业保险覆盖面，重点加强个体工商户、非公企业组织和农村转移劳动力、进城务工人员的参保工作，探索建立自谋职业、自主创业和灵活就业人员的失业保险办法，实现失业保险制度的全覆盖，做到应保尽保。

(4) 加强工伤、生育保险制度建设

进一步完善工伤、生育保险的操作办法，探索建立特殊行业工伤保险全覆盖办法，不断扩大工伤、生育保险覆盖面。进一步规范和完善生育保险政策。

4. 完善城乡新型社会救助体系，提高社会救助的社会化程度

(1) 进一步完善最低生活保障制度

继续推进分类施保，强化动态管理，逐步实现低保制度与城

乡居民社会养老保险制度的衔接，从根本上解决低保家庭的生活保障问题。探索重度残疾人低保办法。加大对低保工作的管理力度，建立和完善低保家庭申报听证和收入核查办法，规范城乡低保申请、审批程序，实现低保管理的规范化，做到应保尽保、动态管理。

（2）进一步实施分层分类救助

完善分层分类救助办法，重点帮扶有重大疾病、年老体弱、残疾和丧失劳动能力的低保、低保边缘人员，将丧失劳动能力的残疾人全部纳入低保范围，并将其保障金标准上浮20%。积极实施就业援助、帮困助医、帮困助学、住房解困，以及法律援助、残疾人救助、流浪乞讨儿童援助等专项救助，逐步形成以城乡低保、五保供养等长期生活救助制度为基础，以医疗救助、教育救助、住房救助、法律援助、老年人和残疾人优待等专项分类救助为辅助，以救灾救济、临时救助、流浪乞讨人员救助、慈善捐助等临时应急救助制度为补充的一体化、多层次、多方位的社会救助体系，探索建立即时救助机制。

（3）进一步巩固集中供养成果

完善以集中供养为主，分散供养为辅的供养体系，建立健全农村“五保”的长效管理机制，探索建立重特困残疾人集中供养（托养）办法。在全市所有敬老院设立医务室，并与当地卫生院实行定点挂钩，提供即时医疗和康复服务。积极推进敬老院规范化创建工作，配好康复人员和康复器材，提高服务水平，巩固和提高集中供养成果。广泛开展社会化养老服务示范活动，积极推进社会化养老。

（4）进一步发展慈善事业

积极培育发展各类社会慈善组织和专业志愿者服务组织，大力开展形式多样的慈善活动。加强社会捐赠管理，依托基层社会事业服务机构，设立社会捐助接收站（点），广泛开展专项和经常性捐赠活动，积极推广“慈善超市”和“爱心超市”，使社会捐助活动经常化、制度化、规范化，形成政府支持、社会举办、公众参与的慈善事业发展新局面。

（5）进一步加强困难职工帮扶工作

健全工会组织三级帮扶体系，加大对困难职工的帮扶力度，逐步提高慰问和救助标准，重点完善特困职工医疗优惠政策，提高医疗补助标准。探索在优势行业、大型企业中建立职工医疗互助补充保险工作，充分发挥基层组织的互助互济作用，推动送温暖工程经常化、制度化、社会化。

（6）进一步加强住房保障工作

以满足城市低收入家庭基本居住需求为目标，建立以廉租住房制度为重点，经济适用住房制度和老住宅区综合改造、新居民居住条件改善等多渠道并举的城市住房保障体系。到 2012 年，实现低收入住房困难家庭廉租住房应保尽保；到 2015 年，基本实现低保标准以下低收入住房困难家庭廉租住房全覆盖；城区确保每年新建一批经济适用住房，基本满足低收入住房困难家庭购买或租赁经济适用住房；基本完成现有老住宅区的综合改造，城郊结合部探索建设新居民临时居住点。结合新农村建设，推进农村贫困户的危旧房改造工作，全面完成现有农村危旧房改造任务，并做到出现一户改造一户。

5. 夯实公共服务基础，提升劳动就业和社会保障工作水平

（1）加强劳动就业和社会保障基层服务组织建设

按照管理和服务重心下移的要求，整合基层劳动就业、社会保险和社会救助等各项社会事业职能，加强街道（镇）和社区

（村）社会事业服务机构建设，做到机构、人员、经费、场地、制度、工作“六到位”，使基层服务组织与其担负的任务相适应。在社会事业服务机构聘用社会事务员和社会事务法律监督员，街道、社区聘请劳动保障监察员负责所在地城乡居民劳动就业、社会保险和社会救助等服务工作，承担区域内劳动保障监察责任。进一步健全完善市、县（区）、街道（镇）、社区（村）四级社会保障管理服务网络。

（2）加快社会保障信息化建设

依托市公共事务信息系统，全市建设统一的信息网络、统一的数据库、统一的应用平台、统一的市民卡、统一的信息中心，建成统一、互通、完善、高效的社会保险、社会救助、社会服务信息系统，实现对各项劳动就业和社会保障业务工作、服务人群、信息系统功能和管理服务机构网络应用的全覆盖，确保信息系统安全运行。

（3）实施劳动就业与社会保障公共服务建设及公共实训示范中心建设

围绕“记录一生、服务一生、保障一生”的目标，全市建成集劳动就业、社会保障各项经办业务和服务项目的劳动就业与社会保障公共服务信息中心，进一步提升政府的公共服务能力和水平。建立涵盖人力资源和社会保障一体的信息系统，根据全市产业发展和技术工人需求情况，重点建设好市区公共培训示范中心，并带动各个公共培训基地建设，形成中心示范、覆盖城乡、功能完善、各具特色、与产业相衔接的区域性公共培训基地网络。

（三）城乡劳动就业和社会保障一体化的推进措施

1. 推进体制机制创新

按照统筹城乡发展的要求，深化户籍、土地、住房、教育、医疗等配套改革，逐步建立城乡一体的户籍制度，积极探索已在城镇实现稳定就业的农村劳动力有偿转让土地使用权、农民用宅基地置换等方式，为农村劳动力转移和在城镇稳定就业创造条件。创新融资政策和融资机制，推进政策性保险扩面，采取税费减免等优惠措施，逐步建立城乡居民自主创业的风险化解机制。深化社会管理体制改革，理顺社区工作关系，强化基层社会管理和公共服务职能，实现管理和服务重心下移。按照“统一、有序、高效”的原则，积极推进资源整合和制度接轨，在劳动就业、社会保险和社会救助等方面，逐步形成一体化、多层次、可衔接的政策体系和多部门协同的工作机制，提高资源利用效率。

2. 建立经费保障机制

加大政府公共财政对劳动保障事业发展的投入力度，较大幅度增加对劳动就业和社会保障事业等方面的支出，形成与城乡一体劳动就业和社会保障体系建设相适应的财政资金投入机制和激励机制。整合和统筹使用财政促进就业经费，根据统筹城乡就业需要，逐步增加经费投入，扩大就业经费使用范围，发挥就业经费在促进就业中的作用。加强就业经费监管，提高资金使用绩效。同时，督促企业用足用好职工培训费用。全面落实企业和个人的社会保险责任，加强社会保险基金征缴稽核工作，完善社会保险费征缴管理办法，确保基金足额及时征缴入库。强化各级财政对社会保险基金的责任，重点落实各级财政对养老基金、医疗保险基金、做实个人账户、城乡居民等各项保险的资金安排，在逐步增加城乡居民合作医疗保险筹资额度的同时，逐步提高个人筹资比例。强化企业和个人的社会责任，广泛开展“献爱心”活动，多渠道筹集社会救助资金。加强基金支出监管，确保基金安全。

3. 健全执法监察机制

全面贯彻落实《劳动法》、《就业促进法》、《劳动合同法》、和《劳动争议调节仲裁法》等法律法规，加强劳动和社会保障监察，督促所有用工单位严格执行劳动合同制度，依法与所有劳动者签订劳动合同，明确双方权利与义务，进行就业登记，依法参加各项社会保险。适时组织劳动保障法律法规执行情况的专项检查，依法严肃处理违法违规行为，进一步夯实劳动关系基础。发挥工会、行业协会等组织的作用，建立健全三方协调机制，加强行业自律，切实维护城乡劳动者的合法权益，构建和谐劳动关系。建立覆盖城乡所有用工单位的劳动保障监察网络化管理体系，依托基层社会事业服务机构网络，以社区（村）为单位，发挥社会事务员或法律监督员的综合职能作用，逐步实现劳动保障监察由被动转为主动，由有限管理转为全面管理，由静态监控转变为动态实时监控。

五、建立城乡一体化公共服务推进体系

（一）城乡公共服务一体化的总体思路与主要目标

按照结构合理、发展均衡、网络健全、运行有效、惠及全民的原则，以政府为主导，以公益性公共服务单位为骨干，鼓励全社会积极参与，努力提高公共服务产品供给能力，创新公共服务

运行机制，从就业、就学、就医、社保等关乎老百姓切身利益的具体事情抓起，解决好广大人民群众普遍关心的社会问题，加快建设以科技、教育、文化、体育、卫生、食品安全、民主政治以及精神文明等为主要内容的公共服务体系，在三个文明协调发展中构建和谐社会，努力形成生活富裕、安居乐业、公平公正、法治有序、诚信互助、社会安定、环境安全文明的和谐局面。

到2015年，基本建成以公共服务产品生产供给、设施网络、资源人才技术保障、组织支撑和运行评估为基本框架的城乡一体公共服务推进体系，基本实现城乡公共服务均等化。

（二）城乡公共服务一体化的工作重点

1. 科技

（1）建设自主创新体系

充分发挥金川集团有限公司等企业的科研优势，实施集成创新工程，为新技术应用、新产品开发提供技术支撑；组织实施重大科技专项攻关工程，在镍、铜、钴、稀有贵金属、硫酸、烧碱、液氯、盐酸、亚硫酸钠等方面，筛选出若干关键、共性技术作为重大专项进行研究。

（2）推进农业农村科技创新

突出农业高技术和传统农业技术升级，加强种子种苗、农业生物技术、农产品深加工、现代农业工程技术、农产品质量安全与标准化生产等领域的科技开发。开展新一轮的特色农业产业基地建设。

（3）用先进技术改造传统产业

矿产开采业要加强技术改造，提高装备水平，合理利用和保护矿产资源，减少资源浪费和生态破坏；建筑业要认真贯彻执行

《建筑节能条例》，积极开发利用废料加工免烧砖、建筑陶瓷、耐火材料、大理石制品等，尽快淘汰取缔粘土砖，切实保护耕地和生态环境；食品加工业要大力引进蔬莱、瓜果、粮油深加工，精细加工技术，开发系列饮料和食品新产品和系列保健食品、绿色食品，加大市场营销力度。

（4）利用先进技术控制环境污染和开发新能源

对环境污染物，尤其是工业污染物实施“原料—产品—废物—原料”新型生产体系，在解决污染的基础上促进“三废”资源化；逐步开发太阳能、风能等新型技术和产品，以节约资源，实现可持续发展。

（5）大力发展高新技术以满足现代化的要求

开发生物工程技术，在动植物品种改良，农业资源高效利用，现代集约化种养技术，农业生物灾害防治等高新技术推广应用方面有重大突破，在种子工程、高新节水技术、中草药繁育，草产业等方面有较大突破；利用微电子技术和电子计算机技术改进生产和管理方法，提高劳动效率和技术水平。

2. 教育

（1）完善“以县（区）为主”的教育管理体制，打破城乡教育分割的格局

搞好全市教育资源整合。对农村不同层次的学校实行分类指导，重点是抓好薄弱学校，薄弱学科的建设，着力提高中小学教师的整体素质，教学水平和学校的管理水平。改变城乡中小学发展不均衡的状况，缩小城乡教育差距。同时，要加大的协调力度，将城区教育资源的整合起来，努力实现教育公平。

全面落实“两免一补”政策，巩固提高“两基”成果，促进义务教育均衡发展。重点实施各中小学教学楼及附属工程建

设、农村寄宿制中小学建设、中小学危房改造等项目，到2015年，每个乡镇建成1~2所标准化小学教学楼。

（2）采取对口支援、上挂下派等措施，促进农村教育水平不断提高

以深化改革为动力，大力加强教师队伍建设，进一步完善教师聘任制和中小学校长竞聘上岗制度，以促进教师专业发展为重点，构建城乡师资水平持续提高的长效机制。开展城乡学校对口支援活动，实现优质教育资源共享。组织城乡学生互访、参观、学习，缩小城乡学校差距。开展城乡学校干部上挂下派工作。从城区学校选派中层以上干部和优秀青年教师到农村学校挂职锻炼，从农村学校选派中层以上干部和优秀青年教师到城区学校挂职锻炼。通过城乡学校干部、教师的交流互补，提高农村学校的教学、管理水平。

实施农村教师培训计划和校长培优工程。以“坐下来研究，走出去学习，请进来指导”为总体思路，加强校长队伍建设，将强对青年教师的指导性听评课活动。面向农村选拔、培养骨干教师，争取各中心镇、村学校有2~3名市级骨干教师，在基础教育课程和研修工作中起到示范和带动作用。组织中小学校长分期、分批到高等师范院校短期培训，促进农村中小学办学水平和管理水平的提高。

加大帮困力度，保障弱势群体学生受教育的权利，解决进城务工人员子女就学问题。完善贫困生救助体系，使义务教育阶段贫困家庭学生救助率达到100%。加大财政支持力度，提高教师待遇，改善办学条件和教学设备，努力提高教学质量。

（3）提前学前教育年龄段，提高义务教育的实施水平，逐步普及高中教育

一是努力实现基础教育优质化。大力发展学前教育，提高幼

儿入园率，学前三年受教育率达到98%以上。鼓励公、民办幼儿园进行0～3岁儿童早期教育研究，注重0～3岁儿童早期教育，逐步实现托幼一体化，幼儿教育现代化，为儿童一生的发展打下扎实的基础。高标准巩固九年义务教育，小学入学率、巩固率、毕业率和普及率保持99%，初中入学率、巩固率和毕业率达到98%以上。扩大普高规模，加速发展高中教育，逐步实现普及高中教育，力争2015年全市全面实现普及高中教育。二是提高农职业高中招生比例，普高与职高招生之比达到3:1左右。逐步实现职业教育社会化。加强农职业中学重点专业现代化建设，促进专业设置与地方经济社会发展的实际需要紧密结合，致力培养面向工农业生产、服务一线的高素质劳动者和专门人才。三是逐步实现成人教育终身化。广泛开展社区教育实验，积极构建区域终身教育体系；加强在职培训，从业人员年培训率达到50%以上；扩大成人自学考试规模。提高全民受教育水平，全县劳动者人均受教育年限达到10年以上，其中新增劳动力人均受教育年限达到12年以上。

（4）努力向农村基础教育、职业技术教育、成人教育的“三教统筹”迈进

乡镇成、职教育体系的建设，要在原来乡镇农民文化技术学校基础上，将农村成人教育与职业教育集于一身，同农业技术推广相衔接，并把扫盲与普及科技知识、农民实用技术培训结合起来，大范围提高农村劳动力素质。充分利用远程教育资源，使乡镇中学把普教与职教融为一体，发挥一校多功能的作用。在村一级，建立农科教结合体，把村小学、农民文化技术学校、科技活动室融为一体，承担起培训人才、普及与推广科学技术、积极开展农民文体活动的任务。构建市、县（区）、乡、村四级农村教

育和培训网络，促进农村学习型社会的形成。

（5）增加财政教育投入

牢固树立“科教兴国”的思想，切实强化责任，把落实农村义务教育经费“三个确保”作为财政目标管理的一项重要内容。

一是完善农村中小学“保工资、保安全、保运转”的投入保障机制，特别是安排一定的运转经费。

二是视其财政收支状况，适当提高中小学公用经费拨款标准。

三是争取适当提高金昌市国拨生均公用经费标准，扩大金昌市教育公用经费资金来源，以补充生均公用经费的不足。同时，鼓励社会力量支持义务教育事业，在学校建设、校舍维修、教学设备更新等重大问题上积极捐资投劳，以弥补财政投入的不足。

四是建议建立科学的农村中小学债务偿还机制。对于实施“两基”过程中形成的学校建设负债，属政府行为的，经核定后纳入市、县（区）、乡三级人民政府消赤减债整体规划，实行债务主体转移和剥离。即原由学校承担的“两基”债务转由市县乡三级政府承担，由政府负责逐年偿还。

五是通过市场运作，变卖布局调整后闲置教育网点资产，筹集资金再投入。

六是在确保农村义务教育投入的同时，增加对职业教育、农民培训和扫盲教育的经费投入。

3. 文化体育

（1）完善公共文化服务网络

以重点公共文化设施为骨干，以社区和乡镇基层文化设施为基础，加强各类公共文化基础设施建设，规划一批标志性的重点文化设施。

（2）加大公益性文化事业投入

构建以市、县（区）图书馆为龙头，镇图书馆为节点，村服务点为基础的农村文化信息资源共享网络；以流动图书馆和文化科技服务车建设为重点，打造农村流动文化服务网络。完善已建成博物馆和文化管的设施，并加大对员工的培训力度。

（3）发展地域特色文化

搞好、搞活基层文化，挖掘、整理和发展农村非物质文化遗产，加强对传统文化资源及其他民俗文化的开发保护。如：民间曲艺、“卍”字灯会、节子舞、皮影戏、木偶戏等。

（4）全面实施全民健身计划

在农村开展创建体育强镇强村活动。在城区逐步构建区级体育中心、社区体育中心、小区体育场所等三级体育健身结构。到2015年，在各镇均建有一定规模的健身场所，在各中心村建有经济实用的健身场所。完善全民健身服务体系，提升竞技运动水平，提高大型体育赛事的举办能力和组织水平。积极开发健身休闲和体育竞赛市场，推动体育产业发展。

（5）加大文化市场管理

坚持两手抓，繁荣和净化文化市场。通过宏观调控和法律手段，使文化市场的结构总量和规模进一步趋于合理规范，文化产业内容丰富，形式多样，市场规范有序。

城乡群众文化活动丰富多彩。县城以节庆日大型活动为龙头，促进机关文化、企业文化、校园文化、社区文化向更高层次的方向发展，每年引进一至二次高水平的文艺演出。

各乡镇文化站、各村、社区文化室坚持经常性的活动，活动内容丰富多彩，活动形式灵活多样，农民的文化生活质量有显著提高。

（6）要进一步加大对文物的保护工作

对国保单位圣容寺塔的维修要做到伤害最小化，要完成对长城保护维修的相关情况调查和省级文保单位汉、明长城的划片保护工作。做好各级文物保护单位重新公布后的基础管理工作。积极，做好水泉堡汉墓群发掘出土一批珍贵文物移交接收工作。

4. 卫生

（1）建立健全卫生监督、疾病预防控制组织网络

建立和完善市、县（区）、镇、村疾病预防控制和卫生监督机构，重点加强农村公共卫生组织网络建设。按现有模式在乡（镇）卫生院专设预防保健科，政府按一定额度出资购买公共卫生服务，做到工作考核与经费补助挂钩。加强卫生监督分所的监督装备建设和队伍建设。

（2）完善社区卫生服务机构布局

建立以社区卫生服务中心（站）为主体，其他具有社区特色的专业医疗卫生服务机构为补充的社区卫生服务网络。

（3）鼓励社会力量参与社区卫生服务建设

在坚持政府办好社区卫生服务的前提下，发挥市场机制的作用，吸引社会力量参与社区卫生服务建设；在金川区和永昌县各选择1~2家规划新建的或已建的有条件的社区卫生服务站作试点，吸引社会力量参与运行管理。

（4）建立分工合理的纵向协作机制

整合各级疾病预防控制、妇幼保健机构、计划生育服务机构、残疾人康复服务机构、大中型医院与社区卫生服务机构的职能，将适宜社区开展的公共卫生服务交由社区卫生服务机构承担，逐步将一般门诊、康复和护理等服务分流到社区卫生服务机构；实施“医院牵手社区行动”，建立大中型医院与社区卫生服

务机构稳定的技术指导工作机制；完善分级医疗和双向转诊制度，制定双向转诊的管理办法和转诊流程，实行资源共享。

（5）加快社区卫生服务人才队伍建设

认真实施基层卫生技术人员素质提升工程，抓好社区卫生服务人员的在职教育，充分利用现有教育资源，开展全科医师、公共卫生医师、社区护士的岗位培训；开展学历教育升级计划，至2015年，全市各社区卫生服务机构卫生专业人员全部完成相应的岗位培训，达到岗位执业要求。

（6）制定城乡一体化计生政策

对统筹城乡人口协调发展、统筹征地农转非人员计划生育相关政策、统筹城乡计生服务管理作出相关具体规定，确定农民转居民后执行城镇计划生育政策、按城镇居民进行服务管理的基本原则，并实行过渡期政策：农民转居民次年起，3年内按农村居民执行人口计生政策，3年过渡期满后，除生育政策和社会抚养费征收政策外，继续享受农村独生子女父母奖励、奖励扶助、基本项目免费技术服务等政策。

（7）建设流动人口计生服务管理体系

坚持把流动人口计生服务管理纳入公共服务管理范畴，不断完善区域互动、部门互动、群众互动的综合服务管理机制，形成“一盘棋”工作格局，落实属地化管理、市民化服务。健全流动人口计生服务管理三级网络体系，分别在区（县）设立专门的服务管理机构，街道（乡镇）安排专职服务管理人员、社区（村）安排协管员。成立市流动人口服务管理领导小组，整合部门的力量，形成定期例会平台，对流动人口进行综合服务管理。

（8）建设计划生育技术服务体系

积极争取把计划生育技术服务体系纳入城乡一体化公共卫生

服务体系建设范围和区域卫生规划，建立以市技术指导所为龙头、县级服务站和中心乡镇服务站为骨干、村服务室为网底的技术服务体系，改善技术服务机构设施设备条件。协调卫生部门，建立资源整合、优势互补、以人为本、促进发展的合作机制，充分利用现有公共卫生资源，大力推进社区（村）卫生、计生服务一体化。社区卫生、计生服务中心实行两块牌子、一套人马，明确计生服务职能、人员配备、基本设备配置等，在批准范围内开展计生宣传咨询、避孕药具发放和相关技术服务等，分别接受人口计生、卫生部门的指导、管理、监督。

5. 食品安全

（1）完善食品安全综合监管责任体系

进一步完善市、县（区）、乡（镇）、村（社区）四级食品安全领导和工作机制，加大考核力度，完善监管责任制和责任追究制。

（2）建立食品安全监测体系

逐步建立和完善农产品产地环境监测、市场质量监测监控、食品污染物和食源性疾病监测、非食品原料监测和食品召回、农业投入品质量监控等五个方面的食品安全监测，确保农产品从田间到餐桌各个环节的食品安全。

（3）完善食品安全重大事故应急体系

建立市、县（区）、乡（镇）三级食品安全事故应急管理体系和重点地区、重点行业、重点单位的重大食品安全事故直报制度。健全食品安全事故查处机制，建立食品安全重大事故回访督查制度和责任追究制度。

（4）完善食品安全信用体系

全面开展食品安全信用体系建设，逐步建立企业食品安全诚信数据库和食品安全监管信息库，推进食品安全诚信分类监管，建立食品召回和食品企业“红黑榜”制度。

（5）推进食品安全放心工程

推行农产品标准化生产，加大食品源头污染物、畜禽屠宰加工行业、食品生产加工和流通环节、餐饮消费环节的整治，加强标签标识管理，开展示范项目建设。

（6）加快无公害农产品质量认证步伐

建成市级质量检测中心1个，金川区和永昌县县（区）级质量检验检测中心各1个，初步形成农产品标准化推广、质量检测、监督管理为一体的农业标准化生产体系，推进农业标准化生产，提高农产品质量安全水平。在积极推广胡萝卜、西芹、花椰菜等国家绿色食品认证和羔羊肉国家A级绿色食品认证的基础上，进一步扩大绿色食品认证的范围和品种，通过质量认证。

6. 民主法制

（1）进一步提高市民的法律意识和素质

结合实际，大力推进法制宣传教育进机关、进乡村、进社区、进学校、进企业、进单位活动。尤其要以提高依法执政能力为重点，大力强化各级领导干部的学法用法；以提高依法行政、公正司法能力为重点，大力强化国家公职人员的法制教育；以培养遵纪守法意识为重点，大力强化青少年法制教育；以提高依法经营、依法管理能力为目的，加强企业经营管理人员的法制宣传教育；以增强农民法制观念为目标，深入开展农村普法教育，力争使全市重点对象受教育面达100%。

（2）全面推进依法行政各项工作

加快建立权责明确、行为规范、监督有效、保障有力的行政执法体制，切实解决行政执法缺位、错位和越位的问题。认真抓好市政府《全面推进依法行政五年规划》的贯彻落实，加强执法队伍建设，强化对执法人员的管理，提高执法人员的整体素质，坚决纠正执法工作中的各种不正之风，做到有法可依、有法必依、违法必究、执法必严，进一步提高全市依法行政工作水平。

（3）积极推进行业和基层依法治理

坚持大力开展法治县（区）、法治乡镇创建活动，通过确定试点，促进依法治理工作不断深入。健全、规范基层经济发展、利益协调、矛盾处理、社会建设和社会管理机制，引导基层组织和基层干部依法办事，引导基层群众依法参与公共管理，推进基层民主法制建设。与此同时，要坚持廉政勤政，强化行政监督，维护法制的统一和政令畅通，不断提高各级政府依法决策、依法办事的水平。

（4）推进村级组织建设

加快推进农村社区建设，以管理城市社区的标准建设农村社区，以管理城市社区的理念管理农村，构建以党员教育管理、社会事务、文化、社区服务等“四个中心”为基本框架，以社会保障、社会救助、村容村貌整治、科技服务为主要内容的农村社区管理服务模式。加强农村党组织建设，提升农村基层党组织的执政能力。县区各乡镇党委书记和村党支部（社区）书记由党校或其它培训机构轮训 1 遍，优先安排每村有 1 名大学生任村干部或有机关干部挂职。进一步完善村民自治的各项工作制度，深入开展乡村平安创建活动，促进农村社会和谐稳定。积极推进农村基层民主政治建设，尊重和保护农民民主权利，让农民真正享有知情权、参与权、管理权、监督权。

7. 精神文明

(1) 普及科学知识

加强城乡文化中心、老年人活动中心、农民夜校、健身广场等文化体育设施建设，开展各类经常性文体活动。定期组织和开展科技下乡活动，传播先进思想，普及科学知识，用先进文化占领农村文化阵地。深入开展农村普法教育，制订村规民约，破除陈规陋习，铲除黄、赌、毒，禁止封建迷信活动，继续开展星级文明户和文明个人树新风创建活动，树立社会主义新风尚。

(2) 加强诚信教育

建立和完善以道德为支撑、教育为基础、法律为保障的社会信用体系和评价服务机制，努力树立和维护政府信用、商业信用、金融信用和个人信用。

(3) 加强思想道德建设

全面贯彻《公民道德建设实施纲要》，加强社会公德、职业道德和家庭美德教育，切实抓好未成年人思想道德建设，认真落实未成年人思想道德建设“十条工作线”。

(三) 城乡公共服务一体化的推进措施

1. 完善投入机制，加大投入力度

加大公共财政对公共服务的投入，市财政要确保每年对科技、教育投入的法定增长，进一步加大对文化、卫生、体育等各项事业的投入力度。要切实保障实施重大公共服务工程、购买重要公共服务产品、开展重要公共服务活动所必需的资金。要进一步完善支持公共服务的相关经济政策，鼓励和吸引社会力量投资兴办公共服务实体，建设公共服务设施，提供公共服务，形成以政府投入为主、社会力量积极参与的稳定的公共服务投入机制。

2. 转变政府职能，创新运行机制

市政府要认真履行公共服务职责，转变职能、强化服务、改进管理、明确责任、提高效能，重点加强公共服务体系建设规划和标准的制定，加强对重大公共服务工程和项目实施情况的监督检查。要进一步推进政企分开、政事分开、政资分开、政府部门与中介组织分开，减少和规范行政审批事项，简化办事程序。要创新公共服务运行机制。建立健全竞争上岗和收入激励机制，深化科教文卫体等公共服务单位的人事和收入分配制度改革。建立健全公共服务共建共享机制和公共服务重大项目的绩效评估制度。

3. 加强队伍建设，提高服务能力

建立健全以培养、使用、激励、评价为主要内容的政策措施和制度保障，实行职业资格管理制度，加强对从业人员的规范化管理，运用多种方式加大培训、轮训力度，着力提高公共服务队伍的思想政治素质和新形势下做好公共服务工作的能力。采取各种措施吸引各类优秀人才进入公共服务领域发展，鼓励大中专毕业生到基层从事公共服务工作，为构建城乡一体的公共服务体系提供人才支撑。

六、建立城乡一体化生态环境建设推进体系

（一）城乡生态环境一体化的总体思路与主要目标

让人民喝上干净的水，呼吸清洁的空气，在良好的环境中生产生活。工业污染得到全面控制，城市和农村环境污染得到有效治理，大部分生态功能区环境质量逐步改善，基本满足小康社会

的要求，初步实现经济与环境的协调发展。

2015年，城市环境质量有所改善，农村环境质量基本保持稳定；生态环境恶化得到初步遏制，主要生态功能区的生态功能开始恢复；环境法规、环境监督管理能力得到进一步加强；2020年，工业污染得到全面控制，农村环境污染得到有效治理，大部分生态功能区环境质量逐步改善，基本满足生态环境城乡一体化的要求，初步实现经济与环境的协调发展。

（二）城乡生态环境一体化的工作重点

1. 发展循环经济，深化工业污染防治

严把建设项目审批关，限制资源消耗高、排污强度高的项目在区域落户，新扩、改建项目在严格执行国家产业政策和环境保护法规的同时，使排污强度达到规定的标准，通过“以新带老”，做到增产不增污。积极推进清洁生产，创建一批废水、废气、废渣“零排放”企业，使全市重点企业的能耗、物耗、水耗和污染物排放的强度达到省内先进水平。

实施循环经济战略，开展废水、废气、废渣的重复和梯级利用，企业内部要通过对能量流、物质流的分析引入关键链接技术，加大生产过程中得能耗和污染物的排放控制，再创建一批“零排放”企业，在相关企业间，要通过建设关键链接项目，形成废物和能源梯级利用的生态网络，实现区域内资源、能源利用效率最大化，污染物排放量最小化。

对污染严重、不达标排放的企业纳入治理计划，分年度进行治理，明确治理时限。

淘汰污染严重的落后生产能力，特别是对治理后仍然不能达到规定排污强度标准，物耗、能耗、水耗高的企业，要强制关闭。

2. 调整产业结构，优化产业布局

调整和重新制定行业发展规划，尽可能发展无污染或轻污染工业；在化工行业中加快产品结构调整，尽量向低污染、高附加值方向发展，把有限的环境容量，用于提高经济的质量；控制区域发展，对有一定污染的项目，除现有区域外，重点布局新的工业区域，建设化工工业园区；制定一定的准入门槛，严格控制污染项目的审批，从产业发展的源头控制污染物的增加，对于一些投资小、污染重的项目不予审批。

整合一些高耗水、高排污企业，促进工业向工业园区集中。对现有有色金属工业园区建设要按循环经济模式规划、建设和改造，充分发挥产业集聚和工业生态效应，围绕核心资源发展相关产业，形成资源循环利用的产业链。

3. 建立绿色政策法规体系，建设循环经济型社会

建立完善政策制度。制定鼓励废旧资源回收利用的经济政策，逐步建立和完善促进循环经济发展的价格和收费制度。

建立绿色消费体系。倡导鼓励绿色消费，市区公共设施要使用节能、节水产品，逐步建立资源节约型社会。

建立绿色 GDP 核算体系。研究建立将自然能源损耗和环境污染造成经济损失纳入其中的绿色国民经济核算体系，真实反映区域经济社会发展状况及发展潜力。

4. 大力开展城市环境综合整治，提升人民环境质量

使用清洁能源，改善城区环境空气质量。调整、优化能源结构，加大清洁能源的利用力度。

合理布局城市，深化城区管理，禁止高污染企业落户城乡。在城区总体规划指导下，合理进行区域经济布局和使用城区用

地，使城区真正成为适合居住、商贸、文教、信息、旅游等多功能的区域。

加快城市环境基础设施建设，中心城区、永昌县城、河西堡镇生活垃圾无害化处理率达到100%，其他乡镇生活垃圾无害化处理率达到80%。按照《全国危险废物和医疗废物处置设施建设规划》要求，2012年底全市医疗和危险废物处置率达到100%。拓宽城区道路，加大道路分车带绿化和其它路段补植，推进小区绿化，营造更具人性化的特色景观。

5. 实施重点污染防治工程

重视水污染的防治，合理配置水资源，保证生态用水。严格加强饮用水源保护区管理，严禁在一、二级保护区内新增排污口，整治饮用水源保护区内的污染源，禁止一切排污行为，以确保供水水质。加快永昌县和河西堡等地城镇污水处理厂和污水收集系统的建设，改扩建已有的污水处理厂，完善污水管网的建设，以缓解资源紧缺污染加重的趋势。做好金川公司选冶化厂区废水治理工程、永昌电厂废水深度处理回用工程、金化集团公司废水治理项目、金昌市二院污水处理工程。

重视大气污染的防治，通过使用清洁的能源，定期维修运行时间长的除尘脱硫设备，发展高效的低浓度脱硫技术，改造和关停未经脱硫的工业炉窑和锅炉，提高 SO_2 烟气制酸能力和硫酸外销能力，控制有色冶金行业二氧化硫排放；在电力、供热和动力部门着力发展洁净煤技术，改进煤炭燃烧方式，提高化石燃料利用效率，发展高效的脱硫技术。尤其是要在金川公司建立 SO_2 处理工程。

控制市区可吸入颗粒污染物，充分利用西部风能与太阳能资源，大力发展清洁能源，逐步限制和禁止使用污染严重、技术落后的直接燃煤锅炉，在工业园区因地制宜发展热电联产和集中供热。重点建设金昌市集中供热工程，淘汰一批小型锅炉。

严格控制使用农用化学品，推广使用低毒农药、生物农药，养殖粪尿还田和综合利用率达到80%以上，继续建设“三位一体”沼气池，并积极开展儿童环境与环境卫生项目（CES项目）工作，力争农村改厕普及率达到60%以上，改善农村人居环境。

6. 深入开展生态环境保护，遏制全市生态恶化的趋势

切实保护好各类重要生态用地，确保一定比例的公共绿地。深入开展园林城市创建活动，加强城市公园、绿化带、片林、草坪的建设与保护，大力提倡庭院、墙面、桥体的绿化和美化。

巩固日元贷款风沙治理成果，完善“三北四期”防护林和退耕还林还草体系。做好“生态功能区划”的实施，切实加强资源开发环境监督管理。

恢复采砂采石场生态环境，在砂石开采破坏区域积极开展废料回填，植被恢复，到2015年，全市采砂采石植被破坏恢复率达到50%。

保护农村生态环境，农村生态环境保护要合理确定化肥施用量，扩大有机肥施用量；加强农药管理，使用高效、低毒、低残留农药新品种，停止污水灌溉，实施清污分流；积极发展有机食品和无公害农产品基地，保障食品安全。开展优美乡镇创建活动，力争在金川区和永昌县各创建1个国家优美乡镇。

建立生态补偿机制，对退耕还林还草及风沙治理等区域，由于保护生态环境减少的开发、生产等活动造成的经济损失，建立生态补偿机制。

7. 大力发展环保产业

培育环保技术服务市场，形成以市场为导向的环保技术推广

转让机制；进一步联合社会和工业企业的力量，发挥它们的技术、资金优势，引进先进环保技术，解决本地环境污染治理难题；规范环保产业市场，建立正常的环保产业生产流通秩序，构筑面向市场的环保技术服务体系和公平有序的市场运行机制。

8. 提高环境监管能力

市、县（区）级监察机构实现标准化。加强垃圾处理场、危险废物及医疗废物集中处置中心、70%以上的重点水气污染源的全方位监控。严格执行排污许可证制度和建设项目环境影响评价制度。最大限度的削减污染物的排放，减轻辖区污染负荷。

9. 创新村镇环境管理模式

市、县（区）级环境卫生管理部门负责城区环境卫生管理（包括城乡结合部），同时对镇环境卫生管理工作进行指导、监督和管理。镇环卫所专门负责村镇环境卫生监督管理、检查考核、环卫基础设施建设、垃圾转运车辆的管理和生活垃圾无害化处理，并负责镇中心区市容、建筑工地、集贸市场环境卫生管理。村级环境卫生专管人员负责村镇环境卫生清扫保洁队伍的组建，主街道或前路的清扫保洁、垃圾收集人员及车辆的管理运行。

村镇生活垃圾采取“户分类、村收集、镇处理的方式。农户每天产生的生活垃圾中有机（可降解）垃圾采用分户堆肥施用于农田（如厨余垃圾等），可回收垃圾（如包装垃圾、废铁、塑料、玻璃等）实行回收遁环利用，其它无机（不可降解）垃圾及建筑垃圾实行上门收集，统一集中转运至小型垃圾转运站，再转运至各镇垃圾处理场实行无害化处理。

农户人畜粪便及植物秸杆一是通过农户修建气池进行厌氧发酵处理，残渣用作肥料施用于农田；二是直接通过高温堆肥处理。公厕粪便由农户收集后用于沼气池或堆肥。

10. 设立覆盖城乡的环境卫生管理体系，完善城乡环境卫生管理网络

将城乡结合部（城中村）环境卫生管理纳入城区环境卫生管理体系，由城区环境卫生管理机构直接管理，按照城镇清扫保洁标准配备清扫保洁、垃圾收集人员及垃圾清运车辆。

在镇一级设立环境卫生管理所，隶属镇政府，业务工作受区环境卫生管理部门指导。环卫所配备管理人员5~8名，具体负责镇中心区街道的清扫保洁、垃圾清运、处理及全镇环境卫生管理工作，

在村一级配备环境卫生专管人员1~2名，并相应配备环境卫生保洁、垃圾收集清运人员、车辆及公厕管理保洁人员。清扫保洁人员按照清扫标准核定。垃圾收集清运人员按照村镇居住区人口每3000人配备1名垃圾收集人员、公厕保洁管理人员按照每座公厕1人的标准配备。

11. 加强环境保护能力

加强环境监测和环境科研队伍建设，多层次多方位开展环境监测、环境科研技术业务培训，鼓励再学习，建设学习型监测站，提高专业技术队伍的整体素质。改善执法人员文化结构，形成以环保、法律为主，专业结构合理，能适应现代化管理的执法队伍。

在现有环保技术专家库的基础上，建立汇集多学科的环境保护专家咨询委员会，增强环境保护综合决策能力和解决流域、区域难点焦点问题的能力。密切联系环境保护实际，以改善区域环境质量为要旨，有重点地安排环境科研资金，加强环境科研应用性研究。

12. 建立生态林业

按照“南护水源，北治风沙，中建绿洲”的林业建设方针，进一步形成山区以天然林保护和生态重建为主的生态恢复工程，涵养水源；在绿洲农区以更新改造和补充完善防护林体系，增强绿洲农业抗御自然灾害的能力；在城市绿洲和城镇通过扩大植树造林面积、完善生态防护功能的基础上，积极推行园林化建设，提高人文环境素质，兴旺绿源；对北部沙尘薄策源区采取人工措施，依靠大自然自我修复能力恢复旱生超旱生植被，构建遏止风沙危害的防护屏障，护好沙源。

（1）祁连山林区：以保护为主不断增强水源涵养能力

通过开展全范围封育措施和全面禁止乱砍滥伐、乱捕乱猎、乱垦乱牧、乱开乱采等行为，有效恢复林草植被，提高山区水源涵养能力。在保护好现有次生林的同时，加大对宜林地段的人工造林力度，10 年内完成封山育林 20 万亩，人工造林 5 万亩，退耕退牧还林（草）20 万亩。

（2）绿洲农区：更新改造和补充完善农田防护林体系，为绿洲农业生产提供良好屏障

通过采取“渠、路、林、田”四配套和村屯外围绿化等措施，全面加强绿洲的农田防护林体系建设，特别是要加强永昌县东、西河地区、金川绿洲和金昌农垦公司天生炕、小井分场农田防护林网的建设，使绿洲农区林网控制率达到 100%，通过科学布局、有效发展生产型林业，初步形成农业生产良好的生产保障体系。在村屯内部通过科学规划，超前策划，把村屯绿化、美化、亮化与道路、住宅、人畜饮水工程、能源工程以及庭院经济、庭院生态养殖业的发展相互融合、合理布局，以林为主、以美为基、以业为获，提升社会主义新农村的建设水平。在城镇要

继续推进城市林业建设，把绿洲建设成最具有经济活力和生态张力的区域。

（3）荒漠沙区：依靠人工辅助措施保护性恢复林草植被，增加沙区地表稳定度

主要依靠保护和自然恢复，并辅助以适度的人工措施来实现治理目的，达到生态系统的自然平衡。在不放松绿洲边缘风沙严重危害地段治沙造林的同时，大力提倡和积极推进封山育林和封滩育草，坚决禁止滥砍、乱挖、滥牧的不良行为，争取10年内使全市的生态状况有一个较大的好转，20年内荒漠化趋势得到初步遏制，50年内生态状况基本步入良性循环。

（三）城乡生态环境一体化的推进措施

1. 创新工作机制

凡是化学需氧量和二氧化硫排污权的出让、申购，均要通过排污权储备交易管理中心的交易平台进行买卖。有新增主要污染物排放的工业项目，除企业内部削减平衡外，均需通过交易平台获取排放指标。同时通过交易平台把排污权交易所获取的部分资金，提供给农村养殖业进行污染治理。

继续完善由市纪委、市监察局、环保分局、公安分局、市法院、四检察院等六部门联合组成的查处农村环境污染违法违纪案件部门联动协作机制。

明确各级政府、部门在区域环保协作、环境污染统筹治理中的责任。建立跨行政区域的环境污染整治联席会议制度，建立边界水环境预警机制和通报制度、边界水质联合监测机制和边界污染纠纷调查处理机制，同时积极探索建立流域上游对下游水污染的补偿机制，切实加强环境污染统筹治理。

2. 加大政策支持

把生态环境建设纳入政府公共预算支持范围，支持污染减排三大体系（指标体系、监测体系和考核体系）和生态环保重点工程建设。研究制定污染治理市场化的政策措施，推进环保设施的企业化、社会化、专业化运营，支持发展环保服务产业。发挥环保、节能专项资金的作用，积极支持重点节能减排项目的实施，提高资源利用效率，保护生态环境。

3. 强化技术支撑

鼓励和培育发展企业技术研发中心，开发应用先进生态环保技术，加快科技成果转化。培育一批环保骨干企业，推广一批环保先进设备和技术。围绕重点产业和企业节能降耗等方面的关键和共性技术，组织研发有重大推广意义的集成技术、工业废水高效低费处理技术、新型节能节水技术、农业污染治理与废弃物的无污染利用技术、水生态修复技术等，形成技术优势。大力扶持行业协会、节能技术服务中心等中介机构发展，为城乡一体的生态环境建设提供先进和科学的咨询服务。

第五章 创新和完善城乡一体化发展的体制机制

一、改革城乡一体化行政管理体制

(一) 合理划分行政事权与财权

按照统筹城乡、区域发展的要求，重新划分乡镇政府和县区级以上政府的事权与财权，改变原来“财权上收，事权下放”产生的问题，并推进财力和事权匹配。城乡行政管理要依法合理划分相应的事权、财权，明确各级管理职责，实行权随责走、费随事转。建立健全城乡行政管理的评价、考核方法及指标体系，强化管理责任制。

建立乡镇最低财力保障制度，维持乡镇政府的正常运转。落实“乡财县管乡用”制度，合理划分事权财权，明确县乡财政支出责任，凡属县级政府承担的财政支出，同级财政要积极筹措自给予以保障，不以任何形式转嫁给乡镇。

根据“财权随事权走”的原则，重新界定各级政府财政支出范围，合理划分税种，调整完善市对县区以及县区对乡镇的财政管理体制，充分调动各级政府的理财积极性。

(二) 推进强镇扩权

按照“权力下放、超收分成、规费全留、干部配强”的原则，深化体制改革、加大扶持力度。探索结合每个镇不同的功能定位和发展特色来确定不同的考核内容和办法，引导政府实现由传统管理型向建设服务型转变，建立权责明确、行为规范、公正透明、廉洁高效的行政管理体制。加强领导班子建设，对带动能力强、经济社会发展成效显著的镇村班子领导，符合《党政领导干部选拔任用工作条例》所规定的基本条件、任职资格和其他相关条件，群众认可的，按干部管理权限大力提拔使用。促进管理资源下移，探索通过委托、授权等形式赋予镇在村镇建设、土地规划、投资项目等方面的审批权和行政管理等方面的执法权。

（三）深化农村管理体制改革

乡镇机构改革按照“精简、统一、效能”原则，合理设置党政机构，进一步强化社会管理与公共服务职能，建立精干高效的基层行政管理体制。健全村级组织运转保障机制，扶持、发展、壮大村级集体经济，加大财政对集体经济薄弱村的扶持力度，确保村级组织日常运转。

以扩大基层民主、完善村民自治、健全农村社区管理和服务体制为重点，以便民、助民、利民、安民、富民为出发点，合理规划布局农村社区，科学设置农村社区组织模式，切实完善农村社区的服务、自治、稳定和保障功能。积极培育农民群众建设农村社区的主体意识，实现农村社区居民自我管理、自我教育、自我服务、自我监督。大力发展行业协会和各类社会中介组织，加强社会工作者队伍建设，发挥他们在提供服务、协调利益、化解矛盾、反映诉求方面的积极作用，增强社会活力，维护社会安定。

二、探索建立土地置换流转机制

积极发挥市场对土地资源配置的基础性作用，统筹培育和发展城乡土地市场。

（一）探索建立宅基地置换机制

根据统筹城乡建设的要求，探索制定农民宅基地置换方案，按照承包地与宅基地分开、征地与拆迁分开的“两分开”原则，鼓励农民进入城镇购房。

确立试点的首要原则是农民自愿，只有试点村域范围内农户达到80%以上同意，才能列入试点。农民以政府认可的原宅基地上的住房置换集中新建住房，原则上实行等量面积无偿置换，但也可以根据对原宅基地上住房进行评估的房屋价格实行货币补差。宅基地置换新建房屋土地实施征用和办理出让手续，最终让农民取得房地产权证，使农民宅基地价值显化。

对于迁居到规划集中居住区或在市区购买商品房居住并将旧宅基地转为城市规划建设用地的城乡结合部内边缘地带的农民，可由政府给予一定数量的补偿金，鼓励城乡结合部农民向规划的集中居住区聚集。

（二）探索建立集体建设用地流转机制

研究制定农村集体建设用地流转管理办法，对农村集体建设用地的流转范围和对象、管理方法和方式、程序和要求、终止和处置、权益和管理、方法和措施等加以规范，建立起公开、公平、公正、有序的流转市场，促进农村集体建设用地使用权依法规范流转。

村镇建设用地上，把重点放到存量土地的挖潜利用上，以开展农村建设用地整理试点为突破口，出台农村建设用地减少与城镇建设用地增加挂勾，鼓励集体建设用地流转等政策，对所有的镇街和行政村建设用地进行有规划、有步骤的整理。

（三）继续探索“承包地换社保、宅基地换住房、农民变市民”机制

按照“承包地换社保、宅基地换住房、农民变市民”的基本思路加快城镇化进程，坚持尊重农民意愿的原则，同时考虑各方面的承受能力，对农村土地权益和城镇社保权益进行合理置换，真正做到农民的权益与机会平等，逐步推进权益置换改革。

坚持“双放弃换社保”，要求农民以同时放弃土地承包经营权和宅基地使用权为前提，置换城镇的社保受益权。只有坚持“双放弃换社保”，才能达到巩固农业基础和加快城镇化进程的双重目标。按照“土地换社保”的基本思路，农民转变为市民后，即可享受城镇的社保受益权和经济适用房。

坚持权益平等，无论农民持有的承包地和宅基地，在数量和质量上存在多大差别，只要同时放弃承包地经营权和宅基地使用权，即可获得同等的城镇社保受益权。同时，由于“土地换社保”过程中，需要财政提供周转资金补助，持有土地数量和质量的差异，只意味着享受补贴的多少，而不存在农民之间均贫富的问题。

坚持机会平等，无论农民持有的土地，是在城镇近郊或偏远地区，只要做出“土地换社保”的选择，都应为其提供“农民变市民”的平等机会。为此尽管增加工作难度，但为了给所有农

民创造向城镇迁徙的平等机会，这样做是十分必要的。

同时，进行农村土地权益和城镇社保权益的置换，也根据财政的承受能力，确定每年“农民变市民”的规模；需要着重考虑城镇的承载能力，要加强政策引导，使每个城镇的人口保持合理规模；需要加强政府的管理能力，城镇规模的扩张也应有适度规模，不能急于求成，特别是大量农村居民集中转变为城镇居民，更可能产生一些新的社会矛盾，必须先行组织试点，总结经验后再逐步扩大规模。

三、完善投融资制度

（一）改善信贷环境

金昌市一方面建设资金十分缺乏，另一方面银行存款持续增加，存差现象突出，银行难贷款，企业贷款难，特别是中小民营企业。要解决这一矛盾，银行和政府必须携手合作，共同发展，实现“双赢”。要建立健全银政银企联席会议制度、银企项目推介会议制度、金融工作会议制度等，不断密切银政银企合作，共同论证一批大项目、好项目，加大信贷投入，促进项目建设。同时，改进和完善信贷发放审批制度，针对不同企业的特点，建立科学、有效、适应于不同企业的贷款审核体系，开发多种适应不同企业发展的信贷服务项目，对符合条件的不同企业积极给予信贷支持，培植一批龙头企业成为新的信贷增长点。

（二）拓宽直接投融资渠道

建立和完善企业上市和发行企业债券的培育推荐机制，在鼓励发展的中小企业中，培植一批上市企业资源和发行债券企业资源。经批准，允许符合条件的各类所有制企业特别是高新技术企业上市融资或发行企业债券。提倡和鼓励企业向担保机构投资入股。建立和完善企业投资市场，大力引进和推动外埠投资商、项目商与金昌市企业建立合作伙伴关系。培育和发展企业产权交易市场体系，为企业资本合理流动建立便捷、有效的进退渠道，实现资本项目的融资和转让。加快研究制定鼓励发展风险投资的有关政策，营造有利于风险投资的政策环境和社会环境，培育风险投资主体，鼓励企业、个人和外商等各类投资者参与风险投资。

（三）完善企业贷款担保体制

根据不同企业的特点，研究建立适应市场机制的贷款担保体制和担保资金补偿机制。逐步建立多种形式参与、多种资金来源、多层次结构的贷款担保体系。充分发挥现有担保资金的作用，扩大担保范围，提高使用效果。严格按照国家有关规定设立和运营贷款担保机构。鼓励不同企业互助担保和股东担保。

（四）建立现代农村金融制度

加大对农村金融政策支持力度，拓宽融资渠道，综合运用财税杠杆和货币政策工具，定向实行税收减免和费用补贴，引导更多信贷资金和社会资金投向农村。各类金融机构都要积极支持农村改革发展。坚持农业银行为农服务的方向，强化职能、落实责任，稳定和发展农村服务网络。拓展农业发展银行支农领域，加大政策性金融对农业开发和农村基础设施建设中长期信贷支持。发挥政策性金融机构作用，发挥以中小型城市商业银行和农村商业银行、城市信用社和倾向于股份制治理的农村信用社为主体，以大型商业银行、邮政储蓄银行、小额信贷组织为辅的农村商业金融服务体系。发展农村保险事业，健全政策性农业保险制度，加快建立农业再保险和巨灾风险分散机制。

在有条件的地方积极试点推广村镇银行、贷款公司和农村资金互助社等新型农村金融机构，满足农村、农业和农民的资金需求。

四、提升人才制度

（一）建立有利于人才成长的收入分配机制

金昌市急需制定人才资源开发的制度和具体政策措施，在发挥现有人才作用和引进人才方面既要实行政策支持，又要发挥市场机制的作用，可采取发放专项津（补）贴的办法来稳定人才队伍。对于在金昌工作的高层次人才给予不同档次的专项津（补）贴，并免征个人所得税；对做出特殊贡献，有一定学术技术造诣的中青年拔尖人才要破格晋升专业技术职务，不受本单位职务比例结构限制；对带有高新技术成果的人才，其成果可作为无形资产参与转化项目投资；专业技术人才可以采用智力、技术成果和管理才能作为股份入股分红，通过研制开发、推行科技成果转化获得重大经济利益的，按一定比例提取所得收益。

（二）实行宽松的人才流动机制

流动自由是劳动力一项基本人身权利，为此，必须实行合理的人才流动机制，要有计划地做好从国内重点高校选录品学兼优、发展高新技术产业急需的本科学历以上毕业生的工作，特别是对自愿到金昌工作的高层次人才，可以实行“户口不迁，身份保留，来去自由”的柔性引进政策，通过不断加强院地院企合作力度，从国家级人才市场选聘一批具有一定专业技术特长而又急需的各类专家和学者，来金昌兼职工作或进行技术服务，消除人才在不同地区、部门、行业和岗位之间的流动障碍。

（三）构建合理的人才激励机制

要建立健全与市场经济体制相适应的激励机制，充分调动各类人才的积极性。在市场经济条件下，不仅要以宏伟的事业吸引人、以崇高的精神鼓舞人、以诚挚的热情感召人，但也要用适当的待遇凝聚人。要处理好精神鼓励与物质鼓励的关系，使人才在充分享有实现价值的满足感，贡献社会的成就感，社会承认的荣誉感的同时，得到与其贡献相适应的物质回报。为此，要针对各类人才的特点，建立健全与市场经济体制相适应，与工作岗位和业绩相联系，鼓励人才创新创造的分配制度和激励机制。要逐步提高对“两院”院士、博士生导师、有突出贡献的中青年专家、享受国家级津贴专家、省级优秀专家、学术技术带头人，创新人才等各类专家的津贴和奖金，对在科技成果转化和技术创新方面有杰出贡献的人才给予重奖，使收入分配和生活待遇进一步向优秀人才和关键岗位倾斜，同时要千方百计解决各类人才的实际困难，努力解除他们的后顾之忧。

（四）建全高技能人才成长机制

高技能人才是推动技术创新和实现科技成果转化不可缺少的重要力量。实施国家高技能人才培训工程和技能振兴行动，通过学校教育培养、企业岗位培训、个人自学提高等方式，加快高技能人才的培养和储备。充分发挥高等职业院校和高级技工学校、技师学院的培训基地作用，扩大培训规模，提高培训质量。充分发挥企业的主体作用，强化岗位培训，组织技术革新和攻关，改进技能传授方式，促进岗位成才。完善技能人才的职业资格证书制度，推进技师考评制度改革，实行培训、考核、使用和待遇相结合，逐步建立统一标准、自主申报、社会考核、企业聘用的高技能人才成长机制。进一步提高高技能人才的社会地位，优化高技能人才成长的社会环境。

(五) 培育农村实用人才成长机制

根据推动农村经济社会发展和城乡协调发展的需要，大力加强农村科技、教育、文化、卫生和经营管理等实用人才队伍建设。继续实施新农村建设人才保障工作和农村劳动力培训输转工程。充分发挥农村职业学校、成人文化技术学校、农村党员干部现代远程教育网络和各种农业技术推广培训机构的作用，加快农业科技示范园区和先进适用技术推广相关基础设施建设，实行农科教相结合，努力提高广大农村劳动者的素质，激励农村实用人才快速成长。高度重视农村富余劳动力资源的开发，加强农村劳动力转移就业培训工作。加强人才和智力扶贫，建立健全农村人才服务体系。

五、改革科技体制

(一) 建立完善科技体制

建立完善科技工作领导协调机制和科技工作考核、激励及监督的长效机制，进一步加强政府的综合协调能力，动员组织社会力量推动科技进步与创新，形成科技发展的整体合力。建立健全科技决策机制，全面推行科技立项课题制和招投标制，改革科技评审与评估制度，完善专家评审机制，建立评审专家信用制度，改革科技成果评价和奖励制度，让科技研发机构在承担课题（项目）、经费支配、岗位设置及招聘、业绩考核、分配制度及奖惩、科技合作、人员交流等方面享有高度的自主权；推进以专利为主的知识产权保护和管理，提高管理水平，激励和保障技术创新；支持并鼓励企业成为技术创新主体，引导企业增加科技研发投入，推动企业建立技术研发中心。

（二）积极培育科技中介服务体制

大力培育和发展种类科技中介服务机构，引导科技中介服务机构向专业化、规模化和规范化方向发展。进一步完善科技中介服务机构的政策体系，规范行为，强化管理。积极鼓励发展各种技术创新服务机构、技术评估机构和技术经纪机构，为加速科技成果的转化提供良好服务；建立和完善农业科技服务体系，积极发展龙头企业、中介服务机构和农户紧密结合的新型农业技术推广模式。

（三）创新农业科技投入机制

要深入推进农业科技体制改革，建立以政府为主导，以农户和企业自筹、金融信贷、社会融资、吸引外资为补充的多元化农业科技投入机制，切实增加农业科技投入。建立健全财政支农稳定增长机制，把农业科技投入放在公共财政投入的优先位置，逐年加大对农业科技进步和创新的支持力度。

六、完善农业经营体制

（一）积极探索集约化经营机制

大力发展土地的规模经营和集约经营，按照“依法、自愿、有偿”原则，建立完善土地承包经营权流转机制，加强规范化管理；通过农业招商，推进农民承包地流转和宅基地置换，使土地向种养大户、龙头企业集中，提高农业经营规模，提升农业综合效益。在继续探索马家崖村以种植大户承包模式、西坡村以土地置换资产模式、中牌村村公司加农户模式的基础上，积极开展试点，进一步总结推进土地集约化经营的经验，突破村组界线，确定中心村功能定位，为全市农村土地集约化经营奠定基础。

（二）推进农民专业合作社健康发展

加快示范性专业合作社建设，加大税收、信贷政策支持力度，鼓励农技人员参加合作组织建设，引导农民专业合作社坚持正确的办社方向，完善内部管理制度和运行机制，在农业产业化建设中发挥积极作用。紧紧围绕啤酒大麦、食品原料、红辣椒、草畜、瓜果等特色产业，建立健全“合作社＋公司＋农户”和“合作社＋农户”等符合产业特点的多元化农业专业合作经济组织，建立适应金昌市经济特点，利于产业发展，适应市场经济运行规律的农业专业合作经济组织，提高农业的整体效益。

（三）创新发展现代农业服务体系

加快推进供销合作社改革和发展，通过发展合作经济组织等途径，实现与农业生产经营的对接和相互融合，共同发展，从而使供销合作社真正成为新型的农民合作经济组织。加快发展农业营销公司、农业经纪人组织等新经济组织，在大力发展农村新型合作经济组织的同时，加快建立全市性农民专业合作社联合会，形成覆盖产前、产中、产后全过程，纵向到底、横向到边的现代农业服务体系。

七、创新农民创业机制

（一）创新融资机制

根据不同对象、不同层次的资金需求，加快金融支农信贷管理机制创新，畅通信贷资金投入渠道，加大信用贷款扶持力度，从农户家庭经营的实际出发，采取农户家庭资产抵押贷款、自然人保证贷款及农业贷款担保公司担保贷款等方式，支持农户从事个体工商业。

（二）完善保险机制

逐步建立农民自主创业的风险防范化解机制。完善政策性农业保险，扩大政策性农业保险试点工作覆盖面，创新保险品种和投保方式，适当提高保费补贴。推行政策性农民自主创业保险，积极推进试点扩面，逐步完善保险品种和条款，增加保单的金融功能。

（三）强化扶持政策

研究制定农民自主创业项目导向，建立信息发布交流平台，落实专项资金扶持、减免规范相关税费等各项支农惠农政策，强化对农民自主创业的引导、服务和支持。

八、健全农村建设长效机制

（一）强化惠农服务机制

结合各镇实际情况，进一步引导镇政府实现由传统管理型向建设服务型的根本性转变。各镇要坚持以服务为宗旨和“小政府、大服务”的原则，把服务作为贯穿农村工作的主线。寓管理于服务之中，在服务中体现管理。服务方式方法上由指令性向引导性转变、由简单帮助向多样化服务转变、由干群脱节向干群互动转变、由随意性向制度性转变。

（二）健全完善公共财政投入机制

按照“三个高于”（即：用于直接改善农村生产生活条件的投入高于上年；用于基础教育和公共卫生等社会事业的投入高于上年；用于科技开发的投入高于上年）的要求，新增财力主要用于新农村建设，稳步提高财政支农资金比例。将“三农”发展中属于政府的事务纳入财政支出范围，逐步建立城乡一体化建设稳定的资金来源。积极筹集水利建设资金、农业发展资金等“存量”资金，对征用或占用农业设施、农业资源收取一定的补偿费用专项用于财政支农，全面整合各级财政支农资金，创新扶持方法，突出扶持重点，不断提高财政支农资金使用效益。

（三）健全完善共建共享机制

通过政府财政补一点、村集体经济贴一点、农民自己筹一点的办法，形成城乡一体化共建共享的格局。发挥农民主体投入的积极性，完善村内公益事业“一事一议”筹资筹劳办法，明确议事范围、程序和标准，建立农民参与公益事业的筹资筹劳机制。同时，还要鼓励工商企业以及省市龙头企业与集体经济薄弱村结对，支持其发展经济和社会公益事业。

九、建立水资源及其利用定价机制

为了尽快形成城乡经济社会发展一体化新格局，需要创立水资源等方面的价格形成机制，探索建立环境资源有偿使用的市场调节机制，建立和完善重度污染企业退出机制、绿色信贷、环境保险等环境经济政策，加快形成节约环保型的生产、流通和消费方式。

加快水价机制改革，提高水资源管理水平，保障水利良性发展。

推进小型农田水利工程产权制度改革，探索非经营性农村水利工程管理体制改革办法，明确建设主体和管护责任。

十、建立城乡统一的户籍制度

要本着“降低门槛、放宽政策、简化手续、规范管理”的原则，逐步取消农业和非农业户口划分，按实际居住地和所从事的职业登记为“居民户口”。推进户籍制度改革，放宽城镇落户条件，使在城镇稳定就业和居住的农民有序转变为城镇居民。建立城乡统一、迁徙自由、以身份证管理为中心的户籍管理制度。

第六章 推进城乡一体化发展的保障措施

一、加强组织领导

（一）加强思想认识

统筹城乡经济社会发展、推进城乡一体化，是市委、市政府的一项重大战略部署，是一项长期的任务和历史发展过程，不仅关系到农村今后发展的方向和道路，而且关系到全市经济社会发展大局。各级党委、政府一定要充分认识到这项工作的重要性、紧迫性，同时也要认识到这项工作的长期性、艰巨性。要遵循自然发展规律、经济发展规律和社会发展规律，立足于全市经济社会发展的实际水平，着力防止重城市、轻农村，重工业、轻农业，重市民、轻农民的片面倾向，着力防止重形式、轻内容，重硬件、轻软件，重建设、轻管理的片面倾向，解放思想，大胆探索，开拓创新，全面推进。

（二）成立领导小组

各级党委、政府要按照工作部署，集中领导力量和工作精力，精心组织实施，扎实开展工作。市、县（区）、乡（镇）、村（社区）把城乡一体化工作放在突出位置，切实加强领导，强力推进，形成一级带一级、一级抓一级、一级对一级负责的工作体系。成立城乡一体化发展领导小组，负责指导、协调全市推进城乡一体化工作。各级发展相关部门要进一步密切配合，加强协作，突出改革创新，加强调查研究，及时总结经验，为推进城乡一体化发展提供有力的组织保障。

二、建立考核制度

科学确定发展目标和阶段性实施步骤，制定分步实施方案，分解年度任务，细化阶段性工作目标和具体措施。围绕《金昌市城乡一体化发展规划》中的指标体系，分年度下达各级部门工作重点和目标。把城乡一体化建设的成效纳入对各级党政领导班子和领导干部工作业绩考核的指标体系，作为检验各级领导班子和领导干部执政能力和领导水平的重要内容，作为对班子考核和干部奖惩使用的重要依据。层层建立责任制，加强对工作进展和履行工作职责情况的监督检查，促进各项工作的落实。在规划实施中期适时进行评估，根据形势变化或实施需要，对规划目标任务进行必要的修订。以考核促调整，以考核促发展，不断把城乡一体化建设推向新的发展阶段。

三、改革配套政策

（一）完善农村土地政策

依法保障农村居民土地承包经营权的各项权利，制定相关农村土地政策，鼓励和支持农村居民按照“依法、自愿、有偿”原则，采取出租、入股、置换等方式，流转土地承包经营权，发展农业规模经营。

（二）探索建立农村转移人口购房优惠政策

对进城购房的农村居民，自愿退出原农村宅基地进入城镇购买住房的，住房面积给予适当补偿，对符合条件的，享受经济适用房、廉租房的优惠政策；夫妻一方或家庭成员有住房公积金的，允许以保证或所购房屋抵押担保的方式，申请个人住房公积金贷款，免收房屋所有权登记费。

（三）探索建立城乡一体化发展的投入政策

基础设施建设投入政策。强化各级公共财政对城乡一体化发展的支持力度，每年预算一定数额的资金专项用于城乡一体化发展，每年安排一定数额的土地出让金用于规划的重点村镇的基础设施建设。

产业发展投入政策。有效整合各类支农资金，支持引导主导产业规模化、产业化发展及土地流转、村庄整合等方面。引导企业、民间等社会资金按照规划投向生态环境、产业发展、公用事业、基础设施建设。以优质项目为载体，积极争取国家、自治区资金，增强各类金融机构对城乡一体化发展的支持力度。

农业保险投入政策。继续完善政策性农业保险制度，降低农业生产企业或个人经营风险。

四、加大投入力度

（一）财政倾斜农村

政府财政部门要调整财政支出结构，加大对农民就业和社会保障的投入。要认真测算促进就业和纳入基本生活保障所需资金，合理安排预算，落实土地出让金优先安排用于被征地农民基本生活的补偿政策；要在财政预算中安排就业专项资金，确保就业、培训需要；要加大对社会保障的支持力度，做好各类保障对象缴费补贴的财政资金安排；要落实基层劳动保障服务机构建设和劳动保障工作人员专职化所需的各项经费；要通过镇村各级集体经济实体提留、社会捐赠等多种渠道，扩大所需资金的来源。

（二）激活外资和民间投资

外资与民营经济是市场经济中最活跃的成分之一，也是投资建设的主体。要激活外资与民间资金，重点做好经营土地和经营城市的文章，城镇基础设施、社会公益性项目、各类竞争性行业一律向社会开放，使外资与民营资本成为项目投资的主体。充分运用 BT、BOT、企业债券等多种市场化融资手段，积极吸引外资与民间资本等投资。

（三）保障资金来源

市级财政每年安排城乡一体化新农村建设专项补助资金不少于 2000 万元；金川集团公司每年扶持城乡一体化新农村建设的 1000 万元资金，主要用于产业发展和基础设施建设；金化、金泥、金铁集团公司等企业通过以化肥、水泥、免烧砖等物资形式支持城乡一体化新农村建设。同时，加强村建设资金的管理，确保专项资金实实在在用于新农村建设；纪检监察和审计部门要加强对资金流向的监督审计，确保资金安全使用。

五、突出项目建设

（一）紧跟政策争取项目

各级各部门要进一步增强抓项目的紧迫感和责任感，认真研究和把握国家新一轮扩大投资的政策导向，结合项目特点和资金来源的不同，突出农村基础设施、支柱产业、民生工程、生态环境保护与建设、承接产业转移等投资重点，抓紧开展前期工作，力争列入国家投资计划启动实施。围绕国家产业政策和市场需求，立足资源型城市的可持续发展，积极谋划一批竞争性项目，做好项目筛选和论证工作。把项目争取作为干部考核、判断政绩的重要依据，明确重点项目的责任主体，采取有效措施，推动项目争取和落实。

（二）强化监管实施项目

成立项目工作协调领导小组，完善项目工作联席会议和重大项目会商制度，及时通报情况，协调解决存在的困难和问题。全面执行项目法人责任制、招投标制、工程监理制、合同管理制和工程质量终身责任制，加大工程质量监管力度。加强对设计、施工、监理等单位资质监管，特别对材料采购、计划执行、施工进度、投资控制、资金使用等环节，要重点监管，坚决杜绝不合格材料进场，严格执行工程质量安全有关规定。注重项目技术管理，在优化设计、优化施工组织上下功夫，提高项目科技含量，实施一批精品工程。

（三）坚持不懈招商引资

把招商引资作为经济工作的重中之重，依托优势资源，搭建项目平台，力争引进一批科技含量高、经济效益好的优势企业安家落户，变区位优势为经济优势。一方面，要抓住外商特别是跨国公司加大对我国投资的难得机遇，把加强与跨国公司、大商社、上市公司的合资合作作为重点，争取使金昌重点企业集团和支柱产业、高新技术产业在利用外资上取得大的进展。另一方面，要抓住东部沿海地区产业转移和西部大开发的历史机遇，充分利用东部沿海地区的资金、技术，推进金昌产业结构调整和高新技术产业的发展，突出企业的主体作用，既要支持困难企业走出金昌找靠山，攀大户，不拘所有制形式，与外来企业合资合作，借助外力发展自己，更要鼓励较好的企业通过合资合作利用国外资金、技术、市场和先进的管理经验提高竞争能力。

六、抓点带面，强化城镇辐射功能

加快各级城镇建设步伐，扩大城镇规模，壮大城镇实力。改变传统的、低层次的、分散式的城镇化发展模式，以宁远堡镇、双湾镇、城关镇、河西堡镇、朱王堡镇等重点乡镇为节点，大力推进高层次的集中城镇化，致力于高标准、高起点规划建设中心城镇，形成一批规划布局有序、环境优美、具有地方特色的现代化新城镇，辐射其他乡镇，积极引导优良产业向城镇集聚，增加城镇就业机会，吸引农民进城，从而推进金昌市全面城乡一体化。

适时开展撤镇建街道、撤乡并镇、撤并行政村等行政区划调整工作，整合中心村和农村居民点的建设，形成布局优化、道路硬化、村庄绿化、路灯亮化、卫生洁化、河道净化的发展格局。

七、调动农民参与，广泛发动群众

各级各部门要切实在思想发动、组织动员上下功夫，采取有力措施，通过深入细致的思想工作，加强舆论宣传，积极引导群众正确认识城乡一体化建设与自身利益的关系，最大限度地调动农民群众参与城乡一体化建设的积极性、主动性和创造性，引导广大干部群众自觉投身城乡一体化建设，充分发挥农民群众在城乡一体化建设中的主体作用。努力营造全社会关心、支持、参与城乡一体化建设的浓厚氛围，形成全社会参与城乡一体化建设的激励机制，使城乡一体化建设成为全市上下的共同认识和一致行动。

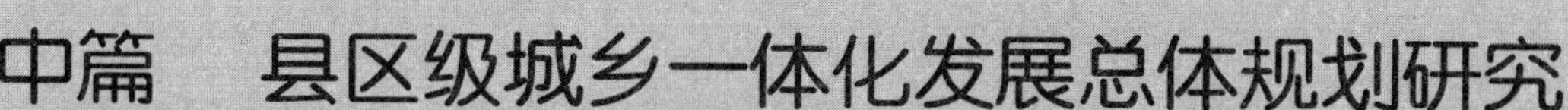

中篇　县区级城乡一体化发展总体规划研究

——甘肃省金昌市金川区城乡一体化发展总体规划

第一章　编写一体化背景

党的十六届三中全会审议通过了《中共中央关于完善社会主义市场经济体制若干问题的决定》，首次提出了“五个统筹”的发展战略方针，即统筹城乡发展、统筹区域发展、统筹经济社会发展、统筹人与自然和谐发展、统筹国内发展和对外开放。党的十七届三中全会通过的《中共中央关于推进农村改革发展若干重大问题的决定》作出了“我国总体上已进入以工促农、以城带乡的发展阶段，进入加快改造传统农业、走中国特色农业现代化道路的关键时刻，进入着力破除城乡二元结构、形成城乡经济社会发展一体化新格局的重要时期”的基本判断，并提出了“加快形成城乡经济社会发展一体化新格局”的历史任务。当前，全国各级领导干部和基层干部都在全面、深入、切实地理解党中央的这一战略方针，并联系地方实际情况贯彻执行。

金川区在此种形势下作为甘肃省、金昌市先行先试区，金川区委、区人民政府站在战略高度提出要把形成金川区城乡经济社会发展一体化新格局的理想目标转化成为现实的行动和未来的真实图景，力图确立统筹城乡发展的基本方略，建立促进城乡经济社会发展一体化的制度体系和创立农民参与的城乡均衡决策机制。

《金昌市金川区城乡一体化发展规划》的编制，是以金昌市、金川区十五、十一五社会经济发展规划和各行业部门专项规划为基础，吸取了发达地区、先行先试地区城乡一体化实践经验，结合金川区城市和乡镇发展实际编制出的并联系实际进行分析和思考，用生动鲜活的实践经验不断地丰富和发展“五个统筹”的内涵，坚持以人为本，树立全面、协调、可持续的发展观，更好地为实现全面建设小康社会的宏伟目标而努力奋斗。

第二章　推进城乡一体化的基础条件

一、项目区现状

金川区位于河西走廊东部以北，处在巴丹吉林沙漠和腾格里沙漠南缘，石羊河流域西大河下游。金川区是全市政治、经济、文化、科技、商贸中心。全区国土面积为3770平方公里，辖滨河路街道、桂林路街道、北京路街道、金川路街道、新华路街道、广州路街道共6个街道，以及宁远堡镇和双湾镇，有27个行政村。

金川区城市化程度高，农村人口少。2008年，金川区有21.3万人口，其中只有4.9万人口在农村，全区非农人口占77.1%，城市化水平高。

金川区城乡空间距离短，城乡结合紧凑。金川区下辖宁远堡与双湾两镇。宁远堡镇共有14个村，其中4个城中村，6个城郊村，4个远效村。双湾镇13个村，基本属于城郊农村，但离城市中心区均不太远。

金川区农民收入高于全国平均水平，实行城乡一体化具有良好的农村基础。城乡居民收入差距相对较小，有利于尽快形成城乡经济社会发展一体化的经济基础。金川区农村居民收入水平相对较高。2007年，金川区农民人均收入5268元，高于全国的4140元平均水平，更远高于甘肃省的2400元平均水平。金川区的城镇居民人均可支配与农村居民人均纯收入之比为2.5:1，低于全国的3.3:1，更明显低于甘肃省的4.3:1。

（一）城乡基础设施差距缩小

城市与乡村的差距很大程度表现在基础设施上。金川区为缩小城乡差距，实现城乡一体化发展，对农村进行了大量的投入，具体表现在农村道路、农田水利、农民饮水和农村文化设施建设上。大量的投入与农民对基础设施的实际需求还有一定差距，同时投入资金的使用效率也值得提高。

基本实现村村通油路，交通设施升级提上日程。截止2007年底，金川区境内公路通车里程达457公里，省道64公里，二级乡道12.5公里，县、乡、村三级公路127.85公里，县、乡、村四级公路265.62公里。2007年全区两镇已通油路占总数的100%，27个行政村油路通达率100%。

强化农田水利基本建设，推广农业滴灌项目建设。截止2008年，全区共建成各类渠道1674.31公里，现已建成干、支、斗渠1030.77公里，各类渠系建筑物24859座。在农村推行节水农业水利工程建设，推广滴灌节水工程，已覆盖古城村、营盘村、陈家沟村、天生炕村、新粮地村、新华村、马家岸村、区园艺场、草业试验场等地。建成温室滴灌1018座、果园滴灌857亩、低压管灌11935亩、大田喷灌3852亩。

解决了大部分农民的饮水安全问题。金川区农村饮水安全项目共铺设管道538.432公里，修建天生炕水厂供水工程、龙口（赵家沟）水塔供水工程、油籽洼水塔供水工程、古城（岳家沟）水塔等供水工程，配套水源井7眼，清水池一座。该项目有效解决20227人的饮水安全问题，农村自来水普及率达到

77.4%，高于全国62.71%平均水平。

农村公共与文化设施获得较大提高。建成村级办公场所9个，面积3150平方米，村级高标准办公场所覆盖率达到了33%；建成村级文化中心13个，面积6340平方米，全区村级文化中心覆盖率达到了48%；建成村级文化广场7个，51200平方米，村级文化广场拥有率达到了26%。

（二）城乡产业发展特色初显

长期以来，围绕金川公司铜镍产业，以循环经济的发展理念，形成了有色金属冶炼、化工、新材料等产业，构成了金川发达的工业基础。但是，金川区的工业属资本密集型，在农民增收和农村剩余劳动力转移方面所起的作用较弱。农业和服务业与工业相比无论从绝对量还是相对量都显单薄，而农业和服务业的发展在城乡一体化过程中起着非常重要的作用。金川区委区政府从促进城乡一体化发展的要求出发，采取了培育特色农业、扶植农业龙头企业、建立西坡农产品综合批发市场、大力发展服务业等措施。

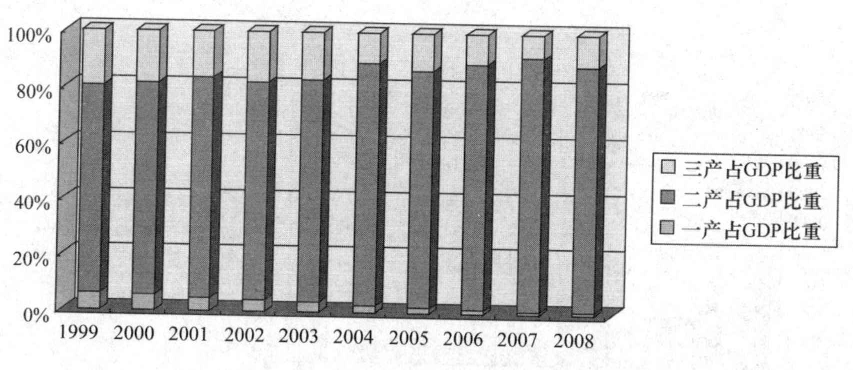

图1　1999—2008年金川区三产结构

特色农业及农业产业化有一定发展，产业化组织形式仍需进一步完善。金川区培育形成了草畜、红辣椒、黑瓜籽、啤酒大麦等特色产业。培育了包括黄河麦芽和双丰辣业等具有一定规模和实力的农业产业化龙头企业。但是，农民组织化程度仍然较低。龙头企业实力不强，抗风险能力差，当出现市场风险时龙头企业把风险向农户转嫁。同时，仍然存在着城乡产业关联性不强，农村产业发展后劲不足的问题。

第三产业发展迅速，但总体规模偏小，产业层次较低。金川区以房地产业和餐饮业为主的第三产业发展迅速，增加值由2003年的6.67亿元，增加到2007年的16.08亿元，年均增长25%以上。然而，金川区第三产业存在总体规模偏小，吸纳农村转移劳动力的能力不强的问题。金川区第三产业尚缺乏交通运输、现代物流、商务服务、信息和金融等现代服务业，不能为企业发展提供高质量的服务，尤其不利于中小企业发展。

（三）城乡劳动就业保障有力

近年来金川区建立了城乡就业服务体系，8个镇（街道）劳动保障事务所，12个社区劳动保障事务站为依托的城乡就业服务体系。

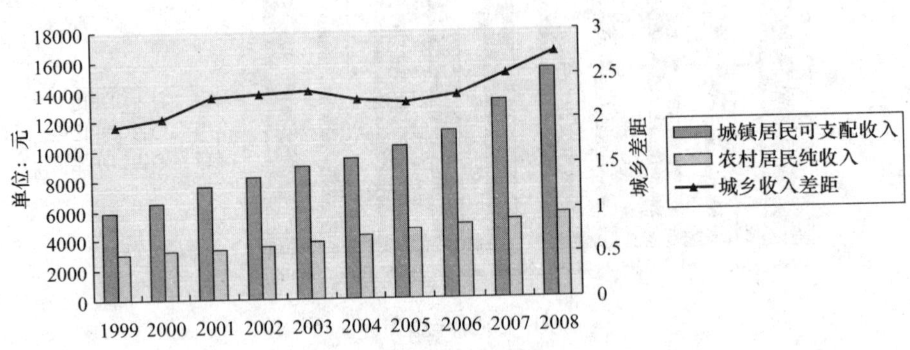

图2　1999—2008年金川区城乡收入差距

2006 年至 2008 年，全区新增就业 7629 人，年均增长 2300 多人，下岗失业人员累计实现再就业 3337 人。城镇登记失业率始终控制在 4.0% 以内，好于全国 4.3% 平均水平。全区输转劳动力 51125 人（次），创劳务收入近 2 亿元。其中 2008 年输转 15080 人次，创劳务收入 9000 万元，劳务收入成为农民增收的一大亮点。

大力实施农民素质教育工程和技能提升工程。开展农业新技术和新产品技术培训 185 期，培训农民和各类技术人员 24900 人次，使 50% 以上的农村劳动力掌握了劳动实用技术，提高农民的就业、创业能力。多次有计划有规模的组织农村富余人员外出务工。坚持先培训后输出，以培训促输出的劳务输出政策。

（四）城乡公共服务资源共享

在社会教育方面，教育资源整合工作全面启动。撤并中小学 3 所，在农村实施“寄宿制学校建设工程”和“中小学危房改造工程”，建立集教学楼、学生公寓和学生食堂为一体的标准化中小学校园，教育基础设施有很大改善。小学教师专科率达 90%，中学教师本科率达 60%，农村中小学教师工资纳入区级财政统一发放。推进农村贫困学生教育救助制度，落实“两免一补”、生源地助学贷款等政策，共发放“两免一补”专项资金 133 万元，资助 9310 人次。2008 年，金川区小学入学率、巩固率、升学率均达 100%，初中学生入学率 100%，巩固率 99.5%，毕业率达 100%，高中阶段入学率达 87.7%，农村高中阶段入学率达到 85%，比 2005 年高出 15%，全部高于全国以及甘肃省平均水平，高中教育普及率和升学率进一步提高。

在医疗投入方面，区政府投入大量资源用于医疗事业的建设。为北京路社区卫生服务中心和双湾镇中心卫生院购置医疗设备，为两镇卫生院和一个社区卫生服务中心配备救护车；新建和改建5所村卫生所，达到了“五室分开”的标准。积极为农村引进医疗人才，为农村卫生事业发展奠定良好的基础。

在医疗保障方面，推行新型农村合作医疗试点工作，从2005年起截至2008年，全区已有43176人参加新型农村合作医疗，参合率达到88%，高于全国85.96%平均水平。参合农民住院报销112.5万元，报销率为30%。2008年3月28日《金昌市新型农村合作医疗试行办法》颁布，新政策中，筹资标准由2007年的50元提高至100元，降低起付线，提高报销比例和封顶线，切实减轻农民的医疗负担。到2008年，金川区共为92位城乡居民落实大病补助政策。金川区将城市低保人员纳入城市居民合作医疗，参照农村合作医疗制度执行，全区共有38843人参加城市居民合作医疗，参合率达70%，其中城市低保人员7517人。

在社会保障方面，金川区逐步推进社会保障体系。全区每年救助各类城乡救助对象约1.5万人，占全区总人口的7%，年发放救助金约1700万元。养老、失业以及医疗保险覆盖面增大，城市低保、农村五保户的保障标准和公益性岗位的工资标准均有所提高。城市低保标准提至173元，2007年共发放城市最低生活保障金1144万元。同时，在农村建立低保制度，推行教育、医疗、法律援助等城乡一体的社会救助制度，为离任居委干部发放生活补助，在一定程度上解决社会困难人群的基本生活问题。在解决老人问题方面，金川区近年来建成16个城市社区老年活动室，2 所农村敬老院。落实90岁以上高龄老人生活补贴制度和老年人社会优待、五保供养等政策。

（五）城乡生态环境建设成效显著

在防风固沙方面，金川区申请各项防风固沙项目。已有“北部绿色长廊”、“三北防护林”、退耕还林、日协贷款重点风沙区治理及土地沙化治理等项目，共完成造林4.9万亩，封沙滩育林草1.5万亩。2001年启动北部绿色长廊工程，在市区外围西、北、东三面环城连片分布，东起河雅路，西连西坡林带。2008年已初步在市区北部形成万亩20公里长的多树种、宽林带、大网络、高标准、混交型的大型防护林带。

在城市生态建设上，加大城区绿化建设和景观改造力度。建成金水湖、长泰园、龙门里社区游园等一批景观景点。2007年，绿化覆盖率达到28.79%，低于我国36%的平均水平基本持平。人均公共绿地面积达到16.03平方米，高于我国8.6平方米平均水平。新建城市生活垃圾处理场及一批垃圾中转站，一座大型污水处理站，建成并开放26座免费公厕，开展多项市容整顿活动。在农村地区，建立示范小区和示范民宅，推进太阳能和沼气等新型能源利用。

（六）城乡社会管理体制改革到位

已经建立了覆盖城区的社区工作网络。在机构设置及工作职能方面，取代了原来的街道办事处，体现了政府的行政管理职能逐步地向公共服务转化，正在实现全能政府向有限政府与有效政府的转型。

社会组织建设进一步发展。现有各类社会组织65家，其中民办非企业单位35家，社会团体30家，从业人员2000多人。民主建设稳步推进。开展了平安创建工作和“万名干部下基层集中排查调处矛盾纠纷”活动。27个新农村实现村委会直选制度。

农村社区建设试点工作成效显著。村委会主任和村党支部书记兼任社区的领导，同时配备2～3名工作人员，并为专门社区管理人员发放工资，基本完成村委会与社区的办公设施建设。

二、有利条件

（一）金昌市的资源优势和经济社会发展基础

金昌市是座工业城市，历史特殊，经历了缘矿建厂、因厂生城的阶段。1958年8月初，甘肃永昌县白家咀发现含铜矿。1981年2月9日，国务院决定设立金昌市。从此，又经历了以厂促城、城企互动发展的阶段。展望未来，金昌市与金川公司正在步入和谐共生、城企共荣的新时代。

金昌市资源优势明显，集中了全中国70%的镍和50%以上的铂族金属，以硫化镍为主的特大型多种金属共生矿床，品位居世界同类矿床第二位。金昌市已经成为中国最大的镍钴生产基地和铂族金属提炼中心，是全国资源综合利用三大基地之一。金昌市有色金属产业基础研究实力雄厚，综合技术实力居全国前列，已经被纳入国家创新体系。

作为资源型工矿城市，金昌市经过多年的探索，明确提出了要重点实施两大战略任务：资源型城市可持续发展和城乡经济社会一体化发展。

关于资源型城市可持续发展，主要发展接续产业。近年来，金昌市在可持续发展方面瞄准了两个重点，一个是发展化工新材料产业，一个是发展循环经济。这两方面目前都取得了重大进展，也得到了国家和甘肃省的认可。2008年，金昌市被国家发改委命名为全国首批7个新材料产业国家高技术产业基地之一。

关于城乡经济社会一体化发展，成为甘肃省城乡一体化先行先试示范区。在2009年的甘肃省政府工作报告中，明确提出把金昌市作为推进城乡一体化的3个试点城市之一，要求金昌市率先建成城乡一体化的示范区。

2009年是金昌市的“基础设施建设年”。金永高速公路、金昌支线机场、金阿铁路专线是金昌市基础设施建设的重大工程。同时，市里还有天然气工程、市区热电联产、市职业技术学院开工建设等重大项目。通过实施这些重点项目来进一步增强金昌市发展后劲，实现金昌市的经济社会全面可持续发展。

（二）金川公司及其关联产业的发展

金川区内拥有中国最大的镍钴生产企业——金川集团有限公司，简称金川公司，是采、选、冶、化配套的大型有色冶金、化工联合企业，生产镍、铜、钴、稀有贵金属和硫酸、烧碱、液氯、盐酸、亚硫酸钠等化工产品以及有色金属深加工产品，镍和铂族金属产量占中国的90%以上。2007年，镍产量位居世界第五位、亚洲第一位；钴产量位于世界的第二位；综合技术实力在世界同行业中名列第三。金川集团公司位列全国最大500家企业集团。

金川集团公司已经形成了年产镍13万吨、铜40万吨、钴1万吨、铂族金属3500公斤、金8吨、银150吨、硒50吨及150万吨化工产品的综合生产能力。计划到2015年，金川公司将形成年产有色金属100万吨的能力，化工产品350万吨，营业收入过1000亿元，成为具有较强国际竞争力的大企业集团。

金川公司及其铜镍产业链的溢出和带动效应已经在金川区经济社会发展中不断显现。金川区的许多大企业都与金川集团或金川的铜镍产业密切相关，如宏联镍网、宇恒镍网、新川PVC、瓮福化肥、金泥水泥等企业。区内最大的企业金川集团公司和其他与金川铜镍资源相联系企业创造了区内大部分产值和收入，区内的非农产业就业和收入也大都直接或间接的与铜镍企业有关。

（三）金昌市的建设项目对金川区城乡发展的带动作用

新材料产业工业园：新材料工业区是国家发改委确定的全国首批7个新材料产业国家高技术产业基地，园区项目包括金川公司投资100多亿元建设的1.5万吨海绵钛、1万吨羰基镍等重点项目，年产值15亿元，年产300万套镍网的宏联镍网项目，年产150万镍网的宇联镍网项目等。总投资60亿元的化工产业园正在加紧建设，其中有新希望投资的20万吨PVC项目，瓮福化工公司42万吨磷二铵项目等。作为国家级的新材料产业工业园，工业园的投资建设对金川区经济发展的影响是巨大的，这将为金川区发展民营经济带来了契机。

金昌支线机场：金昌机场建设项目于2008年11月12日经国务院常务会议审批通过，正式批复立项，即将进入实质性的实施阶段。经批复立项的金昌机场位于金川区双湾镇八分地，距市区15公里，按国内支线机场进行建设。经专家组核定，金昌机场为国内小型支线机场，飞行区等级为4C，跑道长3000×45米，航站楼建筑面积4000平方米，站坪机位4个（2C2B），投资估算31782万元。设计旅客吞吐量20万人次、货邮吞吐量1400吨。机场建设与运营，将带来物流、旅游、宾馆、交通运输等产业的发展。

金永高速公路：已经获得批复的金永高速公路经宁远堡、山湾、周家湾、张家老庄、下四坝、刘新庄、八一农场东寨分场，跨国道312线后与国家高速公路相接，长37.7公里，另有连接线5.24公里，跨金川集团公司铁路接市新材料工业区东路。项目总投资13亿元，项目业主为省公路局。作为甘肃省公路网的重要组成部分和“四纵四横四重”公路网主骨架的“一个重要路段”，金永高速公路是金昌市区与连霍国道主干线连接的唯一线路。该项目将于今年正式实施，建设期为两年。据专家测算，每1元的公路建设投资带动的社会总产值接近3元，相应创造国民生产总值0.4元；每亿元公路建设投资可为公路施工企业创造2000个劳动就业机会，同时为相关产业提供就业机会近5000个劳动日。

金阿铁路：金阿铁路专用线金昌至红沙岗段从兰新线金昌站西咽喉接轨，经宁远堡、下四分至红沙岗一矿，全线长99.8公里，其中正线长81公里，支线长18.8公里，工程概算投资7.8亿元，建设期一年半。按设计能力，最大物资运输量达900万吨/年，将实现年收入1.8亿元；达到运输量的50%，将实现年收入9000万元。该线二期工程将到达内蒙古阿拉善右旗。该铁路专用线点多线长，辐射面广，其中大部分线路在金昌市辖区内。它的建成，不仅可以有效解决红沙岗矿区的物资运输问题，而且可以有效改善沿途区域交通运输结构，进一步促进区域内农副产品的调出和各种矿产资源的开发，带动整个沿线地区经济持续快速发展。

三、制约因素

（一）水资源贫乏

90年代以来，金川区沙尘天气日益频繁，强度不断加大，年平均风沙日数达90天、六级以上大风天气30天、沙尘暴天气6.5天，且多集中于农作物幼苗生长期，给工农业生产造成极大损失。同时，井灌区土地盐渍化逐年加剧，绿洲外围土地沙化面积不断加大，截止2008年，全市沙漠化土地已达到340万亩，呈逐年加大的趋势。金川河流域的焦家庄乡、北海子村泉眼大部分干涸，植被退化，土壤沙化，生物多样性被严重破坏，甚至造成沿河部分村民的生活用水困难。

这些问题的表现，归根结底还是由水资源短缺的矛盾造成的。一方面，受大的气候环境影响，祁连山的雪线大幅度上升，发源于祁连山的东、西大河等河流出山泾流量逐年减少，导致水资源总量严重不足。另一方面，随着人口的持续增加和经济社会的快速发展，我市的用水量大幅上升。建市初期，区域范围内常住人口只有30.29万，2007年底总人口达到47.3万，有效灌溉面积相应的由67.95万亩增加到近87.44万亩。随着经济社会的快速发展，水资源短缺的问题日易加剧。

（二）生态环境极其脆弱，承载率低

金川区沙漠化极其严重。占52.2%的国土面积为沙化土地，其中：戈壁118.9万亩，半固定沙丘111.9万亩，固定沙地4.9万亩，流动沙丘1.47万亩，重盐碱地0.16万亩。金川农区内部

沙化土地面积 36 万亩，占农区面积的 25%。在天然草原中，属于荒漠、半荒漠类的草场约占总草场面积的 88%，植被覆盖率仅为 19%。

（三）经济结构具有明显的资源型城市的特点

经济上对矿产资源及其金川公司的依赖程度高。金川区属工业在总量上偏少、规模上偏小；农村优势产业不明显，农产品加工业发展不足；民营经济发展滞后。

（四）环境污染严重，环境容量难以增加

金川区连续几年被国家环保总局列为空气污染最严重的城市之一。全区每年产生矿山尾矿、固体废物 460 多万吨，占用了大量的土地面积。另外，全市废水产生量为 3586.39 万吨，而废水回用率不到 50%，排放的废水中 COD 等各类污染物达 2296 吨，对于缺水的金川来说，水污染无异于雪上加霜。

四、已有经验

金川区经过几年的探索，在城乡经济社会一体化建议方面确实取得了相当大的成绩。金川区在推进城乡一体化建设中有以下经验：

一是紧紧依靠金川公司等位于金川区内的国有大型企业，确立了发展接续产业与循环经济的战略，延伸现有工业的产业链，确立了切合当地产业发展前景的发展思路；

二是围绕中心城区推动郊区农村的发展。金川区下辖两个镇，即使远郊村离中心城区也不遥远，这为充分发挥中心城区对

农村地区的辐射功能，促进以城带乡提供了良好的条件。宁远堡镇融入金川城区的战略初见成效，城中村已基本融入城市；几个环城经济带已经形成；双湾镇城市后花园的发展理念已深入人心，建设规划正在初步实施；特色农业已初具规模；

三是近几年的新农村建设取得了实效，农村面貌发生很大的改变，基础设施建设取得了实质性的进展，为下一步城乡一体化建设打下了良好的基础；

四是省、市、区三级领导对金川区推进城乡一体化建设取得了共识，甘肃将金川区列为城乡一体化改革试点区，干群认识一致，广大城乡居民对城乡一体化建设寄予厚望，这将会成为金川区推进城乡一体化建设的强大动力。

五、存在差距

但是，也应该看到，作为西部地区的金川区，在城乡一体化建设方面，与东部发达地区相比，在以下方面存在明显的差距：

一是产业结构比较单一，第三产业不发达，农业发展后劲不足，经济结构性矛盾突出，城乡产业一体化发展存在较大困难。金昌市是座工业城市，因企设市，因市设区，这决定了第二产业在经济结构中的强势地位。但围绕第二产业是可以发展、繁荣第三产业的。但为第二产业提供支撑体系的金融服务、信息、物流、人力资源服务等，相对落后，地企脱离，缺乏全面的地企融合的发展举措，大型企业带动当地第三产业发展的作用还没有充分发挥出来。

二是民营经济不发达。国有工业发达，可以强市，但不能富民，要富民，必须发展民营经济与第三产业。应该说，围绕金川公司这样的大型国有企业，仅就为这样的大型国企提供相应的配套服务，参与产业链的其中部分，就可以发展出相当规模的民营经济。发展民营经济，还可以扩大就业，部分解决农村剩余劳动力的转移问题。因此，金川区下一步经济发展的重点，就是围绕接续产业与循环经济，大力发展民营经济与第三产业，提高民营经济在整个经济总量中的份额；浙江经验的重要一条，就是经济“民本多元”，坚持“两个毫不动摇”，“多个轮子一起转，不唯成份看贡献”，大力释放各种经济主体的活力，互相促进，共同发展。“民本”是浙江经济的本质特征，“民本”促进了浙江经济“小资本、大经济”，“小商品、大市场”，“小摊户、大网络”，“小企业、大集群”的民营经济发展形态。地方经济的繁荣离不开民营经济的发展。

三是农业产业化滞后，现代农业发展不足。金川区农民人均耕地较多，主要以农户经营为主，土地集中化经营不够，农业效益不高。金川区的农业基本上处于传统农业阶段，农民对土地实行粗放型经营，以种植粮食为主，经济作物主要有啤酒大麦、红辣椒等，粮食及这些经济作物的附加值不高，而且经济作物受市场价格波动影响较大，靠这些传统农作物的种植，农民增收困难。金川区的农业发展还没有找到一条如何为工业企业服务、为城市居民服务，可持续发展、为农民增收的路子。

四是工业反哺农业、大型国有企业带动当地农村经济发展的效益还没有充分发挥出来。金川区辖区内的金川公司是一个年销售收入500多亿的大型国有企业，其对所在地区的经济辐射功能是很强大的。金川区要发展农业，建设农村，提高农民收入，不能就“三农”而谈“三农”问题，必须走“两个依靠”的发展路子：依靠大型国有企业发展与之相关的产业，走工业化的路子；依靠中心城区让农民融入城市，走城镇化的路子。从理论上讲，一个具有20万人口的城市，一个拥有3万员工的大型公司以及其他企业，带动只有4万农村人口的郊区农村的发展，应该是没有什么问题的，关键是要找到一条符合金川区实际的工业反哺农业，城市带动农村的发展路径。

第三章　推进城乡一体化的指导思想、基本原则和总体目标

一、指导思想

以邓小平理论和"三个代表"重要思想为指导，按照"工业强市、以工促农、以二带三、和谐共享"的思路，深入贯彻落实科学发展观，按照十七大和十七届三中全会部署，进一步解放思想，锐意进取，加快推进统筹城乡综合配套改革，推进城镇化发展和新农村建设，统筹城乡规划、空间布局、产业发展、基础设施、公共服务、劳动就业、社会保障、生态环境建设，实现城乡市场统一开放、公共资源均衡配置、生产要素自由流动、经济社会协调发展，使金川区率先在甘肃省乃至西北部地区形成城乡经济社会发展一体化新格局，在西部地区率先实现全面建设小康社会的目标。

二、基本原则

（一）坚持城乡统筹，促进城乡协调发展

正确处理城市和农村关系，尽快让农村地区享受城市文明。始终把解决好"三农"问题作为全部工作的重中之重，加大以工

促农、以城带乡力度，把基础设施建设和社会事业发展的重点放在农村，促进城乡经济社会一体化发展。

（二）坚持科学发展，着力转变发展方式

正确处理经济发展与人口、资源、环境的关系，实现经济社会与生态环境的协调和可持续发展。加快产业结构优化升级，提高自主创新能力，形成产业新格局和竞争新优势。把节约资源和保护环境放在突出位置，实现经济社会发展与人口资源环境相协调。

（三）坚持以人为本，推进和谐社会建设

把改善人民生活作为一切工作的出发点和落脚点，解决好群众最关心、最直接、最现实的利益问题。尊重群众意愿，维护群众合法利益，调动群众积极性和创造性，注重提升人的素质和生活质量。大力发展社会事业，促进基本公共服务均等化，保障社会公平正义。

（四）坚持改革开放，推进体制机制创新

以统筹城乡改革发展为工作抓手，在重要领域和关键环节率先突破，破除制约经济社会发展的体制机制障碍。改革现行的与城乡经济社会发展一体化要求不相符的行政管理体制，突破户籍、社保、就业等体制障碍，创新有利于城乡人口和生产要素合理流动的新机制，进一步激发城乡经济社会发展活力。

（五）坚持统一规划，实现有序推进发展

以金川区区域为范围，统一编制城乡规划，明确城乡功能定

位，有效整合城乡资源。加快城镇建设、产业发展、基础配套和公共服务设施，分阶段、分梯度推进城乡一体化建设。

三、编制依据

1. 《金昌市国民经济和社会发展“十一五”规划纲要》
2. 《金昌市金川区国民经济和社会发展“十一五”规划纲要》
3. 《金昌市循环经济发展规划》
4. 《金昌市环境质量全面达标规划》
5. 《金昌市“十一五”化工产业发展规划》
6. 《金昌市工业发展规划（2008—2012）》
7. 《全面建设小康社会目标与指标选择》
8. 《农村全面小康评价指标体系》
9. 《金昌年鉴》
10. 《金昌市金川区国民经济和社会发展统计资料》
11. 《金昌市政府工作报告》
12. 金昌市金川区政府提供的其他相关资料

四、战略任务

（一）实施“一体两翼”发展战略

“一体”是指金川中心城区，“两翼”是指以宁远堡和双湾两镇为核心的两大乡村区域。中心城区是整个金川区城乡经济社会发展一体化中的发动机，发挥着龙头带动的重要作用。宁远堡镇具有邻近金川区的区位优势，而双湾镇具有发展成为金川区后花园的条件。要加快宁远堡融入城区进程，推进双湾镇后花园建设。

（二）实施产业优化升级战略

加快推进镍都建设，优先发展高新技术产业，大力发展现代服务业，加快发展现代农业，实现一、二、三次产业协调发展，形成城乡分工合理、区域特色鲜明、资源要素优势充分发挥的产业体系。积极支持金川集团公司做大做强，全力推进新型工业化。发展有特色的现代农业。

（三）实施基本公共服务均等化战略

为了更好地为城乡居民的自身发展和公平发展创造条件，使广大城乡居民平等参与现代化进程、共享改革发展成果，需要加快建立城乡统一的公共服务分配制度，让城市基础设施建设向农村不断延伸，强化城乡设施的衔接，进一步地大力发展城乡义务教育、医疗卫生、社会保障、文化体育，实现基本公共服务覆盖城乡、区域均衡、全民共享。

（四）实施城镇化与新农村建设相互促进战略

促进农村人口的转移和适度集中，是实现区域经济协调发展的有效方式，也是实现城乡基本公共服务均等化的成本较低的选择。同时，要用城市建设的理念来开展新农村建设，以生态文明村建设为载体，以发展农村经济为中心，以村庄改造和环境整治为抓手，以中心村建设为重点，整体推进农村道路硬化、庭院绿化、卫生洁化等方面的配套建设，推动城市基础设施向农村延伸。

（五）实施资源环境保障战略

树立生态立市和环境优先的理念，创新节约资源和保护环境的发展模式，建设好生态屏障，发展循环经济和低碳经济。

（六）实施科教兴区支撑战略

充分发挥企业自主创新的主体作用，推进产、学、研相结合的科技创新体系建设。强化科技兴农力度，提高农业科技含量。大力推进基础教育、职业教育发展，创新人力资源开发模式，加快培养和引进多层次、高素质和实用型人才。

五、总体目标

（一）总目标

按照“工业强区、三产富民、地企共荣、城乡融合”的总目标，加快推进城乡一体化步伐。抓紧编制完成全区城乡一体化发展规划，建立和完善城乡一体化推进机制，建立和完善城乡教育、医疗、文化合理布局和均衡配置的公共服务体系，建立和完善城乡有效衔接、功能完善的基础设施体系，建立和完善覆盖城乡的公共就业服务及社会保障体系，建立和完善生态环境保护体系，消除城乡二元结构，缩小城乡发展差距，基本形成以统筹城乡规划、空间布局、产业发展、基础设施、公共服务、劳动就业、社会保障、生态环境为重点的一体化发展格局。

工业强区。工业是金川之本，没有工业就没有金川。城乡一体化规划，目的是发展农村，解决城乡二元分割的问题，但要通过工业化的手段来实现。如前所述，金川发展工业有很好的基础，资源、技术、人才、市场俱有。金川区政府要充分利用辖区内金川公司的辐射与带动作用，在其产业链中找到自己的特色产业，并使其发展壮大，做大做强。园区经济将是金昌市工业发展的下一个增长点与亮点，金川区要抓住国家新材料产业园建设的机遇，鼓励区属企业进行产业结构调整与技术革新，跟上新材料产业发展的步伐；采取优惠政策，激励民营企业入驻园区，创新技术，扩大规模，开发有自主知识产权的产品。只有具备了强大的有效益的工业，才能产生以工促农的效应，区政府才有财力对农村与农业进行投入，改善农村的基础设施，发展农村的公益事业。

三产富民。提高城乡居民的收入，首先要解决城乡居民的就业问题。发展劳动密集型的第三产业，促进民营中小型企业的发展，是一条行之有效的路径。作为工业城市，大型企业需要大量的企业与人员作配套服务，这是金川区发展三产的基础与现实条件。随着机场、铁路与高速公路的建设，金川区未来的交通条件将大为改善，物流、餐饮、商贸、运输、旅游、宾馆等将迎来新的发展机遇。国家新材料产业园的建设，也需要大量的配套服务体系的支撑，也为金川区的三产与民营经济的发展带来了机会。遵循“政府服务企业、农村服务城市”的发展思路，区政府应对第三产业与民营经济的发展，做出符合区情的规划与发展战略，出台相关的扶持政策。提升四个环城经济带的服务档次与服务水平，创新服务形式。研究金川公司等大型企业的服务需求，制定具有针对性的服务对策，尽可能地将大企业的溢出效益与消费需求留在本地。探索出一条企业繁荣居民富有，城市发展农村兴旺的共同发展之路。

地企共荣。因企设市，意味着只有金川辖区内的企业的发展与繁荣，才能带动金川的发展与繁荣。这种地企共生关系是我国许多资源型城市的共同特点。为了防止资源型城市因资源枯竭而出现的城市产业空洞化的问题，金昌市将接续产业发展作为一项长期发展战略，是十分正确的。无论从企业的发展离不开所在社区的资源供给来说，还是从企业的社会责任来说，大企业都应该为所在社区的发展作贡献，担责任。最好的办法是，区地府作为金川公司所在社区的地方政府，与金川公司之间签订一个长期契约，明确双方的权利义务关系，区政府负担企业所需要的地方公共产品与资源，区政府尽可能地为金川公司的发展提供服务，自身也可完成服务型政府的转型；企业承担相应的环境责任、优先使用当地劳动力的责任、优先采购当地产品与服务的责任，如有可能，金川公司也可以将自己的部分业务外包给当地企业。由于金川公司是省属企业，如果区里的企业不能在其产业链中占有一定的份额，承担其社会化服务的职能，公司对社区所能作的贡献不多。金川区城乡经济社会的发展，离不开金川公司的支持，地企共荣才能双赢。

城乡融合。金川区只有两个镇、27 个行政村，农村人口不多，城镇化程度高，具有实现城乡融合的良好条件，以城带乡得天独厚。城乡一体化所要求的是，彻底打破阻隔城乡的体制机制，建立起城乡一体的制度架构。通过城乡一体化的规划建设、土地利用、产业布局、劳动就业、公共服务、社会管理，建立城乡经济社会一体化体制机制，实现公共资源在城乡之间均衡配置、生产要素在城乡之间自由流动，推动城乡经济社会发展融合，城乡差距逐步缩小。

（二）步骤目标

为了尽快形成城乡经济社会发展一体化新格局，金川区推进城乡经济社会发展一体化规划将分为“两步走”，分为短中期目标和长期目标。短中期目标是2013年在甘肃省乃至西北地区成为推进城乡经济社会发展一体化的排头兵；长期目标是2020年金川城乡经济社会发展一体化新格局保持金昌市乃至甘肃省的典范，金川城乡经济社会发展一体化新格局的主要方面处于全国领先地位。

第一步，到2013年，基本实现公共资源在城乡之间均衡配置、生产要素在城乡之间自由流动，实现城乡经济社会发展大融合。在经济社会发展的重要领域和经济社会体制的关键环节改革取得重大进展，统筹城乡经济社会发展一体化的制度框架基本形成。城乡居民收入达到西部地区较高水平，城乡居民收入差距比2008年有所缩小；基本公共服务能力超过全国平均水平，且城乡之间基本没有差距。

第二步，到2020年，各项改革全面深化，形成统筹城乡发展的制度体系，以工促农、以城带乡机制基本建立，在西部地区率先实现全面建设小康社会的目标。城乡居民收入差距明显缩小；基本公共服务能力明显高于全国平均水平。

第四章　推进城乡一体化的评价指标体系

为了量化金川区推进城乡经济社会发展一体化实际进程，客观评价金川区城乡一体化建设的成效，按照《全面建设小康社会目标与指标选择》和《农村全面小康评价指标体系》的要求，参照国际评价体系标准和《金昌市金川区城乡一体化发展预期指标体系》，借鉴先进地区经验，建立多角度、分层次的“五个融合”的城乡一体化综合评价指标体系。

表1　金昌市金川区城乡一体化发展预期指标体系

指标名称	单位	2011 年	2013 年	2020 年
一、经济发展				
1. 地区国内生产总值	亿元	205	240	400
2. 农村人均纯收入	元	7000	8000	12000
3. 城市居民人均可支配收入	元	17500	18000	25000
4. 第一、三产业占 GDP 的比重				
一产占 GDP 的比重	%	1	0.9	0.5
三产占 GDP 的比重	%	11.8	15	26
5. 农村非农产业产值占农村社会总产值的比重	%	68	75	90
6. 地方财政收入	万元	21910	25570	37000
二、科教发展				
1. 科技对农业的贡献率	%	60.5	61	65
2. 科技对社会经济发展的贡献率	%	51.5	52.5	56
3. 高中教育普及率	%	85	87	100
4. 万人拥有大专以上文化		700	820	1500

续表

指标名称	单位	2011 年	2013 年	2020 年
三、生活质量				
1. 恩格尔系数（城市）	%	35.6	35	30
恩格尔系数（农村）	%	33.6	33	30
2. 城市居民人均居住面积	m^2	35	35	40
3. 农村居民人均居住面积	m^2	50	50	50
4. 农村砖木钢混结构住房面积比重	%	95	100	100
5. 城市居民文化娱乐消费支出比例	%	14.7	15	20
6. 农村居民文化娱乐消费支出比例	%	11	12	18
7. 城市有线电视覆盖率	%	95	100	100
8. 农村有线电视覆盖率	%	82	90	100
9. 城市因特网入户率	%	35	40	80
10. 农村因特网入户率	%	12	14	40
11. 城市电脑拥有率	%	60	65	100
12. 农村电脑拥有率	%	14	18	50
四、社会发展				
1. 城镇化率	%	85	85	95
2. 非农从业人员占农村实有劳动力的比重	%	39	43	60
3. 人口自然增长率	‰	3.43	3.4	3
4. 城乡每万人拥有医生数	人	25	26	40
5. 农村养老保险覆盖率	%	43.8	49.7	65.6
6. 医疗保险覆盖率	%	90	92	98
7. 全区森林覆盖率	%	11.6	11.8	18
8. 城市安全饮用水普及率	%	99	100	100
9. 农村安全饮用水普及率	%	86	95	99

一、城乡一体化评价指标体系的分析

（一）城乡经济融合度

1. 城乡居民人均可支配收入比：此指标反映城乡居民之间的收入水平的协调性。2007 年，金川区城镇居民人均可支配收入为 13260 元，年均增长 10%；农村居民人均可支配收入为 5268 元，年均增长 8%，两者之比为2. 52∶1，根据城乡一体化的均衡发展的要求，农民农村居民人均可支配收入年均增长率将提高为 12%。到 2013 年，城乡居民人均可支配收入比将低于 2. 25∶1；到 2020 年，城乡居民人均可支配收入比将低于 2. 10∶1。

2. 第三产业增加值比重：第三产业发达是现代经济的重要特征，发达国家第三产业所占比重一般在 60% ~70% 左右，中等发达国家占比也在 50%，低收入国家占 30% ~40%。根据国家统计局提供的数据，2007 年，我国第三产业占经济总量的比重总体为 40. 1%。近年来，而金川区第三产业的发展速度赶不上工业发展速度，所占比重常年保持在 10% 左右，2007 年，第三产业所占比重仅为 8. 59%，不仅低于世界一般水平，同样也远低于我国平均水平。因此，金川区第三产业年增长速度需要大幅度增长，金川区城乡一体化的产业结构中第三产业比重才能大幅度提高。到 2013 年，一、二、三次产业结构为 0. 9∶84. 1∶15，第三产业所占比重大于 15%；到 2020 年，一、二、三次产业结构为 0. 5∶73. 5∶26，第三产业所占比重将大于 25%。

（二）城乡人口融合度

1. 人口城市化率：这是反映社会结构变化的最重要指标，也是衡量城乡一体化的主要指标。一般认为：当城市化水平低于30%时，城市文明普及率与城市化率是同步的；当城市化水平提高到30%以后，城市文明逐渐加快向农村渗透和传播；当城市化水平达到50%时，城市文明普及率呈加速增长趋势，将达到70%，城乡融合步伐加快；当城市化水平达到70%以后，城市文明的普及率将达到100%，即实现了城乡一体化。2007年，全区城镇化率达到77.1%，高于全国的43.9%平均水平，接近发达国家的80%平均水平。由于金昌市委因厂生城，这就决定外来工人多，非农人口基数大，因此，要加大对本地农转非力度，到2013年，金川区城市化水平将超过85%；2020年超过95%。

2. 非农就业人口占农村就业总人口的比重：非农业就业人口在农村就业总人口中所占比重也是反映国民经济结构的重要指标。这指标不仅能反映农业剩余劳动力就业转移的程度，而且能够进一步反映农村非农化和现代化的发展水平。2007年，金川农村非农就业人口占农村实有劳动力的劳动力总数低于30%，远远低于全国平均非农就业人口比重为50%，但远远低于世界平均水平。根据我国目前非农化发展水平及其未来可能的变动趋势，到2013年，金川城乡一体化非农就业人口占就业总人口的比重不低于40%；到2020年，不低于60%。

3. 城乡人口平均预期寿命比：这是衡量一个社会的经济发展水平及医疗卫生服务水平的综合性指标。以2000年进行的第五次全国人口普查资料计算，中国人口平均预期寿命已达71.4岁，已超过了世界中上等国家的平均水平。2010年，我国平均预期寿命要比 2000 年继续提高 2 岁，2020 年再提高 1 岁，分别达到 73.5 岁左右和 74.5 岁左右。从城乡看：2000 年农村人口平均预期寿命为 69.5 岁，也接近世界中上等国家的平均水平。我国农村人口平均预期寿命平均每 10 年增加 2.5 岁，为此，到 2020 年，此指标的城乡一体化标准确定为城市 75 岁以上，农村人口的平均寿命达到 73 岁以上。

4. 城乡农村合作医疗覆盖率：该指标反映医疗卫生事业对城乡居民健康服务的保证程度，是评价居民健康程度的重要指标。至 2008 年，全区已有 43176 人参加新型农村合作医疗，参与率达到 88%，高于全国 85.96% 平均水平。到 2011 年，金川区将超过这一指标而达到 100%，达到完全覆盖。

（三）城乡社会发展融合度

1. 城乡社会保障覆盖率：这一指标就是指社会保障的人口覆盖率，它是体现全面小康社会的重要指标，更是体现打破城乡二元结构及社会公平性的主要指标，是反映社会保障体系健全度的关键指标。目前，全国目标为“2010 年这一覆盖率要达到 50% 以上，2020 年进一步提高到 80% 以上”。结合金川区的实际，参照国际经验，到 2013 年，金川区城乡一体化的社会保障覆盖率应在 50% 以上；到 2020 年，应在 80% 以上。

2. 城乡居民收入基尼系数：这是测定居民内部收入分配差异状况的一个重要分析指标。按国际惯例，基尼系数取值的一般判断标准为：0.2 以下高度平均，0.2 ~ 0.3 之间为相对平均，0.3 ~ 0.4 之间表示相对合理，0.4 作为收入分配贫富差距的警戒线，0.4 ~ 0.5 表示收入差距较大，0.6 以上表示收入差距悬殊。金川区城乡居民收入快速增长的同时，居民收入差距进一步扩大，2005 年，城乡居民收入基尼系数已经突破 0.45，不仅超过了国际公认的警戒线 0.4，也超过了我国专家建议的警戒线 0.45，贫富悬殊之大显然已经突破合理的限度且有继续扩大之势。使基尼系数处在合理区间，是全面建设小康社会的首要任务。因此，金川区实现城乡一体化，到 2013 年，城乡居民收入基尼系数应降到在 0.45 以下；到 2020 年，应在 0.40 以下。

3. 城乡高中普及率和大学入学率：提高居民的受教育水平和劳动者科学文化素质是全面建设小康社会的重要内容。衡量高中教育的普及程度，总体上反映一个地区的人口受教育情况和人口素质。高中入学率全国平均为 60%，金川约 85% 左右，为实现城乡一体化，到 2013 年，金川区城乡高中入学率应在 87% 以上；到 2020 年，应在 95% 以上。目前发达国家大学入学率（也称高等教育毛入学率）已超过 40%。按照全面小康指标，我国高等教育要继续保持较快的增长速度，到 2010 年大学入学率要达到 25% 以上，2020 年达到 35% 以上。到 2013 年，金川区大学入学率超过 25%；到 2020 年，应该达到 35% 以上。

（四）城乡生活融合度

1. 城乡居民恩格尔系数：该指标反映城乡居民的生活水平。根据国际经验，恩格尔系数 0.6 以上为贫困，0.5 ~0.6 为温饱，0.4 ~0.5 为小康，0.3 ~0.4 为富裕，0.3 以下为最富裕。根据国际经验，人均 GDP 在 3000 美元左右时，居民消费的恩格尔系数均在 0.3 上下。据估计，2020 年，我国城市居民消费的恩格尔系数可以降到 0.3 以下，农村居民的恩格尔系数可以降到 0.4 以下。2007 年，金川区城乡居民恩格尔系数已低于 0.4 全面小康的目标值。金川区应进一步降低城乡居民恩格尔系数，到 2013 年，低于0.35/0.33的水平；到2020年，低于0.30/0.30的水平。

2. 城乡居民人均居住面积和农民居住质量指数：该指标反映城乡居民的居住水平。进一步提高城乡居民的住房面积，改善居住条件，是城乡一体化建设的重要任务。另外，全面小康社会对农民居住质量总的具体要求是：80%以上农户人均住房面积达到25平方米；综合居住质量指数（是反映农村居民居住条件好坏的指标。由人均住房面积、住房结构、饮用水状况、使用清洁能源、卫生厕所配套状况以及居室外道路条件等6个方面加权计算得到的综合评价指数）为75%。2006年，金川区城市居民人均住房使用面积为25.05平方米，农村居民人均住房使用面积为44.47平方米，以达到国家小康社会标准。金川区为实现城乡一体化，城乡居民人均居住面积应有所增加，居住条件应有更大的改善，到2013年，城市人均住房面积超过35平方米，农村居民人均住房使用面积达到50平方米，综合居住质量指数超过75%；到2020年，城市人均住房面积超过40平方米，农村居民人均住房使用面积达到50平方米，综合居住质量指数超过80%。

3. 城乡居民文化娱乐消费支出的比重：该指标衡量居民家庭生活消费中用于文教娱乐方面的物品与服务支出所占的比重，反映城乡居民精神文化生活的提高程度。按照联合国《国民核算年鉴》显示，人均GDP在3000美元左右的中等发达国家和地区的居民消费结构中，文化娱乐用品及服务支出比重平均值为7.6%；其中亚洲国家的文化娱乐用品及服务支出比重平均值为9.7%。2007年，金川区城市文化娱乐消费支出比重为15.32%，农民文化娱乐消费支出比重为7.5%，城市高于农村。为更好的实现城乡一体化，2013年，农民文化娱乐消费支出比重应大于12%；2020年，应大于18%。

4. 城乡居民信息化实现程度：该指标反映居民获取信息能力的强弱以及信息技术的发达程度，是评价一个地区进入信息社会步伐快慢的标志，它由彩电普及率、电话普及率和计算机普及率三项指标组成。按照国家统计局农调总队与中央政策研究室农村局联合课题组的农村全面小康指标，农民生活信息化程度由三个子目标合成：（1）2020 年彩色电视机普及率为 98%；（2）电话普及率达到 80% 以上；（3）每百户计算机拥有量为 20 台。将彩色电视、电话和计算机三个普及率按层次分析法给定的权数加权（权数分别为 0.2，0.4，0.4），得到农民生活信息化综合指数 60% 的目标。2007 年，金川城乡居民家庭平均每百户拥有彩电分别为 112.5 和 117 台，拥有移动电话分别为 172.5 部和 108 部，拥有计算机分别 50 台和 10 台，城市居民信息化实现程度为 80%，农村居民信息化实现程度平均在 64%。为实现城乡一体化，到 2013 年，城市居民信息化实现程度平均应在 90% 以上，农村居民信息化实现程度平均应在 75% 以上；到 2020 年，城市居民信息化实现程度平均在 98% 以上，农村居民信息化实现程度平均在 85% 以上。

（五）城乡生态环境融合度

1. 城乡安全饮用水普及率：使用安全水源是人类文明进步的体现。国际上，用能够使用经过改善的安全水源的人口的比重即安全饮用水普及率作为评价居民用水状况的指标。居民饮用水问题是重要的水环境问题，根据世界银行《2001 年世界发展指标》，2000 年我国安全饮用水普及率为 75%，世界平均水平为 81%，上中等收入国家为 87%，高收入国家为 100%。根据国际经验，按照我国全面建设小康社会的要求，我国居民的安全饮用水普及率应达到100%，结合金川区实际，到2013年，农村安全饮用水普及率超过95%；到2020年，农村安全饮用水普及率超过99%。

2. 国家资源环境安全系数：这个是作为城乡一体化中反映人与自然的和谐程度和可持续发展能力的指标。现代国家资源环境要素组成模式＝土地＋水＋矿产＋生态环境。文献资料表明，目前我国的资源环境系数在1.73左右，在全世界10个人口过亿的人口大国（中国、印度、美国、印度尼西亚、俄罗斯、巴西、巴基斯坦、孟加拉、日本和尼日利亚等）中列倒数第二，仅次于日本，属于次安全国家之一，濒临于完全不安全国家之列。若按现有的开发技术水平，即便在严格的人口控制的条件下，我国的国家资源环境安全系数也将呈不断下降趋势，但必须控制在经济社会发展可以承受的范围之内。到2010年要控制在1.45左右，2020年要控制在1.35左右。

二、城乡一体化评价指标体系的目标值

通过完成城乡一体化综合评价指标体系的目标值（见表2），金川区将完全达到中等发达国家社会经济发展标准，全面实现小康社会，同时，推进农村现代化、城市化进程：城乡二元分割的体制机制被打破；农民与市民在身份上平等，享有同等的权利；农村基础设施极大改善，农村的交通、供水、供电、道路、通讯、教育、卫生、文化、体育、居住环境、垃圾处理、社会治安维护等，与城市没有根本上的差别；水利设施得到了改善与维修；农村的社会事业得到较大的发展，所有农民均参加了养老、医疗保险，社会求助体系进一步完善；农村剩余劳动力得到有效

的转移，失地农村的权益得到了切实的保障；农民的收入不断增加；农业实现现代化，具有可持续发展的动力；以工促农、以城带乡的长效机制得以建立；形成了城乡居民共同享有改革与经济发展的成果，城乡之间的要素自由流动，城乡居民充分就业，城乡居民安居乐业的和谐局面。

表 2　城乡一体化综合评价指标体系

一级指标	二级指标	目标值	
		2013	2020
城乡经济融合度	城乡居民可支配收入比	<2.25:1	<2.10:1
	第三产业增加值比重	>15%	>25%
城乡人口融合度	人口城市化率	>85%	>95%
	非农就业人口占农村就业总人口的比重	≥40%	≥60%
	城乡人口平均预期寿命比	>75/73	
	农村合作医疗覆盖率	100%	100%
城乡社会发展融合度	城乡社会保障覆盖率	>50%	>80%
	城乡居民收入基尼系数	<0.45	<0.40
	城乡高中普及率和大学入学率	>87%/25%	>99%/35%
城乡生活融合度	城乡居民恩格尔系数	<0.35/0.33	<0.30/0.30
	城乡居民人均居住面积和农民居住质量指数	大于35平方米和75%	大于40平方米和80%
	城乡居民文化娱乐消费支出的比重	>12%	>18%
	城乡居民信息化实现程度	>90%/75%	>98%/85%
城乡生态环境融合度	城乡安全饮用水普及率	>95%	>99%
	国家资源环境安全系数	>1.45	>1.35

第五章　推进城乡一体化的主要任务

一、城乡空间布局一体化

进一步深化规划体制改革，加强对各类规划的统一管理，强化各类规划的系统性、规范性、有用性和权威性，逐步建立相互配套、衔接、管理有序的规划体系。按照城乡一体化的思路，科学编制完善市域生产力布局规划、城镇体系、镇村规划、土地利用总体规划、水利规划等，加快农村新社区建设步伐，努力构筑城乡联动发展、整体推进的空间发展形态。克服长期条块分割的影响，逐步改变地区之间生产力重复布局、产业结构与城镇职能雷同等不合理现象，进一步优化生产力布局规划。在全区范围内统一规划布局重大产业发展项目、重大公共事业项目、重大社会发展项目，进一步提高资源配置效率和设施共享度。

编制和实施好新一轮城市总体规划和城镇体系规划，充分发挥各级城镇在人口、物质、资金、观念、信息等各种要素汇聚的枢纽与孵化器功能，促进区域经济社会发展。到 2011 年，把中心城区建成现代化的具有政治、经济、文化、科技、商贸等多种职能的综合性中心；把近郊宁远堡镇建设成为主要为中心城区提供商务、居住、金融等相应配套服务的特色小镇，把乡村腹地的双湾镇建设成为主要为宜居、旅游、餐饮、农产品加工、农村商贸服务的特色小镇。到 2011 年金川中心城区人口规模达 18 万人以上，宁远堡镇2～3万人，双湾镇1万人。

积极完善各级土地利用总体规划，强化土地管理。坚决实行最严格的土地保护制度，切实加强对土地开发利用的管理，加强土地向规模经营集中，加强对基本农田的保护和建设，确保粮食生产能力，不断提高土地资源利用率，充分发挥土地资源对经济社会发展的推动作用，实现经济社会发展和土地资源利用相协调。做好新一轮土地利用总体规划修编工作。各级土地利用总体规划要突出重点，优先保证重点发展区域和产业建设用地，引导产业集聚，提高单位土地的利用率和产出率。全面启动农村宅基地整治，鼓励农民自愿退还宅基地，促进农村人口的转移和集中。

强化农村新社区规划建设工作。按照人与环境和谐发展的指导原则和体现文化内涵、反映区域特色的总体要求，搞好农村新社区规划。城市和有条件的中心镇要结合城市化和工业化的推进，打破行政界限，按照城市（镇）社区标准建设高标准的农民住宅小区。原则上停止城市、中心镇规划控制区内的农民联建住房，改为统一建造城市（镇）住宅小区，实行公寓式安置，避免造成新的“城中村”和“二次拆迁”，推动农村人口向城市（镇）集聚。对离城市（镇）较远的农村地区，要区别村庄的不同情况，对村庄实施建设性、整治性或萎缩性管理，通过适当兼并自然村，改造旧村庄，拆除空心村等工作，强化中心村的规划建设，推进农村新居建设的集聚和配套服务设施建设，不断提高农村居民生活质量。

二、城乡产业发展一体化

统筹城乡发展，统筹区域发展，推动城乡产业发展一体化进程，充分发挥区域经济的"集聚效应"与"扩散效应"，构筑城镇与产业结构布局合理、市场体系完善、政策制度一体、信息资源共享、交通体系完备的区域经济共同体。一是打破行政区划界限，从更宽领域、更高层次合理配置区域资源。二是加快传统农业向现代农业的跨越。重点发展设施农业、都市农业、庭院生态农业、观光休闲农业、外向型农业、生态型农业，不断提高农业经济功能，强化农业生态功能，拓展农业社会文化功能，努力为城乡居民提供更多、更好的优质安全食品，大力提高农业比较效益，增强农业的竞争力。三是实施以中心工业园区为核心的集中工业化战略。科学规划，合理开发，全力构筑新一轮发展载体，把园区"做特、做强、做优"，积极引导相对分散的同类企业进行集聚，加快农村工业化步伐，发挥产供销群体优势，逐步形成规模化、特色化、生态化的园区发展新格局，创造块状经济发展新优势。四是大力发展现代物流业和旅游业。积极改造提升传统商贸业，培育和发展一批规模大、辐射力强的大型专业市场，建设一批现代物流园区，形成大市场、大贸易、大流通格局。形成集餐饮娱乐、休闲观光、旅游度假为一体的"农家乐"休闲观光经济带。加快完善综合配套设施，努力打造一条具有传统民居特色和地方风味的羊肉美食街，建成一座真正的城市"后花园"和度假村。五是促进三大产业在城乡之间的广泛融合，努力实现城乡经济共同繁荣。中心城市要努力在金融、商贸、旅游、信息、教育、交通运输、科技文化等领域完善功能，发挥龙头作用，提升竞争力。各级中心镇要努力成为各种要素流动的枢纽和创新的孵化器。农村要以农产品加工业为核心的农业龙头企业的发展、各类合作经济组织的发展为重点，推进农村经济集约化进程，逐步实现城乡经济的对接。

三、城乡基础设施建设一体化

交通基础设施体系建设。把交通一体化作为推进城乡一体化的突破口。积极实施通县、通乡、通村公路项目建设，完成对现有道路改造，使市区至两镇通达三级公路，实现村村通油路或水泥路，乡村道路全部达到四级以上公路标准，并配合抓好金永高速公路、金民公路、金昌支线机场建设，形成四通八达、畅通有序的立体交通网络。到 2010 年，全区境内公路总里程达到 555 公里，其中省道 64 公里，县道 196. 5 公里，乡道 85 公里，村道 180 公里、专用公路 29. 5 公里。

水资源系统建设。加大投入，加强水源建设，进一步优化配置水资源，确保城乡供水安全性，重点实施境内水源保护工程，建设水厂水源生态处理工程。实施农村饮水安全、中型灌区改造、小型农田水利续建配套、节水增效和金川河下游水资源综合治理等项目。改建维修渠道 80 公里，配套渠系 200 公里，使渠系水利用率达到75% 以上；新建防洪工程 20 公里。建立和完善城乡一体化供水运行管理办法，建立职能清晰、权责明确的村镇供水工程管理体制。在实行城乡统一水价的基础上，加强用水管理，实行计划用水和节约用水，适时实行阶梯水价，促进节约用水。

污水收集处理体系建设。加快城市污水处理厂建设和启用，到2013年，城市污水处理率达到90%以上。搞好城市污水处理厂和垃圾处理场建设和运行，到2013年，使其运行时间和能力达到95%以上。做好对入网企业的监督管理，确保其入网水质达到排放标准，从而有效控制入网污水浓度。污水处理厂处理率达到100%，做到达标排放。严格执行排污许可证制度和建设项目环境影响评价制度。最大限度的削减污染物的排放，减轻辖区污染负荷。到2013年前，建成一个大型污水厂。

垃圾收集处理体系建设。在镇中心区（主街道）按照每50～80米一个的标准设置密封式垃圾收集容器；在居住区按照每30～50米一个的标准设置密封垃圾收集容器或垃圾池；在镇中心区和村镇集中连片居住区按照实际垃圾产生量建设小型垃圾转运站。在村镇中心区和居住区按照居住区人口每3000人配备1辆垃圾收集拖拉机，每10000人配备1辆垃圾转运汽车。在镇中心区按照每500～1000人一座的标准规划建设公共厕所；公厕建设达到三类以上标准。各镇建设1座垃圾填埋处理场，集中处理各镇生活垃圾。

电力设施体系建设。加强用电管理，改善供电条件，努力争取“十一五”农村电气化区建设及城网改造项目。新建35千伏变电所1座，改造升压变电所2座，新建、改造输配电线路238公里，全面实现调度管理自动化，提高供电可靠性。全面完成新农村电气化镇的建设任务，建成“新农村电气化区”。

通信基础设施体系建设。依托互联网建立统一的服务平台，整合现有政务、公共服务应用系统和网络。把社会保障、公共卫生、科技教育、文化娱乐等信息系统和网络统一延伸到乡镇农村，使农民和城市居民一样，可以方便地通过互联网络获取信息、发布信息、开展网上交易、享受公共服务，提高农民生活水平和生活质量。到2013年，建成覆盖全区的信息化基础设施网络，实现网络的数字化、综合化、宽带化、智能化和个性化；区域出口带宽充裕，农村宽带入户率达到15%以上；网络间实现互联互通，实现声音、数据、图形和图像等信息能高速安全地相互传递和交流，信息技术和服务在社会各个领域得到广泛应用，运行效率明显提高。推进农村广播电视事业的发展，加快农村有线广播电视入户工程，提高农村的有线电视入户率和普及率。到2013年，基本普及农村有线电视，入户率达到80%，到2020年，完全普及农村有线电视，使城乡居民都能收听收看到较高质量的广播电视节目。加快有线数字电视网建设步伐，提高广播电视的收视质量和服务水平，逐步使城乡居民享受到同等水平的广播电视宣传、教育、娱乐功能。

四、城乡公共服务一体化

统筹城乡“两个文明”建设，大力发展科技、教育、文化体育、卫生、食品安全等社会事业，加快现代文明向农村辐射、扩散和城乡融合步伐，不断提高农村居民生活质量。

科技。以科技强区为目标，优化科技发展环境，加强科技要素资源集聚和技术创新，加快建立以企业为主体的区域科技创新体系和技术创新机制，加快高新技术产业和特色优势产业发展，加快传统产业改造提升和社会领域科技进步，以信息化带动工业化，实现技术跨越式发展，推动经济增长方式转变和产业结构调整。到2011年，科技对社会经济的贡献率将超过50%；到2013年，科技对社会经济的贡献率达52.5%；到2020年，科技对社会经济的贡献率达56%。到2013年，青年农民科技培训率达到

90%以上，80%以上的农村劳动力掌握1~2项先进适用技术，每10个农户中有2人以上获得绿色证书。到2011年，全社会科技经费投入、全社会研究开发投入支出分别占地区生产总值比重达到4%和2%，人均全社会研究与试验发展经费超过800元。到2013年，全社会科技经费投入、全社会研究开发投入支出分别占地区生产总值比重达到5%和3%，人均全社会研究与试验发展经费超过1000元。

教育。到2013年，基本普及农村幼儿教育；全区小学入学率达100%；全区初中学生入学率100%；城乡高中阶段入学率达87%；城乡大学入学率达25%；全区拥有大专以上文化率8%以上。师资力量有较大增强。小学教师专科率达95%，中学教师本科率达70%；各中心镇、村学校可有2~3名市级骨干教师；组织中心镇、村学校校长分期、分批去高等师范院校短期培训。加大资金投入。利用3~5年，完善贫困生救助体系，设立“两免一补”配套专项资金，救助贫困家庭中小学生和贫困寄宿生，使义务教育阶段贫困家庭学生救助率达到100%。加大财政投入，提高教师待遇，改善办学条件和教学设备。到2013年，基本形成社会化、开放型、多层次、多形式的终身教育体系。

文化体育。加强城乡文化中心、老年人活动中心、农民夜校、健身广场等文化体育设施建设，开展各类经常性文体活动。在农村开展各类精神文明创建活动，引导广大农民破除迷信，移风易俗。定期组织和开展科技下乡活动，传播先进思想，普及科学知识，用先进文化占领农村文化阵地。构建以区图书馆为龙头，镇图书馆为节点，村服务点为基础的农村文化信息资源共享网络；以流动图书馆和文化科技服务车建设为重点，打造农村流动文化服务网络。在农村开展创建体育强镇强村活动。在城区逐步构建区级体育中心、社区体育中心、小区体育场所等三级体育健身结构。到2013年，在各乡镇均建有一定规模的健身场所，在各中心村建有经济实用的健身场所。

卫生。以提高医疗卫生服务能力、完善基本医疗制度、加强公共卫生为重点，全面推进城乡卫生一体化，保障城乡居民身体健康。一是加强农村卫生服务能力建设。进一步加强各镇卫生院基础设施建设，配备镇、村两级医疗机构基本医疗设备，使镇、村卫生医疗机构的基础设施、设备、人才结构、技术水平基本达到“四配套”目标，利用3～5年时间，积极争取省、市、区专项资金，在各镇每个行政村新建房屋面积100平方米，达到“五室分开”标准的村卫生所，60%以上的乡村医生取得执业助理资格。二是加强公共卫生体系服务能力建设。完善公共卫生服务网络，健全全区公共卫生服务体系；加强预防保健机构与医疗服务机构之间的联系。继续加强重大传染病的预防控制工作，做好传染病疫情的防控和信息上报工作。三是中医药事业发展，充分发挥中医药特色。到2013年，各镇卫生院要建立中医门诊，至少配备1名取得中医执业资格的中医师，各村卫生所也应具备中医药服务能力，使农村医疗机构能够运用中医中药为农村居民提供“简、便、廉、验”的中医药服务，进一步降低农村居民看病贵的问题。

食品安全。进一步完善区、镇（街道)、村（社区）三级食品安全领导和工作机制，加大考核力度，完善监管责任制和责任追究制。逐步建立和完善农产品产地环境监测、市场质量监测监控、食品污染物和食源性疾病监测、非食品原料监测和食品召回、农业投入品质量监控等五个方面的食品安全监测，确保农产品从田间到餐桌各个环节的食品安全。建立区、镇（街道）二级食品安全事故应急管理体系和重点地区、重点行业、重点单位的重大食品安全事故直报制度。健全食品安全事故查处机制，建立食品安全重大事故回访督查制度和责任追究制度。全面开展食品安全信用体系建设，逐步建立企业食品安全诚信数据库和食品安全监管信息库，推进食品安全诚信分类监管，建立食品召回和食品企业“红黑榜”制度。推行农产品标准化生产，加大食品源头污染物、畜禽屠宰加工行业、食品生产加工和流通环节、餐饮消费环节的整治，加强标签标识管理，开展示范项目建设。

五、城乡劳动就业与社会保障一体化

建立健全劳动就业一体化网络体系，全面实现城乡劳动就业一体化。一是完善劳动就业管理、服务体系。实行统一规划、统一市场、统一管理，完善城乡劳动力资源的优化配置，把就业管理服务工作延伸到社区。各乡镇要建立实行动态管理、统一登记的劳动求职志愿库、用工信息库和劳动用工手册制度，强化劳动用工信息发布。逐步建立城乡统一的就业、失业统计制度，统一城乡就业服务内容与标准。二是整合劳动就业培训资源。构建以职业技术院校、就业培训中心、乡镇成校为骨干，各类社会力量培训机构、行业主管部门、企事业单位共同参与的完善的城乡劳动力培训体系，向社会全面提供各类上岗培训、转岗培训、岗位培训，对农村劳动力和就业弱势群体实行免费培训。积极推行劳动预备制度和就业准入制度，提升职业资格和职业技能证书的社会地位。三是消除劳动就业歧视性观念。强化《劳动法》等法律法规的宣传与监督管理工作，切实消除劳动用工中城乡居民同工不同酬等不合理现象。

构筑城乡社会保障相衔接的框架体系，不断扩大覆盖面、提高农村居民享受标准，逐步缩小城乡差别。一是建立多层次的养老保险体系，推进城乡养老保险协调发展。到2011年，实现所有用人单位职工养老保险全覆盖，所有企业职工实行统一的城镇职工基本养老保险制度。完善失土农民参加城镇基本养老保险办法，切实保障被征地农民合法权益。鼓励农村居民中有一定经济实力者参照城镇自由职业者参加基本养老保险。按照“一体系、多层次、广覆盖”的原则，建立完善农村养老保障制度。二是建立完善失业保险制度。按照城乡一体化发展要求，引导农村个体工商户、工商企业从业人员、农业企业经营者、股东或劳动者参加失业保险。三是深化医疗保险制度改革。建立个人缴费、集体扶持、政府资助的合作医疗保险制度，加大政府对合作医疗的资助力度，扩大合作医疗保险覆盖面，逐年提高享受标准，逐步实现城乡社会医疗保障的一体化。到2011年底建立基本覆盖城乡居民应保对象的新型合作医疗保险制度，到2013年，实现城乡合作医疗与企业职工大病医疗社会统筹的基本接轨，逐步实现城乡医疗保障的一体化。四是改革传统的城乡社会救助制度，建立城乡一体化的社会救助体系。进一步完善城乡居民最低生活保障制度，逐步扩大覆盖面和提高享受标准，缩小城乡低保享受标准差距，改善城乡贫困人口生活质量。

六、城乡生态环境建设与保护一体化

坚持以人为本，树立全面、协调、可持续发展观，以全面开展创建生态区、镇活动为载体，大力发展生态经济，改善城乡生态环境，培育生态文化，逐步实现区域经济社会和人的协调发展。一是编制实施生态区建设规划，进一步推进生态示范区的建设，全面启动生态乡镇创建工作。二是以农业农村面源污染无害化处理、资源化利用和生态村镇建设为重点，大力改善农村生态环境。到2013年，地下水水质量达到三类标准；市区环境质量达到二级和好于二级的天数，达到223天/年；沙尘暴及酸雨的强度和发生频率有所降低；城市区域环境噪声小于55dB（A），城市道路交通噪声小于70dB（A）；城市建成区绿化覆盖率达35%以上，人均占有公共绿地面积超过25平方米；完成日元贷款内沙治理项目，“三北四期”防护林和退耕还林还草面积逐年有所增加；废水中化学耗氧量、氨氮排放量在2009年水平上削减5%；废气中二氧化硫、氮氧化物、颗粒物排放量控制在2009年水平；危险废物、医疗废物全部得到安全处置；城市生活污水集中处理率大于80%；城市生活垃圾无害化处置率大于90%；重点工业废水、废气排放达标率分别达到90%、95%；规模化养殖场和集中式养殖区粪便综合利用率达到90%；工业用水重复利用率达到80%；工业固体废物综合利用率达到70%；排污许可证发放率达到95%以上；万元国内生产总值综合能耗低于2.0吨标准煤；万元工业增加值耗水量低于300立方米；万元工业增加值化学需氧量排放量低于12千克；万元工业增加值二氧化硫低于60千克。

第六章 推进城乡一体化的机制体制

一、完善农业经营体制

（一）坚持以家庭承包责任制为基础，完善统分结合的双层经营体制

大力发展土地的规模经营和集约经营，遵循依法、自愿、有偿原则，建立完善土地承包经营权流转机制，加强规范化管理；探索参照项目征迁补偿政策，通过农业招商，推进农民承包地流转和宅基地置换，促进土地向农场、农庄和专业大户集中，大力推进农业规模经营；在试点基础上逐步推广农村土地股份合作制，鼓励农户以土地承包经营权入股的形式组建土地股份合作社，引导投资主体与流转土地的农户结成利益共同体。

（二）推进农民专业合作社健康发展

加快示范性专业合作社建设，加大税收、信贷政策支持力度，鼓励农技人员参加合作组织建设，引导农民专业合作社坚持正确的办社方向，完善内部管理制度和运行机制，在农业产业化建设中发挥积极作用。

（三）创新发展现代农业服务体系

加快推进供销合作社改革和发展，通过发展合作经济组织等途径，实现与农业生产经营的对接和相互融合，共同发展，从而使供销合作社真正成为新型的农民合作经济组织。加快发展农业营销公司、农业经纪人组织等新经济组织，扩大农民专业合作、供销合作、信用合作的“三位一体”改革试点，在大力发展农村新型合作经济组织的同时，加快建立全区性农民专业合作社联合会，形成覆盖产前、产中、产后过程，纵向到底、横向到边的现代农业服务体系。

二、创新农民创业政策体制

创新要素供给，完善政策支持，以创业带动就业，以就业促进增收。

（一）创新融资政策

根据不同对象、不同层次的资金需求，加快金融支农信贷管理机制创新和产品创新，畅通信贷资金投入渠道，增加金融要素供给。加大信用贷款担保力度，从农户家庭经营的实际出发，采取农户家庭综合授信贷款、资产抵押贷款、自然人保证贷款及农业贷款担保公司担保贷款等方式，支持农户从事个体工商业。稳步开展农村住房抵押贷款试点工作，在总结经验的基础上，创造条件，加快实施，逐步试办农田承包经营权质押、农作物抵押等贷款担保方式，多渠道缓解贷款担保难的问题。

（二）完善保险政策

加快建立多层次政策保险体系，逐步建立农民自主创业的风险化解机制。完善政策性农业保险，扩大政策性农业保险试点工作覆盖面，创新保险品种和投保方式，适当提高保费补贴。推进政策性农民自主创业保险，积极推进试点扩面，逐步完善保险品种和条款，增加保单的金融功能。

（三）强化扶持政策

开展城乡户籍制度改革，建立全区城乡统一的户籍管理制度。结合工业功能区、农产品加工园区和专业市场等建设，创造条件开辟农民创业园，拓展农民自主创业平台。研究制定农民自主创业项目导向，建立信息发布交流平台，落实专项扶持资金，减免规范相关税费，强化对农民自主创业的引导、服务和支持。

三、改革农村行政管理体制

（一）深化农村综合改革

乡镇机构改革按照“精简、统一、效能”原则，合理设置党政内设机构，进一步强化社会管理与公共服务职能，建立精干高效的基层行政管理体制。健全村级组织运转保障机制，扶持、发展、壮大村级集体经济，加大财政对集体经济薄弱村的扶持力度，确保村级日常运转。

（二）推进强镇扩权

按照“权力下放、超收分成、规费全留、干部配强”的原则，深化体制改革、加大扶持力度。探索结合每个镇不同的功能定位和发展特色来确定不同的考核内容和办法，引导政府实现由传统管理型向建设服务型转变，建立权责明确、行为规范、公正透明、廉洁高效的行政管理体制。除国家规定实行垂直管理的部门外，其他县级以上驻镇机构和人员，实行条块结合，以块为主的管理体制。加强领导班子建设，对带动能力强、经济社会发展成效显著的区镇班子领导，符合《党政领导干部选拔任用工作条例》所规定的基本条件、任职资格和其他相关条件，群众认可的，按干部管理权限大力提拔使用。促进管理资源下移。办事处（镇、村）通过委托、授权等形式赋予镇在村镇建设、土地规划、投资项目等方面的审批权和市镇管理等方面的执法权。

（三）加强农村新社区建设和社会管理

以扩大基层民主、完善村民自治、健全农村新社区管理和服务体制为重点，以便民、助民、利民、安民、富民为出发点，合理规划布局农村新社区，科学设置农村新社区组织模式，切实完善农村新社区的服务、自治、稳定和保障功能，积极培育农民群众建设新社区的主体意识，实现农村社区居民自我管理、自我教育、自我服务、自我监督。大力发展行业协会和各类社会中介组织，加强社会工作者队伍建设，发挥他们在提供服务、协调利益、化解矛盾、反映诉求方面的积极作用，增强社会活力，维护社会安定。

四、探索建立土地置换流转机制

发挥市场对土地资源配置的基础性作用，统筹培育和发展城乡土地市场。

（一）探索建立宅基地置换机制

根据统筹城乡建设的要求，探索制定农村范围内农民宅基地异地置换，按照承包地与宅基地分开、征地与拆迁分开的“两分开”原则，鼓励农民进入城镇购房、建房和向中心村集中居住。

（二）探索建立集体建设用地流转机制

研究制定农村集体建设用地流转管理办法，对农村集体建设用地的流转范围和对象、审批权限和方式、程序和要求、终止和处置、权益和管理、方法和措施等加以规范，建立起公开、公平、公正、有序的流转市场，促进农村集体建设用地使用权依法规范流转。

（三）继续探索“以宅基地换住房、以承包地换保障”政策

在完善失地农民社会保障制度的基础上，对自愿放弃土地承包经营权的农村居民可与城镇居民享受同等的社会保障政策待遇，对自愿放弃宅基地使用权的农村居民可进入城镇优惠购买经济适用房。

五、健全农村建设长效机制

按照政府主导、农民主体、市场运作、社会支持的要求，建立健全“以工促农、以城带乡”长效机制。

（一）健全完善公共财政投入机制

按照“三个高于”（即：用于直接改善农村生产生活条件的投入高于上年；用于基础教育和公共卫生等社会事业的投入高于上年；用于科技开发的投入高于上年），新增财力主要用于农村的要求，稳步提高财政支农资金比例。将“三农”发展中属于政府的事务纳入财政支出范围，逐步建立新农村建设稳定的资金来源。积极筹集水利建设资金、农业发展资金、造地改田资金等“存量”资金，从土地出让金中集中15%用于农业土地开发，对征用或占用农业设施、农业资源的收取一定的补偿费用专项用于财政支农，全面整合各级财政支农资金，创新扶持方法，突出扶持重点，不断提高财政支农资金使用效益。

（二）健全完善共建共享机制

通过政府财政补一点、村集体经济贴一点、农民自己筹一点的办法，形成新农村建设共建共享的格局。发挥农民主体投入的积极性，完善村内公益事业“一事一议”筹资筹劳办法，明确议事范围、程序和标准，建立农民参与公益事业的筹资筹劳机制。

（三）深入实施“企联村、共建新农村”活动

以税收杠杆、财政支持等多种综合形式引导社会资本、外资

资本投资新农村建设，鼓励政府部门、街道、工商企业以及省市龙头企业与集体经济薄弱村结对，支持其发展经济和社会公益事业。

六、建立城乡统一的户籍制度

为了统筹城乡社会管理，放宽城区居民落户条件，使在城镇稳定就业和居住的农民有序转变为城镇居民，需要相应地进行户籍制度改革。要本着“降低门槛、放宽政策、简化手续、规范管理”的原则，逐步取消农业和非农业户口划分，按实际居住地和所从事的职业登记为“居民户口”。建立城乡统一、迁徙自由、以身份证管理为中心的户籍管理制度。清理现行户籍制度不平等和歧视的规定，探索逐步取消户籍不合理限制的管理制度和办法，实现人口在城乡之间自由流动。城乡居民流动和居住不受户籍限制，取消各种对农民的歧视性政策，城乡居民共享三大文明的成果。

七、创新水资源及其利用定价机制

为了尽快形成城乡经济社会发展一体化新格局，需要创立水资源等方面的价格形成机制，探索建立环境资源有偿使用的市场调节机制，建立和完善重污染企业退出机制、绿色信贷、环境保险等环境经济政策，加快形成节约环保型的生产、流通和消费方式。

加快水价机制改革，提高水资源管理水平，保障水利良性发展。加快落实污水、垃圾处理费征收政策，合理确定收费标准，确保治污设施正常运营。

推进小型农田水利工程产权制度改革，探索非经营性农村水利工程管理体制改革办法，明确建设主体和管护责任。支持农民用水户协会组织的发展，提高服务能力。建立农业灌溉设施的建设和维护机制。政府财政设立专项资金对金川区境内的水渠进行建设和修缮，杜绝水渠的跑漏水现象，同时农业灌溉设施在使用过程中的维护责任确定到人，对由于责任人造成的损失，根据水权市场价格进行追究，形成灌溉设施建设和维护的良性机制。

第七章 推进城乡一体化的保障措施

一、以深化认识为切入点，营造城乡一体化工作的良好氛围

一是强化宣传，进一步提高各级领导和城乡居民对城乡一体化工作重要性、艰巨性和紧迫性的认识，形成全社会关心、支持和参与城乡一体化工作的氛围。各新闻单位要将这项工作列为宣传报道的重点，有计划、有步骤地开展全方位的宣传。

二是建立健全城乡一体化工作的组织体系。成立相应的领导、工作机构，落实专门工作人员，如成立“金川区城乡一体化发展领导小组办公室”。

三是编制、完善城乡一体化专题发展规划和实施意见，确定一批城乡一体化重点建设项目。

四是明确分阶段工作目标，建立目标责任制。形成“主要领导亲自抓、分管领导具体抓、政府各部门齐抓共管”的工作局面，并通过“城乡一体化综合评价指标体系”考核负责部门与领导。

五是抓好一批试点。选择基础条件比较好，经济实力比较强，城市化水平比较高的中心村作为城乡一体化工作试点村。

二、以深化改革为突破口，构筑城乡一体化的创新机制体制

一是深化户籍管理改革，研究出台相关改革措施，逐步消除依附在户籍上的社会保障、劳动就业、计划生育、服役退伍、文化教育等城乡差别政策，全面建立以居住地登记户口为基本形式，以合法固定住所或稳定职业为基本落户条件，以法制化、证件化、信息化管理为主要手段，与市场经济体制相适应的新型户籍管理制度。

二是打破行政界限，形成合理的利益协调机制。建立与建设网络型城市发展形态相适应的行政管理体制，加强全区范围内的规划调控。加强各类园区整合的政策研究，改革、完善现行考核体系，完善园区整合的具体实施办法，确保非工业主导乡镇的经济利益。强化新农村建设和农村村庄改造的政策研究，出台鼓励引导农村村庄集中发展的政策意见，加快农村村庄改造步伐。

三是按照统筹城乡经济社会发展和深化财税体制改革的要求，加快建立完善的公共财政体制，把投入的重点放到农村，增加对农村的投入力度。重点保证农村教育文化卫生事业、农民基本素质和基本技能的培训以及社会保障体系建设、交通、道路、水利等基础设施建设、传统农业的现代化改造、农业产业结构调整、农业园区、特色农产品基地建设、农产品防疫检测安全体系建设、农村敬老院、农村能源利用等农业公益设施和生态环境建设等，均衡城乡经济社会发展水平。

四是建立多元化投融资体制，积极引导社会各项经费投入城乡一体化建设。一是要充分发挥政府财政资金的引导作用，努力形成政府推动、多元投资、市场运作的资本经营机制。二是要充

分利用发达地区和国外工商资本、民间资本，做好招商引资，创新思路，拓宽渠道，建立多元化的城乡一体化建设投融资体制。三是放开民间资本进入城镇基础设施、公用事业领域的各类限制，除特定行业外，实行民资进入“零门槛”。

五是深化完善征地制度改革，切实保障农民土地权益。完善以养老保障为主要方式与就业市场化相接轨的征地补偿制度，优化运作程序，逐步提高被征地人员安置标准，逐步消除与城镇居民缴纳社会养老保险的差距，使之享受同等待遇。按照城乡土地市场一体化发展方向，积极探索国有土地、集体土地使用权相衔接的新的土地管理模式和农村集体非农土地进入市场的途径。扎实、稳妥地推进土地流转工作，提高土地流转水平，促进农业规模经营的发展。

三、以推进城市化为立足点，强化城镇集聚、辐射功能

一是完善城镇体系规划和城市（镇）总体规划，编制完善供水、供电、交通、通讯、环保等专项规划。二是加快城市（镇）建设步伐，扩大城市（镇）规模，壮大城市（镇）实力。改变传统的、低层次、分散式的城市化发展模式，大力推进高层次的集中城市化，致力于高标准、高起点规划建设中心城市（镇），形成一批规划布局有序、环境优美、具有地方特色的现代化新乡镇。积极引导优良产业向城市（镇）集聚，增加城市（镇）就业机会，吸引农民进城。三是适时开展撤镇建街道、撤乡并镇、撤并行政村等行政区划调整工作，整合中心村和农村居民点的建设，形成布局优化、道路硬化、村庄绿化、路灯亮化、卫生洁化、河道净化的发展格局。四是加快城乡规划管理一体化进程，

逐步实现农村建筑的规范设计、有资质施工、法制化管理。

四、以工业改造为支撑点，夯实城乡一体化的经济基础

以市场为导向，用高技术和适用技术改造传统产业，大力发展高新技术产业，用信息化带动工业化；以产品结构调整为重点，以扩大开放、资产重组为手段，加快企业改革改造步伐；在继续保持有色冶金、化工、能源工业优势地位的同时，加大原材料的深加工和新材料的开发力度；大力发展化工、能源、新兴建材工业和特色农副产品加工业。促进产业集群化、工业园区化、企业集团化和环保标准化，努力构建人与自然和谐相处的工业发展格局，达到工业经济总量迅速扩张和质量不断提高，以工业的突破发展，推动金昌经济在全省率先发展。

五、以农业农村“四个特色”为着力点，努力缩小城乡差别

一是正确贯彻执行中央关于农业结构调整方针，加强农业科研和技术推广，加快传统农业的改造。二是强化对农业农村的扶持，建立财政对农业、农村投入稳定增长机制，加大各级财政对农业、农村的转移支付力度，进一步加强农业基础设施建设，提高农业综合生产能力和可持续发展能力。按照“多予、少取、放活”的指导思想，认真做好农村税费改革工作，研究出台减免农业税等减负政策。运用现代管理理念加快农业工业化、农业市场化、农业信息化的发展，逐步实现城乡经济的对接。三是加快新农村建设。通过调整行政区域、村庄规划等多种手段，促进农村住宅、人口向城镇、村庄规划点的集中，提高农村居民对现代文

明的共享度。四是加快农民市民化，在减少传统农民的基础上减少农民绝对量，使农民离土又离乡，真正成为城镇居民。

六、高度重视“慢变量”的建设，全面推进城乡一体化工作

在加快城乡基础设施、经济发展等“快变量”建设的同时，必须高度重视城乡一体化中“慢变量”的建设，进一步强化农村精神文明建设，逐步消除城乡居民在“慢变量”上的差距。通过强化农村教育和职业培训，进一步提高农村居民文化素质；通过“文化下乡”、“科技下乡”，丰富农村居民文化生活和促进农村居民科技文化素质的提高；通过新农村的建设、城乡公共服务的建设等途径，促进农村居民思维方式、思想意识、生活习惯、行为方式的改变。

下篇　县区级城乡一体化发展专题规划研究

——甘肃省金昌市金川区城乡一体化发展专题规划

第一章　金川区城乡空间布局一体化专题规划

城乡一体化是指城市和乡村在经济、社会、生态环境、空间布局上实现整体性的协调发展。这既是一个城乡融合的理想模式，也是一个长期的地区社会经济发展过程，是社会——自然——经济复合生态系统演替的顶级状态。城乡一体化具有两个基本特征——经济上整体协调和空间上整体协调，而城乡间发达的基础设施、社会服务设施网络是对这一切的基础支撑。

一、城乡空间布局一体化的基本思路和目标

金昌市金川区城乡空间布局一体化发展的总体思路和目标是：以“三个代表”重要思想和党的十七大精神为指导，围绕富民强市、全面建设小康社会、提前基本实现现代化目标，进一步加快推进工业化和城市化。

以城区为中心、两个镇为骨干、新型农村社区为基础的现代城镇体系，努力建设现代化的城乡居民点体系；以加快产业集聚为重点，合理布局区域产业发展空间，合理安排城乡居民居住区、农田保护区、工业区、商贸区、休闲区、生态涵养和环境保护区等空间布局，促进一、二、三产业的持续协调发展；以构建城乡一体化的基础设施网络建设为重点，形成城市、镇、中心村等不同层次较为完善的基础设施网络，不断缩小城乡基础设施配

套的差距；以农村村庄改造为重点，促进农村基础设施城镇化、生活服务社区化、生活方式市民化，不断改善和提高农村居住环境和质量；同时，农村要以中心村为载体，兼并邻近村，撤并弱小村，改造空心村，建设新型农村社区。

到2013年，基本形成城乡居民点体系布局合理、基础设施配套完善、生活环境良好、产业布局科学的新型城乡空间布局体系。

城乡空间布局一体化的基本思路具体有以下四个方面：

一是强调空间集聚——改变分散状态，促进人口和经济向中心城区、中心镇、中心村集中，淡化行政体制和区划，形成合理的区域城镇体系和强大的中心城市。

二是强调协调分工——实行资源的优化配置，功能的合理分配。

三是强调资源共享——实行基础设施和公共服务设施共建共享，发挥资源和资金的最大效益。

四是强调环境质量——提高生活和生态质量，充实和完善各项设施，创造良好的生活和生产环境。

二、城乡空间布局一体化规划原则

城乡一体化是一个综合的社会、经济、空间过程。针对金川区而言，城乡一体化概念最核心的内容是将乡村地区由过去简单的“农业生产地区”看作城市不可缺少的功能区，特别是在都市区范围内，乡村地区承载着生态维护、都市农业、大型基础设施布局等特殊功能。

因此，在将城乡作为统一体进行综合的社会经济分析的基础上，对城乡发展的空间、生态环境作出具体的布局安排。

在空间地域上应体现“三个集中”，即工业向城镇工业区集中，居民向城镇和中心村集中，农田向规模化经营集中。

（一）区域整体发展的原则

城镇与乡村是一个发展中存在着整体性关联的区域，要使金昌市金川区由一个城乡混杂发展的综合体逐步演变为城乡有机结合的整体，必须强调区域经济、社会、生态以及城乡空间发展的整体性，同时处理好发展上的时序关系。

（二）可持续发展的原则

可持续发展作为一项重要的指导思想，对于提高城乡空间布局规划的科学性有着直接的现实意义，并影响着城乡未来的发展。

发展的持久性要求社会经济发展考虑资源的有限性和再生能力，具体表现为控制城镇发展的速度和规模，采取集约的空间增长模式。

（三）以人为本的原则

规划应以人为本，坚持人性化的需求，处处着意营造适宜的人居环境，优化人居环境，优化区域、城镇空间形态，配置健全的生活服务设施，方便生活的多样性和多元化需求，注意在经济、社会、生态之间找到平衡。

三、城乡空间布局一体化的规划框架

金昌市金川区域设有：6 个街道（滨河路街道、桂林路街道、北京路街道、金川路街道、新华路街道、广州路街道）、2 个镇（宁远堡镇和双湾镇）、27 个行政村，全区总面积 3770 平方公里。

区域城乡一体化主要工作是确定城市化发展水平和区域城镇体系结构，明确区域整体空间规划思路，实现城乡一体化的目标。

（一）城市化水平

根据《金昌市金川区国民经济和社会发展统计资料》，确定金昌市金川区区域总人口 2007 年为 21.29 万人，以每年人口自然增长率 5.5‰（往年平均水平）计算，人口 2013 年为 22 万人，2020 年将突破 23 万人。

城市化水平：

2013 年达到 85%，城镇人口达到 18 万人；

2020 年达到 90%，城镇人口达到 20 万人。

金川区一城两镇的职能结构可分成 2 级，即一个中心城区，两个中心镇，职能类型包括 3 种，即综合型、服务型和农贸型。

到 2013 年，把中心城区建成现代化的具有政治、经济、文化、科技、商贸等多种职能的综合性中心；把近郊宁远堡镇建设成为主要为中心城区提供商务、居住、金融等相应配套服务的特色小镇，把乡村腹地的双湾镇建设成为主要为旅游、餐饮、农产品加工、农村商贸服务的特色小镇。

表 3　金川区城镇体系等级规划结构（2020 年）

城镇等级	人口规模	城镇名称
Ⅰ	≥18 万人	金川中心城区
Ⅱ	2～3 万人	宁远堡镇
Ⅲ	1 万人	双湾镇

表 4　金川区城镇体系等级规划结构（2020 年）

职能等级	职能类型	城镇名称	区位依据
中心城市	综合型	金川中心城区	中心城市
中心镇	服务型	宁远堡镇	城市近郊
中心镇	农贸型	双湾镇	乡村腹地

（二）城镇体系总体框架

规划要突破均衡推进的传统发展模式，建立合理有序的区域城镇体系框架，通过区域交通网络组织引导各级城镇向网络化演变，突出中心集聚与轴线扩张并存的思路，形成“一体两翼”网络状空间结构，通过绿色空间隔断，实现开放式组团布局，优化个体和群体空间形态。

根据城镇体系现状发展条件和特点，提出加快发展中心城市，扶持中心镇，整合中心村和农村居民点的战略，形成以城市为中心，次中心镇为骨干，整合中心村相结合的“城市中心—中心镇—中心村”三级规模结构。

1. 加快发展中心城市

中心城市功能进一步完善，城市经济实力进一步增强，城市规模进一步扩大，将提升金昌市金川区在甘肃省的地位。中心城区是城市极化发展地区，是城市最高层次的综合服务中心，代表了城市的形象和品位，是甘肃省金昌市吸引国内外制造业资本的新高地。

金昌市金川区具有较高的经济发展水平以及四通八达的交通网络，以及前所未有的发展机遇，因此通过空间结构的合理组织和管制，将市区作为一个整体来考虑，制定城镇发展、产业空间、生态保护、景观体系与基础设施支撑系统的整合协调规划，并根据不同的土地开发强度和开发时序，实施区域开发建设管治，同时建立基础设施和社会设施的支撑系统，促进城乡协调发展是市区空间规划的核心战略。

具体思路是：

“城市生活区向北移动、南部老工业受到控制，新兴工业区向东扩展，城市商贸区向西延伸”来引导中心城市的发展，最终实现“北移、南控、东扩、西延”的城乡一体化空间发展布局。

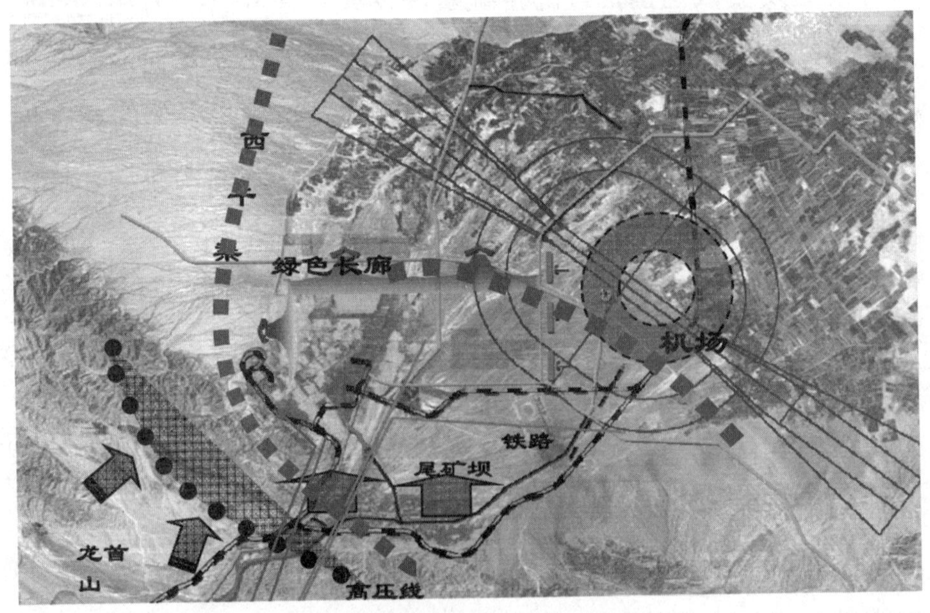

图3 金昌市金川区城乡一体化空间发展布局图

具体做法是：

工业区：重点扩展东城区的金昌经济技术开发区，聚集新增工厂，控制南部老工业区；

商贸区：重点发展以金川广场为中心，以新华路与北京路为两轴，以西城区西坡村为延伸的商贸区，集中新增商贸大楼、写字楼与高档住宅小区。

生活区：开发北城区马家崖村建设大型住宅小区与经济适用房。

限制区：限制城中村的一般农业生产用地，对生态敏感保护区、基本农田以及大面积水域等区块要严格控制，特别是切实控制金水湖区域的发展。

同时，围绕中心城区，建成“四个经济带”：

一是以西坡村、马家崖村、白家嘴村和高岸子村等城中村为主的集餐饮娱乐、房屋租赁和物流配送为一体的“环城经济带”。

二是以下双公路、河雅公路、金陈公路、金民公路等公路沿线以及即将新建的金永高速公路、金阿铁路、金昌机场周边为主的集餐饮住宿、汽车修配、仓储物流等为一体的“交通物流沿线经济带”。

三是以双湾镇为主的集餐饮娱乐、休闲观光、旅游度假为一体的“休闲观光经济带”。

四是以金水湖为中心，建成“城市休闲娱乐经济带”。

2. 扶持中心镇

大力提高中心镇集聚程度和建设水平，从扩大城镇规模入手，增加基础设施配套，加强工业小区建设和居住小区建设，改变空间上“低、小、散”的格局，改善环境条件。

宁远堡镇初步形成城中四村、城郊六村、远郊四村——三个区域“4:6:4”的发展格局：

一是城中四村（西坡、马家崖、高岸子、白家嘴）融入成城市核心区，建成与市区景观带相配套的景观辐射区，实现“四个融合”——即把西坡村建设成为与龙泉景观带相融合的全市最大的农民花园小区；把马家崖建设成为绿色长廊相融合的特色餐饮小区；把高岸子村建设成为与金水湖景观带相融合的休闲娱乐小区；把镇政府所在地白家嘴村建设成为与北京路入口景观带相融合的镇域政治、经济、文化中心。城中村改造主要以西坡村为试点，通过其成功经验“以点带面”，全面推进城中村改造。

二是城郊六村（山湾、龙景、宁远、中牌、西湾、东湾）融入城中四村规划区，建成与城中四村规划相配套的二、三产业服务区，实现“三个集中”——即把分散经营的土地向种植、养殖大户集中；把种植、养殖大户住宅建设向中心村组集中；把长期从事二、三产业、劳务产业农户的住宅建设向城市集中，集中发展二、三产业。

三是远郊四村（新安、油籽洼、新华、下四分）融入城市生活区，建成与城市生活需求相配套的农产品生产供应区，实现“两个改变”——改变村容村貌，建设高标准小康住宅；改变农业基础设施条件，调整种植与养殖适合城市人口生活需要的农产品。

双湾镇应以围绕金昌市“城市后花园”这个核心，建成以农业标准化示范园和农产品加工业为基础，以“农家乐”休闲观光为发展契机的中心镇。

一是以赵家沟、天生炕中心村为示范，着力打造“特色农牧产业型”中心村。借鉴宁远堡镇远郊四村发展经验，通过土地集中连片集约经营，着力发展种养殖大户，形成农村合作社，支持当地农产品加工业龙头企业做大做强，利用中心村周边丰富的土地资源，建立农业标准化养殖示范园区与旱地节水农业种植园区，努力辐射带动其它村庄。

二是以龙口村中心村为示范，着力打造“乡镇工业集聚型”中心村。打破村组界限、集中规划、连片建设新农村社区，改变农村居住环境，着力发展建材业、农产品加工业，吸纳周边农村剩余劳动力逐步向产业工人转化。

三是以陈家沟中心村为示范，着力打造“综合服务集聚型”中心村。加快完善综合配套设施，努力打造具有传统民居特色的“农家乐”休闲观光度假业，服务于金昌市市民和金川集团职工业余生活，让城市游客体会到“吃农家饭、品农家菜、住农家屋、干农家活、娱农家乐、购农家品”，建成一座真正的城市“后花园”和休闲度假村。

3. 整合中心村及农村居民点

金昌市金川区农村居民生活方式的改变对城乡一体化的推进作用十分重要。在注重区域城镇体系整合和市区空间管制的同时，应充分考虑农村居民的生活模式。在提倡以城市和中心镇为依托，加快引农进城的步伐的同时，应逐步按照城乡一体化的规划目标，自然生态和人文环境相融共生的设计思想和三个集中（公共服务设施集中，公共绿化集中，村落组团集中）的布局原则，统一规划和集中建设农民住宅，引导农居向集中化、城镇化发展。具体有以下要求：

一是布局优化。村庄建设规划要科学处理生产、生活、生态文化之间的关系，布局合理，组团建筑有个性特色、美观大方，组团建筑间相互协调；建筑布局能充分结合自然地形，借山用水，错落有致；农户住宅实用、美观。

二是道路硬化。通村及村内道路网布局合理，主次分明，村内主干道硬化。

三是环境绿化。中心村建成区的绿化覆盖率应达到25%以上，村庄中有休闲健身绿地，主要道路和河道两边实现绿化，住宅之间有绿化带，农户庭院绿化。

四是路灯亮化。村内主干道和公共场所路灯安装率达到100%。

五是卫生洁化。给水、排水系统完善，管网布局规范合理，自来水普遍入户；村庄内有专用公共厕所，农户卫生厕所改造率达到100%；农户普遍使用清洁能源；保洁制度健全，垃圾等废弃物集中处理，生产和生活污水净化处理，达标排放，基本消除垃圾及废水污染。

六是河道净化。保护好村域内现有水面、河道清洁，水体流动，水质达到功能区划的要求；河道堤防和排涝工程符合国家规定标准。

四、城乡空间布局一体化的推进策略

（一）确立区域统筹发展新思维

以观念创新带动工作创新。在思想上自觉摒弃狭隘的行政地域观念。要着眼区域，切实加大对两个中心镇经济社会发展的领导和支持力度；各中心村应加强相互之间及与镇的分工协作，发挥比较优势，提升发展层次，合心、合力、合拍地建设现代化网络型城市，推进区域发展的一体化。

（二）建立区域规划的协调管理机构

成立区域规划委员会，由区政府主要领导、市级相关部门和各镇政府一把手担任委员，作为负责区域协调事务的最高决策机构，负责统一进行区域范围内重大基础设施和公共服务设施项目的选址规划，承担协调区域内各村、各镇之间以及市中心与周边地区之间的区域性规划建设事务的职能。在区域规划委员会下设办公室，对区域协调问题进行长期跟踪研究，为区域协调发展的决策提供信息和技术支持，并对决策的落实情况进行监督，保证各项具体协调工作落到实处。

（三）建立集中统一的城乡规划管理制度

各级政府行政首长是做好城乡规划工作的第一责任人，必须不断提高对城乡规划工作的组织领导能力，把统筹城乡规划工作摆在更加突出的位置。建立政府主要领导负总责、分管领导具体负责、部门分工抓落实的组织领导和协调落实机制。按照省政府有关文件的精神，建立起规划选址的分级管理制度，建立区域重点协调地区、重大基础设施和跨区域建设工程的统一规划、统一管理制度，重点协调好事关整个区域建设和发展的区域性产业布局、基础设施和公共设施布局、资源环境保护布局等重大问题。健全规划监督机制，建立并加强规划批后管理制度建设，加大对建立区域统筹、城乡一体的规划体系工作的督促、检查和考核力度。

（四）加强城乡规划管理机构和队伍建设

加强城乡规划管理队伍建设，健全城乡规划管理机构，充实规划管理力量，加强规划管理人员的在岗培训，以适应城乡建设快速发展和城市规模不断扩大的要求。加大城乡规划专业人才的引进力度，力争每个镇配备2名规划专业人员从事规划管理工作，努力建立一支适应城乡建设快速发展需要的城乡规划管理队伍。

（五）保障城乡规划的各项经费

把城乡规划编制和管理经费纳入各级政府财政预算，切实予以保障，保证城乡规划设计和管理工作的顺利开展。同时按照国务院有关文件精神，加大各级财政对村镇建设事业的支持，确保村镇建设规划管理所需经费的落实到位。加快建立符合市场经济规律的城市规划经费筹集机制，逐步将城市规划设计经费纳入到城市土地开发和出让成本中，按照“谁受益，谁出资”原则筹集城市规划编制经费。

五、城乡空间布局一体化的保障措施

一是根据新一轮城市总体规划，按照城乡一体化的要求，抓紧编制分区规划和建设区域的控制性详细规划，进一步确定区域城乡空间规划框架和基本格局，确定区域土地利用、基础设施配套、生态环境建设等城乡统筹协调发展的目标，特别是要研究农村地区今后的发展目标和定位，努力在农村地区创造良好的生活和生产空间。2009年要形成完整的城乡一体空间布局总体规划体系，全面完成小城镇空间布局详细规划设计，修编完善四个城中村的空间布局规划设计。2010年，全面完成27个行政村的村庄空间布局规划设计，形成完整的村镇空间布局规划体系，村组规划覆盖率达到100%。

二是适时调整行政区划。行政区划调整的主要原则和目的是实现各行政单元间的相互协调发展，达到各行政区规划适度、布局合理。目前金川区为“一城两镇”的行政区划格局，两个城镇区位特征、地域规模、发展潜力等差异较大，每一部分都承担着各自特殊的功能。若过早采取行政区划调整之后，会在一定程度上削弱城镇对乡村的辐射带动作用。但鉴于西坡村城市化的成果经验，近期可采取宁远堡镇的西坡、马家崖、高岸子、白家嘴四个城中村部分或全部并入中心城区的行政区划，为宁远堡融入中心城区做准备。远景考虑金川进入相对成熟稳定的发展阶段后，中心城区和两个镇的职能专业化水平提高，城镇之间的有机联系加强，协调发展的格局基本形成。城乡一体化发展也进入了城乡社会经济共融、城乡空间有机结合、城乡文明共同发展和繁荣的阶段。此时，金川区域城乡空间组织就具备了重构的条件，可发展为“东城西乡”的区域空间形态。因此，规划远期建议宁远堡镇并入金川城区，成为一个或若干个街道。

三是按照按照城乡一体化的要求，抓紧编制完成市区农村居民点布局规划，重点做好农村居民点配套设施的规划建设，提高村庄配套设施标准，引导农村生产方式的转变，改善村庄居住环境，缩小城乡居住水平的差距。

四是根据《金昌市金川区城乡一体化规划纲要》和区域城镇体系规划，进一步深化区域城乡空间一体化规划，以区域基础设施协调发展、区域公共服务设施资源共享等为重点，以强化中心城市、次中心镇为目标，以改善和提高农村居住和生产条件为基础，做好城乡规划一体化的文章，促进区域城乡空间一体化发展。

第二章　金川区城乡产业发展一体化专题规划

城乡产业发展一体化要求加速区域经济的协调发展，使三大产业在城乡之间进行广泛联合，城乡经济相互渗透，相辅相成，最终实现共同繁荣。全区上下按照金昌市“十一五”规划要求，加快城乡产业发展，促进城乡产业融合，城乡产业一体化推进工作取得了阶段性成效，农产品竞争力不断增强，城镇工业化步伐明显加快，现代服务业体系逐步构建。但产业发展也面临诸多新情况、新问题，主要表现在农业发展后劲不足，资源环境约束加剧，要素制约日趋严重，产业融合度、互动性有待增强。为切实贯彻落实党的十七大关于统筹城乡发展，建设社会主义新农村的新要求，加快推进城乡产业在更高层次、更大范围实现融合互动，促进科学发展、和谐发展，特制定本专题规划。

一、城乡产业发展一体化的指导思想和总体目标

（一）总体指导思想

以邓小平理论和“三个代表”重要思想为指导，落实党的十七大和十七届三中全会精神，坚持科学发展观和经济建设为中心，按照统筹协调城乡经济社会发展的要求，加快项目建设，加大招商引资力度，切实提高经济运行质量和效益，大力发展“一

特两化”的都市型农业，做大做强以有色金属、化工和能源为三大支柱的新型工业，加速扩展第三产业，进一步推动循环经济，为工业化、城镇化和农业现代化提供产业支撑和强大的物质基础，促进人口和产业向城区集聚，最终实现城乡产业发展一体化。

（二）总体目标

优化经济结构和产业布局，加快城乡经济发展，加快产业一体化步伐，到2013年，预期三产比例调整到0.9:84.1:15。农业的基础地位进一步巩固，农业增加值达到2.16亿元；工业水平显著提升，第二产业增加值达到201.84亿元；第三产业发展水平明显提高，增加值达到36亿元；经济增长方式转变取得实效，单位GDP能源消耗比“十一五”末降低22%左右。全区城乡经济联系更加紧密，产业布局更加合理，经济结构更加开放，更具活力。

（三）都市型农业

1. 指导思想

以市场为导向，以“服务城市、富裕农村”为宗旨，以“一特两化”为方向，以农业结构战略性调整为主线，以改革开放和科技进步为动力，以农业示范基地建设为重点，以增加农民收入、提高城乡居民生活质量为根本出发点，发展庭院经济，融入大城市、连接大市场、搞活大流通，推行农产品品种优质化、技术标准化、布局区域化、生产规模化、加工精深化、经营产业化，力争用5年左右时间初步建成全省现代化都市型农业示范基地，为基本实现农业现代化打下坚实基础。

2. 基本思路

做大做强啤酒大麦、辣椒、食葵、草畜等特色优势产业；大力发展农产品加工业；积极发展苗木、花卉、林果等经济作物和长毛兔、獭兔等小型经济特种禽畜；实行多种经营，多业并举，大力增强农业经济的竞争力和活力，促进农民收入稳定增长和农业健康发展。

3. 发展目标

到2013年，建成优质高产粮食生产基地5万亩，计划新增粮食500万公斤，油料30万公斤，建成优质饲料饲草生产基地1万亩，优质饲草生产达到400万公斤。农产品质量明显提高，优质率达到95%以上，其中粮食优质率达96%以上，农业产业化经营初具规模，现代化城郊农业基本形成。

发展经济作物面积4万亩；农产品全部实现良种化，优质率达到98%以上，农业科技贡献率达到60%以上；新增优质农产品生产能力600万公斤，农业生产总值增加5000万元以上，农民人均纯收入增加1500元以上。

（四）新型工业

1. 指导思想

以邓小平理论和“三个代表”重要思想为指导，以科学发展观统领经济社会发展全局，坚持走科技含量高、经济效益好、资源消耗低、环境污染少、人才资源优势得以充分发挥的新型工业化道路。以发展为主题，以市场为导向，以结构调整为主线，以制度创新、科技创新和管理创新为动力，坚持可持续发展。放手发展，做大做强非公有制经济，提高产业核心竞争力，实现速度和结构、质量、效益的统一，提高全区工业和非公有制经济整体素质，充分发挥工业和非公有制经济对全区经济发展的支撑带动作用。

2. 基本思路

以市场为导向，用高技术和适用技术改造传统产业，大力发展高新技术产业，用信息化带动工业化；以产品结构调整为重点，以扩大开放、资产重组为手段，加快企业改革改造步伐；在继续保持有色冶金、化工、能源工业优势地位的同时，加大原材料的深加工和新材料的开发力度；大力发展化工、能源、新兴建材工业和特色农副产品加工业。促进产业集群化、工业园区化、企业集团化和环保标准化，努力构建人与自然和谐相处的工业发展格局，达到工业经济总量迅速扩张和质量不断提高，以工业的突破发展，推动金川区经济在全省率先发展。

3. 发展目标

坚持立足于资源型城市的可持续发展，壮大支柱产业，发展配套产业，培育接续产业，推进循环经济和清洁生产。坚持以信息化带动工业化，加快传统产业改造提升，不断优化工业经济结构，加快新型工业化进程，促进经济增长方式的转变。同时，加大用高新技术和先进适用技术改造传统产业的力度，大力发展高新技术产业，提高工业经济的科技含量和附加值，到2011年达到179亿元，2013年突破200亿元，到2011年使高新技术产业的增加值占工业的比重达到25%左右，到2013年超过30%。

（五）第三产业

1. 指导思想

围绕实现我区“十一五”规划的主要任务、加快第三产业发展步伐，更好地为工农业生产服务，为对外开放服务，促进国民经济整体素质的提高。一是坚持改革开放精神；二是坚持依靠社会力量；三是坚持以提高第三产业的社会化程度和经济效益为中心；四是坚持政策倾斜，突出发展重点，改善产业结构；五是坚持把提高综合管理水平和服务水平放在十分突出的位置；六是坚持立足现有基础，快步发展。

2. 基本思路

从金昌市金川区实际出发，强化比较优势，突出发展特色，以人为本，以市场为导向，以企业为主体，以技术进步为支撑，坚持科学发展观，以项目促发展，以改革开放为动力，创新开拓，将第三产业做为重要的就业领域，重要的接续产业，重要的经济增长点来发展，进一步做大做强商贸餐饮业、运输服务业、金融保险业、公用服务业、教育科技业等五大服务产业，进一步加快发展住宅服务业、旅游业、社区服务业、文化体育业、农业服务业、信息及中介服务等六大新兴服务业，不断促进服务业管理体制、企业机制、组织形式及服务品牌的创新，提高服务业人员职业素质和服务技术水平，调整和优化服务业行业结构，提高服务业的整体素质和优势行业竞争力，促进传统服务业集团化、网络化、品牌化经营，促进新兴服务业规模化、效益化发展，以此将我区建成第三产业快速协调发展的城市、区域性物流服务中心城市、特色旅游城市，实现一、二、三产业的协调快速发展和城市经济的可持续发展。

3. 发展目标

到2011年增加值达到24亿元，占国内生产总值的比重达到11.8%，从业人员占全社会从业人员比重达到25%。到2013年增加值达到36亿元，占国内生产总值的比重达到15%，从业人员占全社会从业人员比重达到30%。

二、城乡产业发展一体化的规划布局

（一）农业规划布局

根据金川区农业资源分布特点以及城市发展的总体要求，都市型农业发展应着重建设“一带三区”，即环城生态园林绿化带、现代园艺示范区、生态农业带及休闲农业区、荒地利用区。

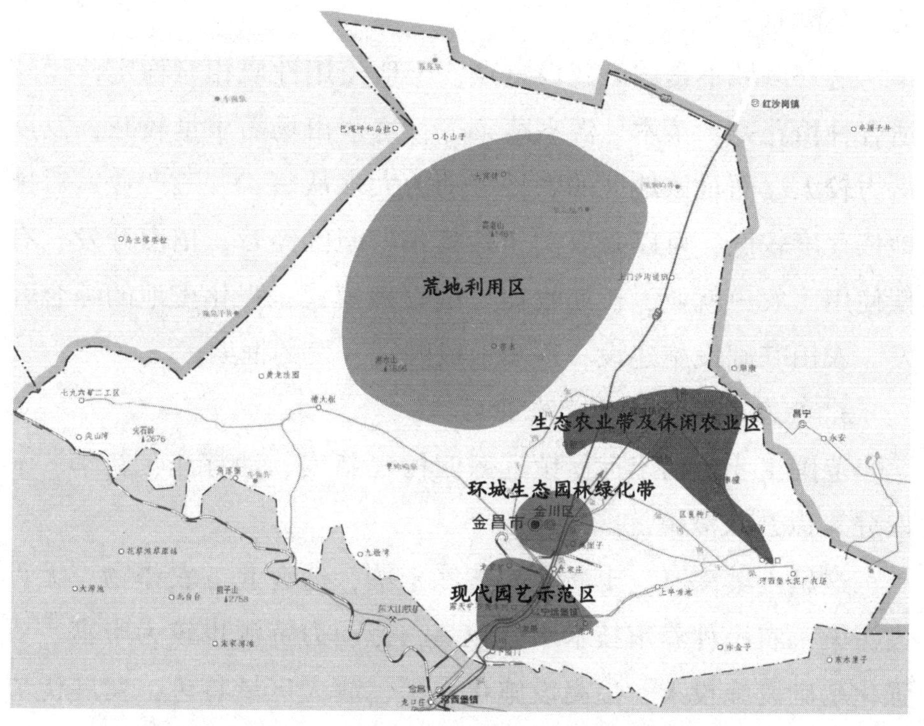

图4　金昌市金川区农业区域规划布局图

1. 环城生态园林绿化带

范围主要包括宁远堡镇城中四村（西坡、马家崖、高岸子、白家嘴）以及城郊接合部。

这一区域属于典型的“农夹居”地带。因城市发展大多数土地已被征用或即将被征用，其农田属性稳定性较差，灌排系统不畅，插花田多，而且污染比较严重，不适宜进行粮食、蔬菜等农作物生产。城市的快速发展迫切需要构筑生态绿地网络系统，防治城市环境污染、化解环境压力。在这一区域，应重点发展苗木生产，既是生态林、也是产业林，构筑城市生态绿地网络系统。

2. 现代园艺示范区

范围包括宁远堡镇城郊六村（山湾、龙景、宁远、中牌、西湾、东湾）。

这一区域不是城区建设重点，土地使用性质相对稳定，比较适合种植花卉、苗木、温室蔬菜等，这些市场需求量较旺，发展潜力较大。而且该地区的农村劳动力大多从事二、三产业，对土地依存度较低，可以采取“土地集中、园区经营，招商开发、有偿使用，农户就业、长期收益”的管理模式，强化土地的综合开发、农田基础设施建设，逐步形成园区开发的框架。

3. 生态农业带及休闲农业区

范围主要包括宁远堡镇远郊四村（新安、油籽洼、新华、下四分）以及双湾镇。

这里土壤深厚，土质多为黄沙土壤，适合北方农作物，无重大污染，农民种养殖技术水平较高，劳动力资源也较为丰富。要强化基础设施投入，提高设施化水平，放大区域特色，发展优势啤酒大麦、辣椒、食葵等农作物生产，带动草畜养殖，扩大生产规模，进行产业化经营。同时，该区域可以通过以下两种模式大力发展生态旅游农业：一种是品尝型农业生态旅游，就是让游客直接到田头塘边采摘、垂钓，就地加工，让游客品尝野生风味；另一种是体验型农业生态旅游，建设农业公园、农家乐园，让城市居民亲身体验农村的生活，参与农业生产，从中获得乐趣。

4. 荒地利用区

鼓励发开与改造农业未利用荒地，以永昌县喇叭泉林场为示范，推广沙棘以及柠条种植，可以起到防风固沙、改善生态和防止土地沙漠化的效果。

（二）工业规划布局

就是根据我区工业经济的发展特点，布局布点的主要区域以金川、双湾为重要区块，衍生五大基地的“两区块五基地”经济带，按照特色聚集、突出重点、整体推进的原则，推进全区经济持续快速发展和社会全面进步。

1. 两大区块

金川工业经济区：依托金川工业区现有产业基础和资源优势，加大镍铜钴等有色金属的精深加工，加强技术创新，大力开发高技术、高附加值、高效益产品，努力建设国家级有色金属材料加工基地、新材料产业化基地。

双湾农产品加工经济区：发挥双湾镇区位优势和自然特色，重点发展农业产业化项目，做强啤酒麦芽、辣椒等特色产业，不断提升农业产业化经营水平，带动农村二、三产业发展，努力壮大经济实力，把双湾镇建设成为特色农产品加工、流通集散地，发展绿色经济。

2. 五大基地

一是加快建立以镍铜钴和贵金属产品精深加工为主的有色金属产业及依托有色金属开发下游产品形成的新材料产业基地。要围绕资源综合利用、节能降耗、延长产业链、新材料研发，重点实施矿山综合技术改造、14000t/d 选矿扩能、20 万吨铜电解等技

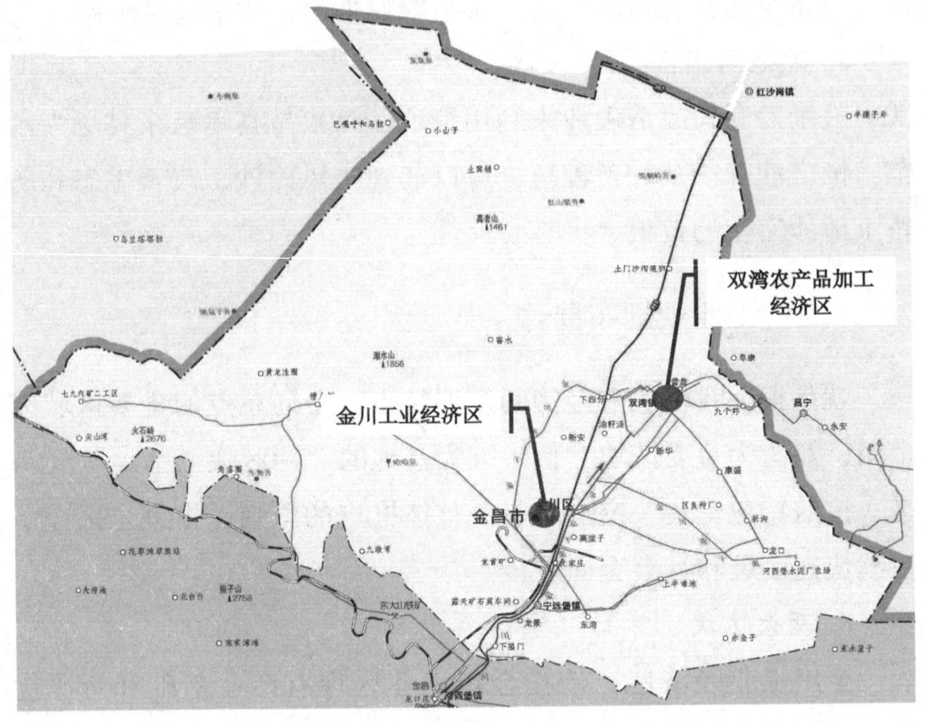

图5 金昌市金川区农业区域规划布局图

术改造项目。

二是发展壮大以硫化工、磷化工、氯碱化工、煤化工“四大化工”为主的化工产业基地。无机化工要围绕两酸两碱，以原料化工和农用化工为主要方向，加快烟气制酸、氯碱、烧碱、亚硫酸钠、草酸扩能、24 万吨磷二铵、50 万吨磷复肥、10 万吨硫酸钾以及聚氯乙稀、红矾钠等项目建设。

三是建立以大型火电机组等传统能源和风力发电等新能源为主的电力能源产业基地。重点建设热电联产、2×30 万千瓦火电厂、液化天然气和风力发电等项目，开发利用生物能、太阳能等资源，不断优化能源结构。

四是在配套产业发展上，建立以八冶建设公司、金川工程建设公司、金泥集团为主的建设和建筑材料产业和以金川集团公司井下无轨电车设备、冶金炉窑、全自动压滤机等有色冶金机械产品为主的装备制造业生产基地。要使水泥等传统建材产品上档次，加快发展保温材料、防水材料、墙体材料等新型建材，建成以矿山井下无轨设备、压滤机、选矿设备等为主导产品的机械制造业。

五是建立以啤酒大麦、辣椒、草畜、无公害蔬菜等为主的农产品精深加工业生产基地。扶持壮大黄河麦芽、源达果品、双丰辣业等龙头企业。

三、城乡产业发展一体化的工作重点

（一）农业工作重点

1. 新品种引进

引进推广一批高产、高效、优质、低耗、多抗新品种，新建一个良种繁育基地，为提高产品品质，优化产业结构，增加农民收入提供强有力的技术支撑。

啤酒大麦：重点推广甘啤系列，适当引进国外优质品种。

辣椒：重点引进与推广美国红辣椒品种。

家畜：畜禽重点推广约克夏、长白等瘦肉猪品种，西门塔尔、皮埃蒙特、利木辛等肉用及肉乳兼用型牛品种，荷斯坦等优质奶牛品种，美利奴、波得代等优质肉用羊及毛用羊品种。

特种禽畜：重点推广美系彩色长毛兔品种，德系獭兔品种。

牧草：牧草重点推广优质、抗寒、高产紫花苜蓿、红豆草、红三叶、无芒雀麦、猫尾草等牧草新品种。

2. 示范基地建设

力争通过3至5年努力，在全区建立一批布局合理、特色明显、管理规范、机制灵活、效益显著的农业高科技示范基地。

近郊地区：以宁远堡镇为重点，建设无公害蔬菜、花卉栽培、苗木等生产加工示范基地。

远郊地区：以双湾镇为重点，建设啤酒大麦、辣椒、食葵等优质原料种植基地；生猪、肉牛优质牧草等生产加工示范基地。

3. 新技术引进推广

因地制宜，典型示范，进一步做好农业新技术的引进推广工作，加快传统农业向现代农业转变，努力促进农业增产、农民增收。

农业节水技术：推广地膜覆盖栽培技术、微、喷、滴灌技术及配水自动化管理技术、环保型节水抗旱制剂等旱作节水新技术。

农业信息技术：推广863智能化农业专家系统，将农业成熟技术、专家知识、科技成果快速集成，加快农业科技成果转化步伐；推广农业信息化网络技术。

标准化生产技术：推广日光温室有机生态无土栽培、病虫害生物防治技术、生物肥料等农产品标准化生产技术。重点推广蔬菜、肉羊、肉牛标准化生产技术。

农业生物技术：推广冻精授配技术、胚胎生产与移植技术，扩大优良猪牛羊群体，提高畜牧业生产水平；推广瓜果、花卉、蔬菜、苗木的组培脱毒快繁技术。

生态环境保护技术：农村沼气、日光温室等农村能源综合开发技术；推广农田少免耕等保护性耕作技术。

农产品加工技术：引进推广农畜产品精深加工、速冻、脱水、贮藏、保鲜和综合利用技术。

综合配套养殖技术：推广规模化养殖技术、暖棚养畜综合技术、人工种草技术、配混合饲料技术、青贮氨化技术、杂交生产技术、疫病综合防治技术。

农机化技术：推广保护性耕作机械，穴播机械，马铃薯、中药材挖掘机械，设施农业机械，牧草收获机械，饲料加工机械等耕、播、收农机化技术。

4. 庭院生态农业发展

庭院经济的特点：庭院经济是以土地资源为基础，以太阳能为动力，以沼气为纽带，在农户庭院，将日光温室、畜禽舍、沼气池和厕所有机结合在一起，使四者相互依存、优势互补，构成“四位一体”能源生态综合利用体系，从而在同一块土地上，实现产气和产肥同步、种植和养殖并举、能流和物流良性循环，成为庭院经济与生态农业相结合的一种高产、优质、高效农业生产模式。城郊庭院经济可最大限度利用零散土地资源，利用农村赋闲劳力实现高度集约经营（生物集约、劳动集约、能量集约等），解决资源的不足（推广沼气、太阳能）。

庭院经济模式：以的日光温室为基本生产单元，在温室内部一侧建太阳能保温畜禽舍和一个的厕所，畜禽舍下部建沼气池。利用塑料薄膜的透光和阻散性能及复合保温墙体结构，将日光能转化为热能，阻止热量及水分的散发，达到增温、保温的目的，使冬季日光温室内温度保持在10℃以上，从而解决了反季节果蔬、花卉、苗木的生产，畜禽和沼气池安全越冬问题。温室内饲养的畜禽可以为日光温室增温，并为农作物提供二氧化碳气肥，农作物光合作用能增加畜禽舍内的氧气含量；沼气池将人畜禽粪便进行厌氧发酵产生沼气、沼液、沼渣可用于无公害有机农业生产和农民生活，从而达到环境改善、能源利用、促进生产、提高生活水平的目的。

庭院经济产品：产品主要为附加值较高的农副产品。其中包括：日光温室——反季节果蔬、花卉、苗木；畜禽舍——长毛兔、獭兔；沼气池——沼气（农民生活能源）、沼液（用于浇灌无公害有机蔬果）、沼渣（用于栽培食用菌或做有机肥原料）。

5. 农民培训

鼓励和支持农业科技院校（所）、农技推广机构和农业科技人员，建立农民培训基地，对农民进行新品种新技术的系统培训；鼓励和支持农技推广机构和农业科技人员，通过建立定点联系县、参与组建科研生产联合体和农业产业化龙头企业、转让技术成果或转包农民土地等方式，创办农业科技示范基地，把农民科技教育培训与先进适用技术推广和农业生产经营有机结合起来，把科技示范园区办成新品种新技术展示基地、种苗供应基地、现场培训农民的科普基地。要发挥典型示范辐射作用，着重抓好科技示范基地、示范点建设，积极培训乡土人才、科技示范户，充分发挥乡土人才、科技示范户的技术辐射作用，通过面对面巡回示范，把新技术、新经验、新作法送到田头乡间，形成点面结合、以点带面的典型引路辐射效应。到2013年力争培训乡土人才、科技示范户总数达到2万户。

（二）工业工作重点

坚持因地制宜，有所为有所不为的原则，围绕培育壮大有色、化工、能源等支柱产业，以工业园区建设为突破口，加速以金川、双湾为重要区块，衍生五大基地的“两区块五基地”经济带建设，促进产业聚集，提升规模效益，构建有色金属产业优势明显、无机化工产业逐步延伸、能源产业不断壮大、新材料产业快速兴起的工业经济发展格局。

1. 以镍、铜、钴冶炼加工为主的有色工业

紧紧围绕资源综合利用、节能降耗、环境保护，重点实施矿山改扩建、选矿扩能、冶炼系统节能等技术改造项目，壮大主业规模，优化产品结构。

2. 以原料化工和农用化工为主的化学工业

要充分发挥市域及周边的资源优势，利用金川集团公司有色冶炼副产的化工原料及其配套化工产品，围绕金川集团公司、金化集团公司、甘肃新川化工有限公司、甘肃瓮福化工有限责任公司的发展，以新材料工业区建设为契机，以发展循环经济为主线，以产业关联度为纽带，重点抓好年产 30 万吨离子膜烧碱、1.5 万吨海绵钛、80 万吨 PVC、120 万吨硫酸钾、40 万吨磷铵、60 万吨水泥、16 万吨合成氨等项目，建成以硫、磷化工、氯碱化工、有色金属深加工为主，辅以氟化工、煤化工以及有机化工配套的多业并举的化工产业，使金川成为西北地区重要的基础化工基地。

3. 以火电为主的能源工业

火电建设方面要重点抓好金川集团公司 2×150MW 热电联产项目，力争在市区再建设 2×300MW 热电联产项目；风电方面借鉴永昌县分建设风力发电经验，认真做好试点工作，积极申请国家财政补贴，力争建设 5 万千瓦风力发电机组；同时要抓住国家西气东输复线建设的有利时机，积极开展利用天然气工作；加快石油煤炭资源的勘探开发，不断优化能源结构。

4. 以水泥制造为主的建材工业

由于水泥是区域性很强的产品，所以必须坚持“控制总量、

调整结构”的原则，认真贯彻“上大改小”和“限制、淘汰、改造、提高”的八字方针，坚决淘汰普立窑和年产4.4万吨及以下的机立窑，重点支持金泥集团日产2000吨新型干法生产线；同时，新型建筑材料及制品要以新型墙体材料和化学建材及制品为突破口，带动整个新型建材的快速发展。

5. 以生铁冶炼为主的冶金工业

以金铁集团为龙头，在巩固原有生产的基础上，积极和金川集团加强合作，加快镍弃渣综合利用，尽快开发镍弃渣炼铁，通过实施铁精矿粉“提铁降硅”工程及节能扩容技术改造。

6. 以“金川机械”为主的装备制造业

重点通过与国内外大专院校、科研院所及知名公司的合作，依托现有企业研发优势，通过自主创新、联合开发、协作生产等方式，形成一大批技术进步成果和具有自主知识产权的核心技术，推进井下无轨设备、压滤机、基础零部件新产品等主导产品的专业化、系列化、标准化生产，使以井下无轨设备、压滤机为主的“金川机械”产品达到国际先进水平。

7. 以农畜产品等原料为主的农副产品加工业

主要立足资源优势，充分利用“两个市场”，着力发展特色优势农产品加工业，推进农业产业化进程，加快农村经济发展。要因地制宜建基地，合理布局抓龙头，依靠科技提质量，网络营销拓市场，逐步实现农产品由初级加工向精深加工转变，由传统加工工艺向采用先进适用技术转变，由小批量加工向适度规模生产转变。要抓好现有企业生产扩能和技术改造，增加生产能力，扩大生产规模，重点引进和扶持啤酒麦芽、肉羊、辣椒等特色产品加工企业做大做强。

8. 以新材料区建设为主的新兴接续产业

积极推进新材料工业区建设，尽快形成我区工业经济发展的新载体。按照“规划科学、定位准确、布局合理、功能健全”的要求和循环经济模式，充分论证工业区的近、中、远期规划。加快工业区的基础设施建设，特别是完善各项配套服务措施，提高服务能力和水平。通过政策引导和优化服务，营造良好的工业区投资环境和氛围，促使工业区上规模、上水平、出效益。对一期开工建设30万吨离子膜烧碱、1.5万吨海绵钛、5000吨羰基铁粉、1万吨羰基镍、6万吨精密铜及铜镍合金管棒型材、80万吨PVC、60万吨干法水泥等项目加强跟踪协调，及时解决项目建设中出现的新情况、新问题。积极做好钛冶金、锆冶金、草酸、钛白粉、硫基复合肥、捣固焦等项目前期工作。延长有色、化工产业链，打造产业群。

（三）第三产业工作重点

今后一个时期，我区第三产业发展的重点可概括为：构建三大体系，培育发展九大市场，改造提升五大传统行业，加快发展六大新兴行业。

1. 构建三大体系

以信息、金融、保险、证券、咨询、交通、通讯等智力服务和新兴服务业为先导，以为生产和生活服务为主体，由传统行业和新兴行业构成的，功能齐全、灵活多样、布局合理的社会综合服务体系。

以公有制为主体，各种经济成份充分发展，适应社会主义市场经济需要的运行机制和结构合理、功能完善、运行规范、监管服务到位的市场运作体系。

社会保障事业和社会福利事业共同发展，基本保险和补充保险、商业保险相结合，国家、集体、个人三方合理负担，为下岗人员、失业人员、待业人员提供有效帮助，为城乡弱势群体提供有效保障的社会保障体系。

2. 培育发展九大市场

进一步拓展和完善消费市场。引导、建立、健全和完善各类规模的批发——批零兼营——集贸市场等多渠道、少环节、开放畅通的新型流通网络，积极发展特许连销、代理制、连锁店、配送中心、电子商务、一卡消费等以现代流通方式为特征的现代物流业。形成以市区为现代物流中心，以宁远堡镇、双湾镇为物流配送基地的网络格局，提高物流现代化水平。

有效整合农畜产品市场。按经济需求创新农业合作组织，构建科技创新推广体系，完善农业产业化的各个服务环节，加快进度，尽快建成优质啤酒大麦深加工生产线、优质饲草深加工生产线、优质辣椒深加工生产线、优质肉羊深加工生产线、高原绿色无公害蔬菜深加工生产线等联合公司（企业），以大宗绿色优质农产品占领国内外大市场。

积极拓展提升外贸市场。支持企业调整出口产品结构，扩大出口产品规模，千方百计向国际市场开拓各种形式的外贸业务，包括直接出口，实行代理制，来料加工出口等，积极协助和支持企业做好有色金属、化工、建材以及碳化硅、荧石粉、手工地毯、肠衣、草产品、高原无公害绿色食品等各类商品的出口。支持金川集团公司等企业拓展国外资源，扩大企业生产规模。

稳步发展金融、保险、证券市场。引导金融企业加大对“三农”的信贷投入，加大对新型工业化、高新技术产业、新材料产业和信息产业的信贷支持力度，加大对中小企业、对外经贸企业、非公有制经济和县域经济的金融支持力度，加大对基础设施建设和生态环境建设的信贷投入，推动、发展下岗失业人员小额贷款，个人消费贷款业务。

积极培育城市建设的资本市场。实行城市经营公司化运作，以城市建设市场化、城市资源资本化、城市经营合同化、投资主体多元化为目标，树立经营城市的理念。成立以金昌市城建投资公司为代表的城建专营公司、投资公司、房地产开发公司、休闲娱乐公司等，并确立其投资主体地位。建立城市建设基金会，实施城建资金统一管理和市场运作。

培育城市土地市场。坚持推行城市建设发展用地统一规划、统一报批、统一征用、统一开发、统一供应的“五统一”管理方式。通过规划，对城市的发展方向、功能分区、重点建筑等进行明确定位，在宏观布局上合理配置城市土地，充分显示土地的增值预期和开发价值，从不同地级的增值预期中直接受益。

大力开发科技市场。进一步推动科技创新，加速科技成果转化，充分发挥金川区的科技优势，遵循“统一政策，分口管理，放开搞活，服务基层”的原则进行科技市场的建设，开展实用技术专利、专有技术和科技成果的引进、转让、推销等，加快高新技术推广，促进科技人才交流，引导技术市场围绕有色、能源、化工等支柱产业的壮大，建筑、建材、装备等配套产业发展，新材料基地建设，围绕乡镇企业、中小企业做大做强开展技术服务。大力扶持开发、发展科技中介服务机构，运用市场机制和政策引导等手段，有效配置科技资源，加速科技成果转化，有效服务于经济、社会发展。

建立和完善以职业介绍、就业培训、人才交流、劳务输出、劳动就业服务为主要内容的劳务人才市场。全面推进素质教育，大力培育市场需要的各类人才，引导支持劳务市场为下岗再就业人员、待业人员、劳务输出人员等做好就业技能培训和就业咨询服务，劳务输出的管理、信息、组织、培训等就业服务。

积极培育开发房地产市场。把房地产业做为新的经济增长点予以开发建设，进一步放开搞活房地产二级市场，盘活存量，激活增量。加快住宅小区基础设施建设和绿地建设。鼓励支持私人建房、买房、卖房。加快发展住房公积金和商业银行个人住房信贷业务，建立和完善住房保险，担保、抵押登记，房地产处置等配套政策。推进房地产开发、销售与物业管理的企业化经营，促进住宅物业化管理。推动和规范房地产中介服务、维修服务、装饰装潢服务等相关行业的发展。

3. 改造提升五个传统行业

商贸流通餐饮业。重点发展商业连锁经营、物流配送、特许经营、代理制、电子商务、农副产品批发、进出口贸易、大众化餐饮、旧货调剂等。

运输服务业。主要发展公路客货运输服务、运输辅助服务，运输维修服务，重点要加强交通运输基础设施建设，配套完善客货运站场布点，提升运输装备水平，发展和规范运输维修等辅助服务。

金融保险证券业。努力扩张信贷业务品种、保险业务品种和证券业务品种。加大对全区经济建设和社会发展的信贷支持，拓展住房、汽车、旅游等个人消费信贷业务。引导发展上市公司，规范发展信托投资公司、证券公司、财务公司等各类非银行金融机构。大力发展商业性财产保险和人寿保险，开展国内外联保，拓展和延伸农村保险市场。

公用服务业。加强市政基础设施建设和环保设施建设，完善城市公共交通服务网络，提高城市道路、排水、污水和垃圾处理以及环卫、公用绿化、供电、供水、供热、供气等方面的维护、管理和服务能力。

教育科技业。大力发展各种形式的职业教育、成人教育、继续教育、岗位培训和下岗分流人员再就业培训以及多层次的基础教育，加快培养具有一定专业技能的熟练劳动者和学科实用人才。

4. 加快发展六个新兴行业

住宅服务业。综合开发建设适应不同消费层次居民的住房，鼓励集资建房、合作建房和个人建房、买卖房，按揭购房等。建立健全住宅开发经营体系，配套发展装修服务，不断提高住宅经营、装修服务、物业管理的水平。

旅游业。着力打造品牌旅游：一是具有典型西部风情的祁连山、原始森林、西北草原、大漠戈壁等生态旅游特色品牌。二是骊靬古迹、革命遗迹及丝绸古道、长城等文化特色品牌。三是镍工业基地及绿色农业为主的工农业观光特色品牌。四是依托腾格里、巴丹吉林两大沙漠的国际沙漠体育赛事活动的沙漠探险游品牌。

社区服务业。鼓励个体、民营和社会各方面共同兴办社区服务设施和网点建设，重点开拓社区各种便民家庭服务、维修服务、接送服务、托幼教服务、托养老服务、保健服务、上门服务及医疗康复、个体娱乐等社区服务。

文化体育业。推行文化事业产业化经营，发展大众化娱乐项目。开发体育竞赛和健身服务项目，重点发展竞赛表演、健身娱乐、技术培训、场馆开发等体育产业。

农业服务业。积极发展农业产前、产中、产后服务，强化科技、信息服务，为农产品生产提供及时、高效的农技、农机、农电、农水、农贷、植保、土肥、良种、农产品精深加工、销售、信息咨询、农业保险、监测检验等服务，不断提高综合服务水平。

信息及中介服务业。大力推进全区的信息化进程，加快“数字金昌”工程的建设步伐。积极发展会计、审计和税务咨询、资产评估、工程与建筑咨询、科技咨询、管理咨询、法律咨询、统计咨询、市场调查等行业，规范发展代理、代办、经纪、拍卖等行业。

四、城乡产业发展一体化的推进策略

（一）加强领导，营造推进城乡产业一体化发展的良好氛围

1. 建立健全组织机构

区、镇、村三级党委、政府要形成分级管理、上下联动的有效推进机制，加强对城乡产业一体化发展的规划和指导，抓好组织实施。各级产业发展相关部门要进一步密切配合，加强协作，及时研究区域内城乡产业互动发展的新趋势、新情况，制订具有针对性、可操作性的鼓励政策和激励措施。

2. 完善目标责任制

修改和完善工业经济考核指标，既关注发展性指标，也重视约束性指标，更加注重走新型工业化道路评价、结构调整、创新能力的提高及经济和环境的协调。修改和完善《金昌市金川区城乡一体化发展预期指标体系》，切实做到科学考核。下达三次产业年度工作重点和目标，分解工作任务，以考核促调整，以考核

促发展。

3. 强化政策引导

一是把发展先进制造业和现代服务业作为促进产业升级和转变经济发展方式的重要突破口，努力营造有利于先进制造业和现代服务业融合发展的浓厚氛围。

二是切实落实扶持政策。整合扶持经济发展的各类专项资金，建立专项资金归口管理部门联席会议制度，形成统一、有效、顺畅的磋商和协调机制。

三是鼓励城乡全民创业。尽快出台《关于推进民营经济又好又快发展的若干意见》，促进我区民营经济持续、健康、有序发展。

（二）改革创新，建立推进城乡产业一体化的工作机制

1. 创新农业产业发展模式

大力发展农业新型合作组织，加强农民专业合作社联合会建设，提高农业生产经营组织化程度，大力推广“公司+农户”、“基地+农户”、“公司+合作组织+农户”等产业化经营模式，鼓励龙头企业发展“订单农业”、实行二次返利，与农民形成“利益共享、风险共担”的利益共同体；积极扶持加工型、流通型的龙头企业实施品牌战略，发展品牌经营，加快创建国际知名农产品品牌，建立独具特色的区域性品牌；并根据市场的需要，打破地域、行业、所有制界限，把产供销、贸工农紧密结合起来，实现优化组合，形成市场牵龙头、龙头连基地、基地带农户的产业化发展模式。

2. 推进资源要素优化配置

积极探索建立国家级、省级开发区与城镇工业功能区联动开

发机制，由国家级、省级开发区选择确定一家或几家合适的镇工业功能区作为配套区，进行品牌输出。以产业集聚和产业集群培育为前提，对配套区进行联合开发，并根据协议承担相应的责任、享受应有的权益，以充分发挥国家级、省级开发区的品牌优势和镇工业功能区的资源优势，实现互补双赢，共同构筑经济发展平台，促进镇工业功能区建设管理水平的提高。

3. 加快推进产业融合互动

一是强化生产性服务业和先进制造业的双向互动，改造提升五大传统服务性行业，加快发展六大新兴服务性行业，发挥其对提升制造业附加值和竞争力的促进作用。

二是积极推进信息化与工业化的融合。融合计算机、通信和微电子技术领域的技术创新，实施嵌入式改造，加快我区优势传统产业和新兴产业的信息化进程，加快发展企业电子商务。

三是大力促进职业教育与先进制造业基地建设的有机结合，提高职业教育与区域特色经济、产业集群发展的结合度，发挥职业教育对提高劳动者素质和技能、加快先进制造业基地建设的积极作用。

（三）集聚要素，构筑推进城乡产业一体化的支撑体系

1. 投入支撑

按照“工业反哺农业，城市带动农村”的要求，加大各级政府财政支农力度，逐步建立稳定的农业投入增长机制。积极开展招商引资，大力吸引“新三资”投资农业，建立多层次、多渠道、多元化农业投资体系；鼓励不同经济成份和各类投资主体参与农业建设，并在土地、税收、信贷等方面给予优惠扶持。进一步完善农业信贷政策和农业保险政策，积极推广公议授信、联保

贷款、存单质押、小额信用贷款等农业信贷形式，加大信贷投放力度，支持城乡产业一体化发展。

2. 平台支撑

以培育壮大产业集群为目标，以国家开发区（工业园区）及镇工业功能区为依托，进一步完善中小企业创业中心的空间布局，加快标准厂房建设的推进步伐，为各类中小投资者构筑良好的创业平台；扶持建立一批面向我区产业集群的技术公共服务平台，引进一批行业研发和检测机构，努力在关键共性技术研究开发、国内外标准和技术法规研究等方面取得突破；加强服务业平台建设，加快服务业集聚区建设；设立第三产业发展网站，建立服务业重大项目储备库。

3. 要素支撑

拓宽渠道，强化供给，努力缓解要素制约。

一是全力缓解土地要素的制约。做好重大建设项目的申报，力争多列省重点和争取更多的土地指标。建立金川区工业用地控制标准和工业用地项目评估办法，将项目的产业导向、投资强度、集约用地、环境影响、综合能耗等列入供地综合评估的重要内容。加强对出让土地开发建设的清查，督促企业盘活现有土地存量，合理安排供地，节约集约用地。

二是破解融资难题。搭建银企合作平台，通过定期召开银企签约会等形式，推动银企合作，以缓解企业融资难问题。建立民间担保机构，解决中小企业的贷款难问题。采取土地储备、抵押等方式进一步拓展融资渠道。

三是加强人才队伍建设。进一步加大对企业经营管理者的培训培养力度，重视经营管理者的素质提升和能力建设；加快各类专业人才的培养和引进；进一步拓宽人才培养途径，在大专院校增设相关专业，扩大一些紧缺专业的招生规模；积极开展各种形式的成人教育，加强岗位职业培训。

五、城乡产业发展一体化的保障措施

（一）农业保障措施

1. 优化区域化布局，提升农业效益和产业竞争优势

本着发挥优势、突出特色、相对集中、高产高效的原则，立足市场需求，发挥区域在资源、市场、技术等方面的综合比较优势，坚持有所为有所不为，合理有效地配置农业生产要素，实行集约化经营，形成一批集中连片的优势产区，加快优势农产品的发展。特别是在资源条件好、生产规模大、优势明显的主产区加快特色产业基地建设。通过依托龙头企业和农户，不断创新基地建设方式，进一步发展壮大以啤酒大麦、辣椒、食葵为主的原料产业、以舍饲肉羊、兔为主的养殖业和以无公害蔬菜以及花卉苗木为主的特色产业基地，推动“一村一品”特色农业向规模化、集约化方向发展。

2. 推进产业化经营，促进区域经济协调发展

坚持按照打破地域界限、优化资源配置、相对集中发展、形成规模经济的原则，突出大（规模大、带动面大）、高（技术水平高、附加值高）、外（外向型）、新（新产品）、多（多种所有制、多形式），培育产业化的龙头，不断延长产业链条。并把龙头企业发展与农业对外开放结合起来，引进全国500强企业农产品加工项目。要运用现代资本运营手段，积极探索农畜产品精深加工企业的集团化经营模式，扩大技术联合，着力提升农畜产品

精深加工业的整体实力。要大力发展专业合作社、专业协会、联合体等中介服务组织，鼓励支持它们发展农副产品的加工、储藏和运销服务，并在政策和信贷上给以优惠，在组织形式、服务内容、服务方式等方面加以引导，帮助其逐步规范。要积极培养农民经纪人队伍，努力降低市场风险。鼓励龙头企业设立风险资金，采取预付定金、提供技术服务、保护价收购等有效措施，与农户建立紧密、合理的利益联结关系，实现企业与农户、产品和市场的对接，形成千家万户增收的产业化格局。同时，在不断完善合同契约制的基础上，还要积极探索股份制、股份合作制、公司制、利润返还等新的利益联结机制，特别是要引导农户以资金、土地、劳力、技术等要素参股入股龙头企业，真正建立起企业和农户的“利益共同体”，使企业和基地、农户捆绑发展，解决龙头企业原料供应问题。

3. 加大标准化生产力度，着力打造优势品牌

在严格执行国家质量标准的基础上，制定优势产业和特色农产品的质量标准及其技术规程，健全完善农产品检验检测体系，全面实施无公害食品安全行动计划，形成以国家、行业标准为主体，地方标准相配套，涵盖产前、产中、产后全过程的农业标准体系。加强农业标准化示范基地和生产示范区以及“标准入户”工程建设，广泛开展农业标准化知识培训，加强农产品质量安全检测，严格农业投入品使用管理，以标准化培育知名品牌，依靠品牌塑造产品形象，打开产品销售市场，通过品牌优势启动资源优势，扩大生产优势，创造经济优势。

4. 强化科技支撑作用，提升农业现代化水平

要切实增加农业科技投入，进一步加强与院校、院所在特色产业的发展与开发、大宗优势农产品加工、保鲜等方面全方位开

展技术考察、技术交流、技术合作、技术研究和技术攻关，积极主动地与科研单位、大专院校攀亲结缘，促进产学研有机结合。要制定科技治村实施方案，认真实施“科技入户”工程。围绕特色产业、主导品种、主推技术的应用，在着力发展优势特色主导产业的基础上，积极引进、试验、示范、推广优良新品种，大力推广应用保护性耕作技术、设施农业栽培技术、模式化丰产栽培技术、畜禽科学养殖技术、测土配方施肥技术、节水灌溉技术等六大先进适用新技术。围绕地方性优势特色主导产业基地建设和农产品深加工，加快高科技农业示范区建设步伐，积极引进、试验、示范高新技术，鼓励农业科技单位和技术人员更多地面向农业主战场，包办、领办农业产业化项目，不断提高科技成果转化率。要进一步实施好科技特派员制度，选派科技人员到基层工作，全面开展技术培训、技术咨询、技术指导、技术服务工作，注重培养乡村乡土技术人员，制定农技推广人员知识更新计划，采取多种方式，对长期在农业生产第一线的农技推广人员和青年农民技术员进行培训，加快建立一支以政府为主导、农业科技工作者、农民、企业等社会各界广泛参与的农业科技推广队伍。

5. 加强农业社会化服务体系建设，推动特色农业健康发展

不断强化和完善市场管理与服务，建立良好的市场交易秩序；积极引导优质、有品牌的农产品直接进入超市；对现有的各类市场，特别是乡村集贸市场，要引导帮助其加强软件和相关服务设施建设，增强功能，规范运行，努力形成以初级市场为基础，以区域性批发市场为骨干，以重点批发市场为龙头、多种经济形式和多种经营方式并存、设施完备的市场网络。要强化农业和农村信息化建设，建设一套高效的信息传输系统，即：农业和农村市场信息网络系统，用以获取和传递信息，实现产销有效对

接。要按照“功能强、覆盖广、效率高”的原则，继续加大投入力度，深入实施农村“家家 e”信息工程计划，充分发挥农村“兴农网”作用，把市场信息传递到千家万户，让基层干部和广大农民群众全面了解掌握国家产业政策法规、农产品供需、国内外农产品价格行情等，切实提高各类信息服务水平，实现产区与销区、生产与市场的信息对接，开辟农产品“绿色通道”。同时，要围绕特色农业发展，对主要农产品的生产供求、价格等信息进行动态检测，及时向农民预报。

（二）工业保障措施

1. 加大宣传力度，营造工业经济发展的良好环境

一是继续加强“工业强市”意识和对工业企业及地企合作的宣传，为全区工业经济的发展创造良好的舆论环境；二是不折不扣落实招商引资的各项优惠政策，进一步配套完善工业小区的服务功能，努力为入区项目的启动建设创造良好条件。三是整顿和规范市场经济秩序，坚决治理“三乱”，为企业的发展提供良好的市场环境；四是树立优质服务意识，加强工业经济运行的分析和调控，协调解决好企业产、运、销环节的突出问题，确保企业正常生产，提高运转效率，不断增强工业对经济增长的拉动作用；五是协调好银企关系，为企业发展提供良好的金融环境；六是进一步制定完善支持、鼓励工业发展的各项优惠政策，为全区工业的发展提供良好的政策环境；七是坚持依法行政、依法治市，及时为企业提供优质的法律服务和法律帮助，依法保护企业的合法利益，维护企业正常的经济秩序，为企业的发展提供良好的法制环境。

2. 围绕优势产业，切实扶持壮大优强企业

立足当前，着眼长远，调整和优化产业和产品结构是走新型工业化道路的重中之重。推进新型工业化进程的关键是选准突破口，找准切入点。一是积极推进产业结构调整。二是以重点企业为基础，培植壮大行业龙头企业。三是加大资源整合力度，积极推进资本、技术等要素向优势企业、优势产品集中，着力培育一批掌握核心技术、产品知名度高、核心竞争力强的企业集团，引导一批中小企业向基靠拢。

3. 强化项目管理工作，推进产业结构调整

认真贯彻国家产业政策，对列入规划、关系到全区产业结构调整的重大项目，重点予以支持，对经济效益差、资源消耗大、环境污染严重的项目，通过实施必要的行业准入、技术标准、差别电价等法律、经济和必要的行政手段，加以限制淘汰，通过抓紧抓好高新技术项目、用高新技术改造传统产业的项目、资源综合利用的项目和延长产业链的项目，促进产业结构的调整，从而为优势产业的发展创造良好的环境。

4. 加快工业园区建设，培育工业强市载体

金昌开发区、新材料工业区等工业园区发展迅速，但和沿海发达地区相比，仍存在着一些不足，如起点低、规模小，布局分散、产业布局雷同、协作关系相对薄弱，产业均具有大而全、小而全的特征，缺乏特色，难以形成产业聚集效应。因此，要进一步加强工业园区规划工作，突出园区发展的特色，加大基础设施建设投入，引进和发展配套项目，形成产业链，促进区内区外互动发展的良好局面，同时，依托园区大力开展招商引资。

5. 大力发展民营经济，引导中小企业健康发展

应该看到，中小企业不仅在解决就业、增加财力、繁荣地方

经济方面有重要作用，而且由于小企业投资少、见效快、适应性强，往往是新型产业的重要源泉。因此，必须充分发挥中小企业在工业经济中的作用，要继续把发展中小企业作为推进工业化进程的重点，着力抓好三个方面：一要放宽市场准入条件，大力发展民营工业。只要是国家没有明令禁止的，都允许社会资本投资兴业，特别是鼓励发展农产品深加工、高新技术产业和劳动密集型产业，引导中小企业走“专、精、特、新”的路子。二要加强联手合作，填平补齐产业链。加强与大企业以及中小企业之间相互协作联合，是中小企业保持活力的重要条件。要引导更多的中小企业依托大企业，为大企业提供配套和服务，建立和形成以大企业和企业集团为中心、专业化生产协作的群体。同时，还要发挥行业协会作用，使企业从排斥性无序竞争走向合作性竞争，共同应对市场挑战。三要落实好扶持政策。国家、省、市相继出台了一系列扶持中小企业发展的政策措施，各级各部门要真正把政策用足用好用活，落实到位；要改善融资环境，有效解决中小企业贷款难问题。要加强企业与金融机构的协调沟通，鼓励和支持中小企业创造条件，直接参与资本市场融资。

6. 坚持可持续发展，大力开展循环经济

结合我区实际，引导企业树立“资源有限、创意无限”的观念，让生产工艺流程中一个环节产生的废弃物成为另一个环节的原料，通过资源利用的最大化，实现经济效益的最大化。按照循环经济理念，在企业相对集中的“一线三点”，率先开展循环经济试点工作。立足新材料产业和接续产业，探索循环经济发展模式，推出一批循环型企业、生态工业园区。

（三）第三产业保障措施

1. 统一思想认识，加大工作力度

各级领导干部要进一步转变观念，提高认识，解放思想，坚持改革开放，提高对加快发展第三产业重要性的认识，强化改革开放意识和商品市场意识，切实改变“重工农业、轻第三产业”，“重生产、轻流通服务”的传统思想观念，将第三产业摆到与一、二产业同等重要的位置，从战略高度规划和推进第三产业的中长期发展。第三产业发展要列入区委、区政府的重要议事日程，计划部门要将第三产业作为中长期计划的重要内容研究，要加强第三产业发展规划和政策的研究，制定和实施建立健全第三产业发展的信息监测、预警、预测和发布制度，为加快发展服务业创造良好的环境。

2. 面向社会开放，促进服务领域产业化

企业、事业单位所属学校、医院以及有条件的机关后勤服务设施都要面向社会开放，其所需服务由社会提供；除法律规定外，后勤服务机构要逐步改制为独立法人企业。鼓励民营投资兴办后勤服务。将各类事业单位划分为营利性或非营利性机构，营利性事业单位都要引入竞争机制，面向市场提供服务，并改制为企业或实行企业化管理，实行自主经营，自负盈亏，依法纳税，自我发展。通过政企分开、政事分开、企业与事业分开、营利性机构与非营利性机构分开，加快推进适应产业化经营领域的服务业产业化进程。

3. 多渠道筹集资金，增加第三产业投资

发展第三产业主要依靠市场机制配置资源，同时也要发挥政府投资的引导和带动作用。一是集中一定财政资金，对第三产业发展的重点项目给予引导、贴息，吸引更多社会资本投入第三产业；二是以股份制、股份合作制，单位和个人投资为主要形式，吸引民间资本，社会资金发展第三产业；三是第三产业龙头企业要带头打造诚信品牌，全面提高管理水平，积极争取信贷支持，进一步创新制度，降低成本，提高效益。同时，要向金融部门积极提供有市场、有效益的第三产业发展项目，银行也要进一步挖掘信贷潜力，大力支持第三产业发展；四是大力招商引资，激活民间资本，同时，依托国家外贸政策，引导外商直接投资和借用国外贷款投入第三产业，通过合资、合作或外商独资发展第三产业；五是实施有利于第三产业发展的积极财政政策，适当提高第三产业财政投资比例；六是建立第三产业发展基金，用于滚动发展，同时，中小企业担保基金、科技“三项费”等投资要向第三产业适当倾斜，要积极探索构建以股份制为主的符合市场经济要求，管理完善、运作合理的中小企业担保体系；七是提高第三产业自我投入能力，有计划、分步骤地将企业办的医院、学校纳入社会经营的轨道；八是鼓励有条件的服务企业进入资本市场融资，通过股票上市，企业债券项目融资，资产重组，股权置换等方式筹措资金，发行债券或搞股份制第三产业。九是要加大对公路、通信、城市交通、供电、供水、供气、垃圾和污水处理，住宅开发、文教卫生、科技信息等基础设施的投资力度。

4. 健全法规，规范市场秩序

首先合理界定各行业经营范围、从业条件、准入要求等。其次，要制定合理的分配政策，对各种所有制类型的第三产业企业，必须先提取养老、医疗统筹，再支付股息、分红、公共积累和依法纳税。第三，要理顺管理体制，制定和完善行业管理法规和办法，明确行业主管部门，创造条件，逐步解决某些行业用水、用气、用电价格不合理问题。第四，要加强市场监督和管理，制定适宜市场稳定发展的市场制度和交易规则，使市场交易公开化、规范化、法制化。杜绝坑蒙拐骗、假冒伪劣、掺杂使假等危害群众的行为。

5. 深化改革，促进第三产业发展

加快第三产业现有企业改革，建立产权清晰，权责明确，政企分开，管理科学的现代企业制度。一是进一步改革商贸（包括外贸)、供销、粮食、物资、文化、公用事业、电信、金融、保险等国有企业体制，要逐步放开对非国有经济的准入限制和扩大对外开放，完善劳动分配和社会保障制度，改善法制环境，为第三产业发展创造一个良好的外部环境。同时，要尽快改变经营方式陈旧，缺乏服务品牌和不适应竞争等状况，促进服务业的集团化、网络化、品牌化经营。二是建立第三产业规划、协调机构，明确综合协调全区发展第三产业的部门。主要任务是研究编制全区第三产业发展总体规划、政策制定和衔接平衡各行业规划与政策工作，制定加速发展第三产业的具体实施方案；研究制定促进第三产业发展的体制改革、政策方面的措施和法规；协调全区第三产业发展和改革中的重要问题，检查、督促各项政策措施的落实；加强对各部门、县、区发展第三产业的领导和指导；有关部门要做好相关行业的规划编制、政策制定和组织实施工作。在编制过程中，要立足金川区实际，依据国家产业政策，坚持以市场主导，以企业为主体，重点对商流餐饮业、交通运输业、邮电通讯业、金融保险业、旅游产业、科教文卫体等进行科学规划。同时，要鼓励服务业行业协会的发展，发挥其在市场保护、行业自律、沟通企业与政府方面的作用。三是放宽对民营企业从事第三产业的限制，允许民营企业投资建设和经营城市公用服务设施和其它基础服务设施；研究制定民营企业和中小企业发展第三产业的工商、信贷、财税、土地政策。四是深化第三产业价格与服务收费改革，依《价格法》落实和扩大企业自定价格，逐步建立市场形成价格的机制，规范价格行为，维护正常的市场秩序。五是有步骤开放银行、保险、证券、电信、外贸、商业、文化、旅游、医疗、会计、资产评估等，以促进服务业管理体制，企业机制，组织形式以及服务品牌的创新和服务业整体水平的提高。六是加快企事业单位的主辅分离，剥离企业办社会职能。尽快将金川公司、八冶公司的医院、学校、养老机构、离退休、下岗职工管理机构从企业分离，成为独立的事业单位或经济实体。将市政部门为机关服务的后勤机构剥离为经济实体。

6. 创造条件，大力挖掘就业潜力

要把第三产业发展作为就业主渠道，鼓励各行各业挖掘就业潜力。城镇要把发展劳动密集型第三产业作为安排劳动就业的重点，鼓励组织起来就业和自谋职业。计划、劳动保障部门要建立劳动就业信息网络，对各地就业和就业信息需求进行监测、发布，以有效利用就业市场调节我区劳动力的转移、安置、输出等。

7. 稳步推进，完善和健全社会保障体系建设

普及养老保险，扩大失业、待业保险，完善医疗保险，工伤保险和农村救灾保险，并逐步创造条件向农村延伸医疗、养老保险。加大力度推进养老金保险制度改革，形成国家、集体、个人共同负担的养老金社会筹措机制，逐步实行全区统筹，增强养老保险基金的调剂能力。离退休人员应逐步由单位企业管理转向社会化管理。积极支持商业保险事业的发展，健全商业保险机制，开发保险业务品种，特别是要注意开发农村保险市场，开办各类

农业保险、农村养老保险、农村医疗保险，增强农业风险补偿能力，提高农民社会保障水平。

8. 抓好重点项目，带动第三产业的快速发展

实施项目促进战略，按一、二产业发展需要，结合国家第三产业产业发展政策，围绕我区第三产业发展战略，完成一批第三产业重点项目的规划论证、储备和实施。

9. 加速城镇化进程，扩大服务业发展空间

小城镇建设是我区城市化进程的重点之一，坚持因地制宜，适度超前，统一规划，合理布局、分步实施的原则，抓紧完成小城镇的规划编制，做到城镇化与工业化并举，建设与发展并举，以宁远堡和双湾镇为重点，加快基础设施建设，尽快完善配套功能。放宽城市人口控制，改小城镇户籍准入制为登记备案制，吸引农民就近入城入镇创业发展；引导乡镇企业入镇入园，相对集中发展；多层次加强小城镇服务功能，促进城镇服务业的发展。同时，通过构建城市文化，塑造城市品牌，不断提高城市竞争力。扩大城市服务消费群体，为服务产业的发展开辟更大空间。

10. 以人为本，加快服务业人才培养

加快培养服务所需各类人才，特别要加快培养社会急需的信息服务、金融、保险、中介服务、社区服务、物业管理、物流管理人才的培养等，特别要培养熟悉服务业政策与管理，熟悉国际贸易服务等方面的人才；加强岗位职业培训，提高服务业从业人员的职业道德水平、质量意识、竞争意识和业务水平，增加其就业、创业和适应职业变化的能力；全面实施职业资格证书制度，建立服务业职业资格标准体系，有序扩大实施范围和领域，全面提高服务从业人员的职业素质。

第三章　金川区城乡基础设施一体化专题规划

金川区各级党委、政府按照《金昌市金川区国民经济和社会发展“十一五”规划纲要》的总体要求，狠抓城乡基础设施和教育文化建设，全区公路、水资源系统、污水处理、垃圾处理、电力、通信、教育、文化、体育、农居等基础设施和教育文化建设稳步推进，取得了阶段性成果，走在了全省前列。但是，对照党的十七大提出的统筹城乡发展，形成一体化发展格局的新要求，我区城乡一体基础设施建设还存在很多薄弱环节：公路网络化程度还不高，城乡公交发展水平还不平衡，水资源系统建设任务繁重，城乡生活垃圾无害化处理能力有待进一步提高，污水收集管网尤其是生活污水收集管网建设相对滞后，电网设施还比较薄弱，农村信息化水平有待进一步提高，教育基础设施有待进一步整合，文化体育建设比较落后，农居设施建设亟需改造。为了更好地统筹城乡发展，加快城乡一体的基础设施建设，按照中央有关加快形成城乡经济社会发展一体化新格局的部署，参考国内一些先进省市的做法，根据甘肃省和金昌市的要求，结合金川区实际情况，特制定本专题规划。

一、城乡基础设施一体化的主要目标

坚持高标准，立足长远，统筹规划，突出重点，加快城乡基础设施建设。到2011年，城乡交通基础设施基本完善，垃圾处理工作取得突破，环保基础设施网络体系建设迈上新台阶，电力、通信网络体系进一步升级，学校布局全面调整，文化大院实现村村有的目标，新型农宅改造建设全面完成，基本形成城乡一体的基础设施网络体系。

（一）交通基础设施

公路交通从农村路网建设入手，继续推进高标准通村通乡公路网建设；完成金宁公路改造及国营农场道路建设工程；修建九个井至区园艺场公路；有计划地进行大中修养护工程和改建设计使用年限已满的公路。

（二）水资源系统建设

地下水水质量达到三类标准；

创立水资源的价格形成机制；

建成大中型农业灌区工程及小型农田水利工程，发展旱作节水农业和节水灌溉等节水工程；

基本建成城乡一体化供水管网，到2011年城市安全用水达99%，农村安全用水达86%；2013年城市安全用水达100%，农村安全用水达95%。

（三）污水收集处理

新建一座大型污水处理站；

加快城镇污水处理厂建设和启用，到2011年，城市生活污水集中处理率大于80%，使其运行时间和能力达到90%以上；到2013年，城市生活污水集中处理率大于90%，使其运行时间和能力达到95%以上。

（四）垃圾收集处理

到 2013 年，初步建成较为完善的垃圾分类收集、密封转运、无害化处理设施体系，垃圾做到集中收集、统一处理的要求，基本消除卫生死角，垃圾粪便做到无害化处理。

（五）电力设施建设

加强用电管理，改善供电条件，完成“十一五”农村电气化区建设及城网改造项目；

合资新建新建 35 千伏变电所 1 座，改造升压变电所 2 座，新建、改造输配电线路 238 公里，全面实现调度管理自动化，提高供电可靠性。

（六）通信基础设施

到 2013 年，建成覆盖全区的信息化基础设施网络，实现网络的数字化、综合化、宽带化、智能化和个性化；

区域出口带宽充裕，城市宽带入户率达到 40% 以上；农村宽带入户率达到 14% 以上；

网络间实现互联互通，实现声音、数据、图形和图像等信息能高速安全地相互传递和交流，信息技术和服务在社会各个领域得到广泛应用，运行效率明显提高。

（七）学校布局调整

到 2011 年，全面完成学校布局调整，形成布局合理、资源优化的格局。

双湾片：形成初中 1 所（双湾中学），小学 4 所（双湾中心小学、天生坑小学、东四沟小学、天生坑分场小学）；

宁远片：九年一贯制学校1所（宁远中学），小学1所（宁远堡小学）；

城区：九年一贯制标准化学校1所（城郊学校），小学2所（区一小、八冶一小）。

完成所有保留学校的标准化建设。

（八）文化体育设施

加强社会主义思想道德建设，深入开展文明村镇、文明社区、文明单位创建活动，不断提高公民素质、文化生活质量、社会文明程度；

加大对全区公共文化、体育设施建设的投入，广泛开展科普教育和群众性文体活动，不断丰富群众精神文化生活，形成健康文明的社会风尚。

（九）村镇小区建设

按照“一年起步、三年见效、五年大变样”的总体要求，积极推进小城镇、中心村建设、旧村和城中村改造以及撤村建社区工作，着力推进农村新房舍、新设施、新环境建设。

二、城乡基础设施一体化的工作重点

（一）交通基础设施体系建设

1. 加快推进已有公路改造与养护

加快金宁公路改造工程，有计划地进行大中修养护工程和对设计使用年限已满的公路改建。

2. 加快推进金川区交通一体化基础设施工程建设

修建九个井至区园艺场公路；

将辖区国营农场道路建设纳入规划，整体推进金川区小康社会建设与新农村建设进程。

3. 实施通县、通乡、通村公路项目建设

使区至两镇通达三级公路，实现村村通油路或水泥路，乡村道路全部达到四级以上公路标准，并配合抓好金永高速公路、金民公路、金昌支线机场建设，形成四通八达、畅通有序的立体交通网络。到 2010 年，全区境内公路总里程达到 555 公里，其中省道 64 公里，县道 196.5 公里，乡道 85 公里，村道 180 公里、专用公路 29.5 公里。

（二）水资源系统建设

1. 强化水源建设

加大投入，加强水源建设，进一步优化配置水资源，确保城乡供水安全性，重点实施境内水源保护工程，建设水厂水源生态处理工程。

2. 改造农村用水

实施农村饮水安全、中型灌区改造、小型农田水利续建配套、节水增效和金川河下游水资源综合治理等项目。

3. 修渠建坝

改建维修渠道 80 公里，配套渠系 200 公里，使渠系水利用率达到 75% 以上；

新建防洪工程 20 公里。

4. 建立健全城乡一体化供水运行体系

建立和完善城乡一体化供水运行管理办法，建立职能清晰、权责明确的村镇供水工程管理体制。在实行城乡统一水价的基础上，加强用水管理，实行计划用水和节约用水，适时实行阶梯水价，促进节约用水。

（三）污水收集处理体系建设

一是加快城市污水处理厂建设和启用，到2013年，城市污水处理率达到90%以上。

二是搞好城市污水处理厂和垃圾处理场建设和运行，到2013年，使其运行时间和能力达到95%以上。

三是做好对入网企业的监督管理，确保其入网水质达到排放标准，从而有效控制入网污水浓度。污水处理厂处理率达到100%，做到达标排放。

四是严格执行排污许可证制度和建设项目环境影响评价制度。最大限度的削减污染物的排放，减轻辖区污染负荷。

五是建立一个大型污水厂。

（四）垃圾收集处理体系建设

1. 垃圾收集转运设施

在镇中心区（主街道）按照每50～80米一个的标准设置密封式垃圾收集容器；

在居住区按照每30～50米一个的标准设置密封垃圾收集容器或垃圾池；

在镇中心区和村镇集中连片居住区按照实际垃圾产生量建设小型垃圾转运站。

2. 垃圾收集转运车辆

在村镇中心区和居住区按照居住区人口每3000人配备1辆垃圾收集拖拉机，每10000人配备1辆垃圾转运汽车。

3. 公厕

在镇中心区按照每500～1000人一座的标准规划建设公共厕所；

公厕建设达到三类以上标准。

4. 垃圾处理场

各镇建设1座垃圾填埋处理场，集中处理各镇生活垃圾。

（五）电力设施体系建设

一是加强用电管理，改善供电条件，努力争取“十一五”农村电气化区建设及城网改造项目。

二是新建35千伏变电所1座，改造升压变电所2座，新建、改造输配电线路238公里，全面实现调度管理自动化，提高供电可靠性。

三是全面完成新农村电气化镇的建设任务，建成“新农村电气化区”。

（六）通信基础设施体系建设

为实现城乡一体化，到2013年，城市居民信息化实现程度平均应在90%以上，农村居民信息化实现程度平均应在75%以上；到2020年，城市居民信息化实现程度平均在98%以上，农村居民信息化实现程度平均在85%以上。具体措施如下：

1. 建设高效宽带传输网

整合现有各运营商的传输网络资源，推进传输网络的互联互通，实现传输网络资源共享，优化传输网络结构，使核心传输网络结构由环状结构为主向网状结构过渡，扩大传输网覆盖空间，提高传输容量，积极使用先进传输技术建设适合全业务经营的宽带高效城域传输网，为通信业务的拓展提供强有力的保证。

2. 建设覆盖城乡的智能化宽带接入网

普及宽带接入网，在郊区和农村采用 xDSL、无线、HFC 宽带接入方式，普及农村宽带接入；

实现宽带接入网终端智能化，确保能提供有线、无线（WLAN）室内布线接口，满足用户对个性化业务的需求；

更新原有的相对落后、封闭、分散和相互不兼容的接入网，使其平滑过渡成为高度兼容的电信管理网（TMN）的一个子集。

3. 建设安全可靠的电话、电视网络

优化局（所）、基站和电视转播中心布局，满足城市发展后数据业务量急剧增长的需求；推进电话网的智能化建设，确保能提供集约化、规模化、个性化的电信服务；继续推进各固定电话网及移动通信网运营商的网间互联。

在技术上向 MSTP 升级，为移动业务的快速增长和其他业务的开展提供强有力的支撑平台。

在继续完善现有第二代移动通信网络的基础上，适时开展第三代移动通信技术的商用实验和商用网络建设。

优化广播电视网络的物理结构，推进电视节目制作、转播、信息交换技术设备的全数字化改造，完成模拟电视向数字的整体平移。

重点建设农村基础网络设施建设工程、模拟电视向数字电视的整体转换工程、第三代移动通信系统建设工程、下一代网络建设工程。

4. 推进电子政务建设，完善政府信息网

加快企业信息化步伐，发展电子商务；

完善区政府网站，增加各个中心镇、中心村介绍，加快网站政府信息更新，利用政府网站实现产业项目招商引资；

依托广播电视和互联网络平台，积极开展远程教育、远程医疗、可视电话、电子商务等信息业务，不断提高信息化服务水平。

（七）学校基础设施整合

1. 2009 年撤并 10 所小学

将赵家沟小学合并到东四沟小学；

将尚家沟小学、下小沟小学、新粮地小学、许家沟小学、新华小学、油籽洼小学、下四分小学合并到双湾镇中心小学，建立寄宿制小学；

将中牌小学、龙景小学合并到宁远中学。

2. 2010—2011 年撤并 5 所小学

将黑沙窝小学、曹刘沟小学合并到天生坑小学；

将东湾小学、西湾小学合并到宁远中学；

将旧沟小学合并到双湾镇中心小学。

3. 2012—2013 年建成城郊学校

将西坡小学、高岸子小学、马家岸小学、夹沟小学以及市区所有民办小学合并到城郊学校；

将小井子小学合并到五营小学。

4. 重视农村幼儿教育

重视并扶持农村幼儿教育发展，以民办为主，利用农村中小学布局调整后的富余教育资源发展农村幼儿教育，在 3 ~ 5 年的时间内基本普及农村幼儿教育。

（八）文化体育设施建设

一是以村文化大院建设为基础，建立健全由区文化中心、镇文体中心、村文化大院、家庭文化示范户组成的城乡协调四级文化阵地网络。

二是对现有文化大院进行升级改造，完善文化大院内文化活动设施，新建的文化大院参照标准设置，最终实现全区村村有文化大院的目标。

三是文化设施与体育设施一同考虑，设在文化大院内。

（九）小康新居设施建设

一是每年新改造农宅2000套左右，力争2011年前，全面完成全区新型农宅改造建设的任务。

二是对农宅水、电、路等基础设施要继续由政府性资金和项目资金来投资建设，在确保财政支农资金年均递增20%以上的基础上，扩大双湾镇、天生炕村、康盛村、古城村、龙口村等现有中心村周围农宅补助力度，稳步扩大对农宅建设的支持范围，吸引农户按照规划进行旧宅改造。

三是2011年全面完成城中村改造任务，2013年前，全面完成全区新型农宅改造建设的任务。

三、城乡基础设施一体化的保障措施

（一）统一认识，加强领导

各级党委、政府要把城乡基础设施建设一体化工作纳入重要议事日程，纳入当地国民经济和社会发展总体规划和年度投资计划，切实加强领导。及时研究、协调解决基础设施建设中的重大问题，形成党政一把手亲自抓，几套班子合力抓，分管领导、职能部门全力抓的领导体制。

各级有关部门要根据全市推进城乡基础设施建设一体化工作的总体目标和主要任务，落实专门人员、工作经费，制定有效的工作计划，采取有效的工作措施，确保各项工作落到实处。

（二）健全城乡一体基础设施建设工作体系和应急机制

一是根据交通、给水、垃圾处理、污水处理、电力、通信等基础设施建设的不同特点，进一步理顺基础设施建设、运行、管理体系，建立、完善相应的工作推进体系，确保基础设施建设、发展的顺利推进；

二是根据全市城乡一体化推进的总体要求和基础设施建设、发展的不同特点，重点制定交通、给水、垃圾处理、污水处理等发展的专项规划，完善扶持发展政策；

三是根据给水、垃圾处理、污水处理等基础设施的运行特点，建立、健全相应的应急机制，及时处理各种突发事件，确保运行的可靠性和安全性。

（三）深化改革，增强城乡一体基础设施建设的动力

遵循基础设施建设、发展规律，致力于机制体制创新，积极探索市场经济条件下基础设施建设、发展的新路子。各级行政管理部门要抓宏观、间接和行业管理，切实履行规划、协调、指导、服务和监督职能。充分发挥市场机制作用，抓好基础设施网络的优化、升级，更好地发挥资源整体效益，将资源优势转为产

业优势。

(四) 拓展融资渠道，增加资金投入

各级政府要根据基础设施的年度投资计划，统筹安排基础设施新建、扩建、改建项目建设资金，充分发挥财政资金在基础设施一体化建设中的引领作用。深化投融资体制改革，进一步创新融资手段，拓展融资渠道，充分运用 BT（build-transfer，即“建设—移交”）、BOT（Build-Operate-Transfer，即“建设—经营—转让”）、企业债券等多种市场化融资手段，积极吸引外资和工商资本、民间资本等投资基础设施建设。

(五) 建管并重，持续发展

加强对城乡一体基础设施体系建设的监管力度，严格按照规范进行操作，积极推广新技术、新产品，确保工程质量，努力做到一次投资、长期受益。各级投资综合管理、交通、规划建设、水利、环保、电力、通信等部门要进一步加强对基础设施建设、运行的监督管理，严肃查处破坏基础设施的违法行为。各责任主体要进一步加强内部运行管理，不断提升服务质量，确保基础设施处于良好运行状态。

(六) 明确职责，强化考核

各职能部门要根据全区对城乡一体化建设的总体要求和城乡基础设施一体化建设的具体任务，制定分年度工作推进目标。与此同时，进一步完善年度工作考核办法，加大年度考核力度，通过建立健全工作目标责任制和年度考核工作，确保分年度及五年计划目标和任务的完成。

第四章　金川区城乡公共服务一体化专题规划

金川区区委、区政府把统筹城乡社会发展作为实施城乡一体化战略的重要抓手，全区公共服务全面推进，城乡教育均衡发展，农村科技水平明显进步，农村公共卫生和医疗服务体系日益健全完善，农村文化体育发展成效显著。在取得阶段性成效的同时，我区在公共服务体系建设方面还存在着供需结构矛盾仍然突出、公共服务设施的优势互补和资源整合不够、农村公共服务体系仍显薄弱等问题。为了深入贯彻党的十七大精神，加快推进城乡一体公共服务体系建设，根据《金昌市金川区国民经济和社会发展“十一五”规划纲要》的要求，特制定本专题规划。本专题规划所指的公共服务体系，主要包括科技、教育、文化、体育、卫生和食品安全等六个方面的内容。

一、城乡公共服务一体化的目标任务

（一）总体目标

按照结构合理、发展均衡、网络健全、运行有效、惠及全民的原则，以政府为主导、以公益性公共服务单位为骨干，鼓励全社会积极参与，努力提高公共服务产品供给能力，创新公共服务运行机制，加快建设以科技、教育、文化、体育、卫生和食品安全等为主要内容的公共服务体系。到2011年，基本建成以公共服务产品生产供给、设施网络、资源人才技术保障、组织支撑和运行评估为基本框架的城乡一体公共服务推进体系，基本实现城乡公共服务均等化；到2013年，进一步完善优化城乡公共服务体系。

（二）城乡公共服务一体化的主要任务

1. 以建设科技强区为目标，着力推进金川区区域创新体系建设

科技综合实力显著提升。2007年，全市科技对经济增长的贡献率达到43%以上，高于我国平均水平40%，但远低于主要发达国家的科技贡献率70%。我国科技规划指出，到2020年，科技对社会经济的贡献率要达到60%。因此，结合金川区实际情况，到2011年，科技对社会经济的贡献率将超过50%，达到51.5%；到2013年，科技对社会经济的贡献率达52.5%；到2020年，科技对社会经济的贡献率达56%。

发展特色产业。进一步把区属工业与镍铜钴大工业基地联接起来，在金川集团公司工业副产品开发和“三废”综合利用方面有所突破；发展循环工业经济；加快结构调整，优化产业布局，打造名牌精品，着力构建有色冶金、化工、建材、农副产品深加工等主导产业体系。

农业科技进步水平明显提高。加强农业科技推广及农民培训，使农业科技创新能力明显增强，优势农产品生产、加工等关键技术应用明显进步，农业标准化生产和科技水平明显提升，农民科技文化素质明显提高，使全市农业科技推广和农民培训工作“三年初见成效，五年大见成效”；加强对农民的科技文化素质教育，到2013年，使青年农民科技培训率达到90%以上，80%以

上的农村劳动力掌握1～2项先进适用技术，每10个农户中有2人以上获得绿色证书。

科技投入大幅上升。到2011年，全社会科技经费投入、全社会研究开发投入支出分别占地区生产总值比重达到4%和2%，人均全社会研究与试验发展经费超过800元。到2013年，全社会科技经费投入、全社会研究开发投入支出分别占地区生产总值比重达到5%和3%，人均全社会研究与试验发展经费超过1000元。

2. 以建设教育强区为目标，着力推进城乡教育均衡发展

基础教育普及率和接受高等教育人数有显著提高到。到2013年，基本普及农村幼儿教育；全区小学入学率达100%；全区初中学生入学率100%；城乡高中阶段入学率达87%；城乡大学入学率达25%；全区拥有大专以上文化率8%以上。

师资力量有较大增强。到2013年，小学教师专科率达95%，中学教师本科率达70%；各中心镇、村学校可有2～3名市级骨干教师；组织中心镇、村学校校长分期、分批去高等师范院校短期培训。

加大资金投入。利用3～5年，完善贫困生救助体系，设立“两免一补”配套专项资金，救助贫困家庭中小学生和贫困寄宿生，使义务教育阶段贫困家庭学生救助率达到100%。加大财政投入，提高教师待遇，改善办学条件和教学设备。

3. 以建设文化强区目标，着力推进城镇农村公共文化建设

到2013年，全区农村基本建成结构合理、发展平衡、网络健全、运营高效、服务优质、覆盖农村的公共文化服务体系，文化阵地覆盖面、文化资源利用率、文化服务能力等主要发展指标全省领先。

构建以区图书馆为龙头，镇图书馆为节点，村服务点为基础的农村文化信息资源共享网络。

以流动图书馆和文化科技服务车建设为重点，打造农村流动文化服务网络。

在各乡镇均建有一定规模的健身场所，在各中心村建有经济实用的健身场所。

定期举行体育竞赛活动，以带动全区人民的进入全民健身运动。

积极开发健身休闲和体育竞赛市场，推动体育产业发展。

4. 以建设卫生强区为目标，努力提高人民群众健康水平

(1) 加强农村卫生服务能力建设

进一步健全和完善农村三级医疗卫生服务网络和公共卫生体系建设，建立精干高效的农村卫生管理体系，形成新型农村合作医疗、农村医疗救助、大病医疗补助结合的农村医疗保障制度。

进一步加强各镇卫生院基础设施建设，配备镇、村两级医疗机构基本医疗设备，使镇、村卫生医疗机构的基础设施、设备、人才结构、技术水平基本达到“四配套”目标，利用3~5年时间，积极争取省、市、区专项资金，在各镇每个行政村新建房屋面积100平方米，达到“五室分开”标准的村卫生所，60%以上的乡村医生取得执业助理资格。

村卫生所实行标准化管理，规范医疗服务行为，建立健全各项管理制度，并将基本医疗收费标准、药品价格进行公示，接受群众监督。

到2011年，两镇卫生院按标准配备乡镇卫生人员（具体标准为：1~3万人的乡（镇），按每千农业人口1.0名配置人员编制），两镇卫生院人员共需编制55人。其中核定对双湾镇中心卫

生院人员编制27人，核定宁远堡卫生院人员编制28人，确保乡镇卫生院人员岗位需求。到2013年，两镇卫生院人员编制增至70人。

建立乡村医生长效培训机制，以人才培训项目为依托，加大对农村卫生技术人员培训和人才培养工作，加强乡村医生学历教育和素质教育，提高乡村医生对常见病、多发病、急诊病人及承担疾控、妇幼保健工作的应急处置能力。

（2）加快卫生服务提档升级步伐

从2009年起，利用3～5年时间建立比较完善的卫生服务网络，形成分布合理、功能完善、方便群众、优质高效的社区卫生服务体系。

探索在民营卫生服务机构实行门诊药品销售零差价，并将民营卫生服务机构的药品采购纳入市上统一组织的药品网上集中采购、统一配送之中，在保证质量的前提下，降低药品价格，切实方便社区居民就近低廉买药就诊，减轻居民医药费用负担。

（3）加强公共卫生体系服务能力建设

积极争取省、市资金支持，配置相应的医疗装备，定期组织实战演练，切实提高卫生人员应对突发公共卫生事件的处置能力。

完善公共卫生服务网络，健全全区公共卫生服务体系；加强预防保健机构与医疗服务机构之间的联系。

继续加强重大传染病的预防控制工作，做好传染病疫情的防控和信息上报工作。

（4）加强中医药事业发展，充分发挥中医药特色

加大对中医药事业的投入，进一步加强对中医人才的培养和利用，提高中医药的综合服务能力，发挥中医药在卫生服务中的

优势和作用。

区中医院要建立具有专科特色的中医药服务，切实发挥中医药的优势。

到2013年，各镇卫生院要建立中医门诊，至少配备1名取得中医执业资格的中医师，各村卫生所也应具备中医药服务能力，使农村医疗机构能够运用中医中药为农村居民提供“简、便、廉、验”的中医药服务，进一步降低农村居民看病贵的问题。

5. 以人民群众饮食安全为目标，切实加强食品安全工作

到2013年，食品批发市场、大型农贸市场和连锁超市的鲜活农产品的抽检质量安全合格率达95%以上。基地蔬菜农药残留平均合格率达95%以上，畜禽及初级水产品质量安全抽检合格率在95%以上，区生猪定点屠宰率实现100%，镇生猪定点屠宰率达95%以上。食品生产企业QS取证率达100%。监督抽检品种覆盖面达100%；地产主要食品监督检查主要质量指标合格率达90%以上。

不安全食品召回品种覆盖面达到100%。

大中型市场、商场、超市和专业批发市场100%建立进货索证索票制度；100%纳入质量安全监测范围。

实现“百镇连锁超市、千村放心店工程”全覆盖，行政村连锁门店的覆盖面达到75%以上，食品放心店统一配送率达到95%以上。

餐饮业、学校、单位食堂等食品卫生监督量化分级管理制度实施率达100%。大中型餐饮业食品原料溯源制度覆盖率达100%。

食品安全信息监测网络体系覆盖面达到100%。

食品安全事故处理率达到100%。

二、城乡公共服务一体化的工作重点

（一）科技

1. 建设自主创新体系

充分发挥金川集团有限公司等公司的可研优势，实施集成创新工程，为新技术应用、新产品开发提供技术支撑。

组织实施重大科技专项攻关工程，在镍钴镍、铜、钴、稀有贵金属、硫酸、烧碱、液氯、盐酸、亚硫酸钠等方面，筛选出若干关键、共性技术作为重大专项进行研究。

2. 进一步建设新材料产业工业园

新材料工业区是国家发改委确定的全国首批7个新材料产业国家高技术产业基地，在已入驻的企业基础上进一步引进新一批新材料企业。

3. 推进农业农村科技创新

突出农业高技术和传统农业技术升级，加强种子种苗、农业生物技术、农产品深加工、现代农业工程技术、农产品质量安全与标准化生产等领域的科技开发。开展新一轮的特色农业产业基地建设。

（二）教育

1. 实行“以区为主”的教育管理体制，打破城乡教育分割的格局

搞好全区教育资源整合。对农村不同层次的学校实行分类指

导，重点是抓薄弱学校，薄弱环节，薄弱学科，薄弱教师，改善师生资源矛盾突出的学校办学条件，提高重点发展学校的教师素质、教学水平和学校管理水平。

改变城乡中小学发展不均衡的状况，在缩小城乡教育资源差距，引导农村学生回村就读，避免大量涌入城区，导致城区教育资源紧张的势头继续恶化。

金川公司的教育资源和区内其他地区资源存在较大差距，将金川公司的教育资源融入市区。

2. 开展对口支援、上挂下派等措施，使农村教育水平不断提高

开展城乡学校对口支援活动，实现优质教育资源共享。组织城乡学生互访、参观、学习，缩小城乡学校差距。开展城乡学校干部上挂下派工作。从区直属中小学选派中层以上干部和优秀青年教师到农村学校挂职锻炼，从农村学校选派中层以上干部和优秀青年教师到区直学校挂职锻炼。通过城乡学校干部、教师的交流、锻炼，提高农村学校的教学、管理水平。

实施农村教师培训计划和校长培优工程。提高教育、教学质量的关键是提高教师队伍素质。面向农村选拔、培养骨干教师，争取各中心镇、村学校可有 2～3 名市级骨干教师，在基础教育课程和研修工作中起到示范和带动作用。组织中心镇、村学校校长分期、分批去高等师范院校短期培训，促进农村中小学办学水平和管理水平的提高。

加大帮困力度，保障弱势群体学生的受教育权利，解决进城务工人员子女就学问题。完善贫困生救助体系，设立“两免一补”配套专项资金，救助贫困家庭中小学生和贫困寄宿生，使义务教育阶段贫困家庭学生救助率达到 100%。对以吸收进城务工

人员子女为主的民办中小学，近期应采取倾斜政策，加大财政支持力度，提高教师待遇，改善办学条件和教学设备。

（三）文化体育

1. 加强精神文明建设

加强城乡文化中心、老年人活动中心、农民夜校、健身广场等文化体育设施建设，开展各类经常性文体活动。在农村开展各类精神文明创建活动，引导广大农民破除迷信，移风易俗。定期组织和开展科技下乡活动，传播先进思想，普及科学知识，用先进文化占领农村文化阵地。

2. 完善公共文化服务网络

以重点公共文化设施为骨干，以社区和乡镇基层文化设施为基础，加强各类公共文化基础设施建设，规划一批标志性的重点文化设施。

3. 加大公益性文化事业投入

构建以区图书馆为龙头，镇图书馆为节点，村服务点为基础的农村文化信息资源共享网络；以流动图书馆和文化科技服务车建设为重点，打造农村流动文化服务网络。

4. 发展地域特色文化

搞好、搞活基层文化，挖掘、整理和发展农村非物质文化遗产，加强对传统文化资源及其他民俗文化的开发保护。

5. 全面实施全民健身计划

在农村开展创建体育强镇强村活动。在城区逐步构建区级体育中心、社区体育中心、小区体育场所等三级体育健身结构。到2013年，在各乡镇均建有一定规模的健身场所，在各中心村建有经济实用的健身场所。完善全民健身服务体系，提升竞技运动水平，提高大型体育赛事的举办能力和组织水平。积极开发健身休闲和体育竞赛市场，推动体育产业发展。

（四）卫生

1. 建立健全卫生监督、疾病预防控制组织网络

建立和完善区、镇、村疾病预防控制和卫生监督机构，重点加强农村公共卫生组织网络建设。按现有模式在镇（街道）卫生院专设预防保健科，政府按一定额度出资购买公共卫生服务，做到工作考核与经费补助挂钩。加强卫生监督分所的监督装备建设和队伍建设。

2. 完善社区卫生服务机构布局

建立以社区卫生服务中心（站）为主体，其他具有社区特色的专业医疗卫生服务机构为补充的社区卫生服务网络。

3. 鼓励社会力量参与社区卫生服务建设

在坚持政府办好社区卫生服务的前提下，发挥市场机制的作用，吸引社会力量参与社区卫生服务建设。

选择1~2家规划新建的或已建的有条件的社区卫生服务站作试点，吸引社会力量参与运行管理。

4. 建立分工合理的纵向协作机制

整合各级疾病预防控制、妇幼保健机构、计划生育服务机构、残疾人康复服务机构、大中型医院与社区卫生服务机构的职能，将适宜社区开展的公共卫生服务交由社区卫生服务机构承担，逐步将一般门诊、康复和护理等服务分流到社区卫生服务机构；实施“医院牵手社区行动”，建立大中型医院与社区卫生服务机构稳定的技术指导工作机制；完善分级医疗和双向转诊制度，制定双向转诊的管理办法和转诊流程，实行资源共享。

5. 加快社区卫生服务人才队伍建设

认真实施基层卫生技术人员素质提升工程，抓好社区卫生服务人员的在职教育，充分利用现有教育资源，开展全科医师、公共卫生医师、社区护士的岗位培训；开展学历教育升级计划，至2011年，全区各社区卫生服务机构卫生专业人员全部完成相应的岗位培训，达到岗位执业要求。

（五）食品安全

1. 完善食品安全综合监管责任体系

进一步完善区、镇（街道）、村（社区）三级食品安全领导和工作机制，加大考核力度，完善监管责任制和责任追究制。

2. 建立食品安全监测体系

逐步建立和完善农产品产地环境监测、市场质量监测监控、食品污染物和食源性疾病监测、非食品原料监测和食品召回、农业投入品质量监控等五个方面的食品安全监测，确保农产品从田间到餐桌各个环节的食品安全。

3. 完善食品安全重大事故应急体系

建立区、镇（街道）二级食品安全事故应急管理体系和重点地区、重点行业、重点单位的重大食品安全事故直报制度。健全食品安全事故查处机制，建立食品安全重大事故回访督查制度和责任追究制度。

4. 完善食品安全信用体系

全面开展食品安全信用体系建设，逐步建立企业食品安全诚信数据库和食品安全监管信息库，推进食品安全诚信分类监管，建立食品召回和食品企业“红黑榜”制度。

5. 推进食品安全放心工程

推行农产品标准化生产，加大食品源头污染物、畜禽屠宰加工行业、食品生产加工和流通环节、餐饮消费环节的整治，加强标签标识管理，开展示范项目建设。

三、城乡公共服务一体化的保障措施

（一）加强组织领导，落实工作责任

金川区区委、区政府要把加强公共服务体系建设作为提高党的执政能力、建设服务型政府的重要任务，摆在全局工作的突出位置，主要领导亲自抓，分管领导具体抓，层层负责，一抓到底。各部门要各司其职，密切配合，齐抓共建，形成合力，共同推进公共服务体系建设。要把公共服务体系建设作为评价经济社会发展水平、发展质量和领导干部工作实绩的重要内容，加大督促、检查和考核力度，确保各项目标任务落到实处。

（二）完善投入机制，加大投入力度

加大公共财政对公共服务的投入，区财政要确保每年对科技、教育投入的法定增长，进一步加大对文化、卫生、体育等各项事业的投入力度。要切实保障实施重大公共服务工程、购买重要公共服务产品、开展重要公共服务活动所必需的资金。要进一步完善支持公共服务的相关经济政策，鼓励和吸引社会力量投资兴办公共服务实体，建设公共服务设施，提供公共服务，形成以政府投入为主、社会力量积极参与的稳定的公共服务投入机制。

（三）转变政府职能，创新运行机制

区政府要认真履行公共服务职责，转变职能、强化服务、改进管理、明确责任、提高效能，重点加强公共服务体系建设规划和标准的制定，加强对重大公共服务工程和项目实施情况的监督检查。要进一步推进政企分开、政事分开、政资分开、政府部门与中介组织分开，减少和规范行政审批事项，简化办事程序。要创新公共服务运行机制。建立健全竞争上岗和收入激励机制，深化科教文卫体等公共服务单位的人事和收入分配制度改革。建立健全公共服务共建共享机制和公共服务重大项目的绩效评估制度。

（四）加强队伍建设，提高服务能力

建立健全以培养、使用、激励、评价为主要内容的政策措施和制度保障，实行职业资格管理制度，加强对从业人员的规范化管理，运用多种方式加大培训、轮训力度，着力提高公共服务队伍的思想政治素质和新形势下做好公共服务工作的能力。采取各种措施吸引各类优秀人才进入公共服务领域发展，鼓励大中专毕业生到基层从事公共服务工作，为构建城乡一体的公共服务体系提供人才支撑。

第五章 金川区城乡劳动就业和社会保障一体化专题规划

金川区区委、区政府按照《金昌市金川区国民经济和社会发展“十一五”规划纲要》要求，坚持制度创新和工作创新，在推进城乡一体劳动就业、社会保险、社会救助等方面取得了显著成效。全区城乡一体化就业格局基本确立，全覆盖、多层次的社会养老保险制度体系基本形成，医疗保险制度不断深化完善，失业保险管理体制改革取得成效，新型社会救助体系基本形成，住房保障体系建设加快推进，初步建立起了城乡一体的劳动就业和社会保障体系。

与此同时，工作中也还存在许多差距和不足，面临许多亟需解决的困难和问题。一是就业形势依然严峻，二是全民社保政策的完善与全民参保的目标差距较大，三是社会保障基础建设难以适应事业发展的需要，四是社会救助体系建设的保障机制不够健全等。党的十七大提出了加快推进以改善民生为重点的社会建设，把保障和改善民生放在更加突出的位置，对我区的劳动和社会保障事业发展提出了更高要求。为进一步建立和完善城乡一体的劳动就业和社会保障体系，全面建设惠及城乡居民的小康社会，按照《金昌市金川区国民经济和社会发展“十一五”规划纲要》的要求，特制定本专题规划。

一、城乡劳动就业和社会保障一体化的目标任务

（一）总体目标

以推动科学发展、和谐发展为核心，以保障和改善民生为重点，统筹城乡就业和社会保障，积极实施扩大就业的发展战略，促进以创业带动就业；全面落实覆盖城乡的社会保险制度，不断提高保障水平；大力推进城乡新型社会救助体系建设，进一步提高社会救助能力。到2013年，在金昌市率先建立与国民经济和社会发展相适应的全面覆盖、比较完善、城乡一体的劳动就业和社会保障体系，形成以政府为主导，社会各界广泛参与，法制化、规范化、社会化的运行机制，建立健全劳动就业、社会保险、社会救助等相互衔接、相互促进的工作联动机制，实现社会就业平等充分，社会保险健全完善，社会救助全面协调，社会关系和谐稳定，管理服务规范高效，城乡居民劳有所得、病有所医、老有所养、住有所居的目标。

（二）主要任务

1. 加强职业技能培训

到2013年，全区建立比较完善的城乡一体的促进就业政策体系和服务体系，2009年至2013年，每年培训下岗失业人员1000人，农村劳动力1500人，到2013年底，累计培训下岗失业人员5000人，开展农民工职业技能培训7500人。

2. 多途径增加就业

围绕金川公司等大型企业，利用金昌市的四大工程和第三产

业增加劳动就业岗位。

加强土地集约化，鼓励农民创业，促进资产经营。

3. 建立城乡统一的劳动服务体系

建立城乡统筹就业服务网络，为城乡居民提供同等的就业机会。在已有的城镇就业和失业登记标准的基础上，建立起农村劳动力就业和失业登记制度。

4. 建立城乡统一的城乡居民养老保险

到2013年，城乡居民养老保险逐步取消城乡区别，保障农村居民利益，基本覆盖全区城乡居民；

5. 全面推行一体化、多层次、可衔接的社会医疗保险制度

到2009年，建立被征地农民社会保险制度，实现城镇职工基本医疗保险和城镇居民基本医疗保险市级统筹；

到2010年，建立农村居民养老保险，实现城乡居民医疗保险制度完全统一；

到2011年，解决各项社会保险制度之间的衔接配套和转移接续问题，逐步推进社会保险城乡一体；

到2013年，农村低保标准达到城市低保标准的80%。

6. 实行城乡一体的职工失业保险制度

到2011年，全区逐步取消城乡务工人员在失业保险上的政策差别，实行按同比例缴费，同标准享受，同办法管理；

到2013年，全区建立完善的城乡一体化职工失业保险制度，实现城乡务工人员失业保险的全覆盖。

7. 完善工伤、生育保险制度

2011年，全区逐步实现工伤、生育保险制度覆盖到务工人员；

2013年，全区工伤、生育保险制度覆盖到所有务工人员，实

现应保尽保。

二、城乡劳动就业和社会保障一体化的主要工作

（一）实施扩大就业的发展战略，促进以创业带动就业

1. 坚持实施积极的就业政策

政府要为金川、金化、金泥等公司做好服务工作，根据地企协议，这些大公司将为金川解决城乡劳动力的就业问题。

加快新材料产业工业园、金昌机场、金阿铁路、金永高速公路的建设，将吸纳部分金川区的城镇劳动力，增加农村劳务与非劳务收入。

加快以双湾镇文昌园等为代表的“农家乐”建设，将较好地实现了农民从一产向三产转换。

推进第三产业迅速发展，将为专业农村劳动力提供了良好就业条件。

2. 加强职业技能培训

金川区的职业培训战略，主要分为以下层次：一是产业工人的培训，金川是工业城市，需要大量的产业工人。产业工人的培训，完全按照企业的要求，采取订单式的培训方式，为金川培训高素质的技术工人；二是各类专业技术人员的培训，如司机、厨师、理发师、美容师、木工、装修工、管道工、电脑维修工、汽车维修工等，既满足本市的需求，也可为外地的劳务输出提供高素质的务工人员；三是一般劳务人员的培训，此类劳务不需要太多的技术，但服务意识、服务规范、职业道德也需要进行培训。

新建的市职业技术学院，将为全金昌市的职业技术培训提供

基地。金川区可以利用职业技术学校，开展再就业培训、创业培训、农村劳动力转移培训、劳动预备制培训、在职职工培训以及技能训练和考核鉴定、职业标准开发等。

鼓励失地农民和有转移就业愿望的农村富余劳动力开展自主创业，为他们提供项目推介、创业指导等服务，坚定其创业信心，提高其创业能力，以实现创业拉动就业的目的。

3. 大力发展农民劳务培训

积极争取省、市劳动力培训资金，依托区域职业技能培训机构，大力实施第二轮“十万农民劳动技能提升计划”，着重对农村初、高中毕业生、复员退伍军人等进行机械加工、电气焊等技术含量较高的国家职业资格鉴定工种和就业准入工种培训，对年龄偏大、文化较低、家庭负担较重的劳动力，开展建筑装修、家政服务等技术含量相对较低的“短、平、快”项目的培训，切实提高农村劳动力培训的针对性和实效性。

继续坚持走以就地输转为主与异地输出相结合的农村劳动力输转路子，紧紧抓住区域内开工在建项目多、地企关系融洽和沿海发达地区劳动力趋紧的有利时机，充分依托区、镇各级劳务中介组织，强化信息发布、职业介绍等服务，加大有组织输转力度，不断提升劳务经济发展水平，通过多种途径减少农民，多渠道增加农民收入。

多层次开展农业科技、职业技能、法律道德和诚信意识培训，促使更多的农村富余劳动力进入二、三产业成为富裕农民。

4. 多渠道增加农民收入

把土地集约化经营作为农业持续增收的第一要务，政府争取政策补贴，项目推动，成立合作经济组织等形式，鼓励农户土地有偿流转，把不依靠土地作为主收入的分散种植户土地向大户集中，发展规模生产，抵御市场风险，从而提高农产品竞争力，增加经营大户的收入。同时经营大户的发展，提高了农民的兼业化比重，能够带动富裕劳动力的转移。

组织入住城市核心区的中青年妇女联合经营家政服务业和个体小商贸，鼓励其进入超市、市场等劳动密集场所，赚取工资性收入；在规划小区和城市核心区逐步发展物业管理、社会治安等公益性岗位，适当安排困难家庭成员就业。

围绕城中四村生活安置区建设公共商业服务区和专业蔬菜市场，以分户租赁和集体租赁相结合的方式，逐步加大房屋租赁业的资产规模，获取资产经营收入。

5. 切实保障残疾人就业

全面落实按比例安置残疾人就业办法，采取社保补贴、税费减免等优惠措施，引导企事业单位招用残疾人。大力开发和提供公益性岗位，重点安置贫困残疾人就业。加强残疾人职业技能培训，提高残疾人的就业能力。巩固和发展福利企业集中安置残疾人就业，积极筹划建立残疾人庇护工厂（工疗站），重点安置智障和精神残疾人员就业。

6. 建立新型退役士兵安置保障体系

统一安置政策和安置办法，建立城乡一体的退役士兵安置保障制度。完善“货币化”安置办法，建立安置保障金自然增长机制，逐步提高补偿标准。拓宽安置渠道，鼓励用人单位优先向退役士兵提供就业岗位。在就业服务、社会保险、税收减免等方面给予扶持，引导退役士兵自谋职业。加大就业指导、信息咨询和创业培训力度，提倡和鼓励退役士兵自主创业。

7. 建立城乡失业调控机制

支持企业重组改制，规范企业关闭破产工作，加强对企业裁员指导协调，切实维护职工合法权益。建立失业预警机制，制定失业调控预案，有效控制失业率。统筹管理城乡劳动力资源，建立覆盖城乡的劳动力资源库和就业统计制度，探索建立农村劳动力就业和失业登记制度，实现城镇登记失业率向城乡调查失业率监控方式的转变。

（二）完善和落实一体化、多层次、全覆盖的社会保险制度

1. 完善城乡一体的社会养老保险制度

按规定完善社会统筹与个人帐户相结合的职工基本养老保险制度，逐步做实个人帐户。积极推行企业年金制度，建立多层次的职工养老保险体系。探索建立新居民务工人员在本市范围内可接续可转移职工基本养老保险关系的办法，积极推进职工基本养老保险区域一体化。以贯彻《劳动合同法》为契机，以农村居民利益为基础，以督促非公有制企业、城镇个体工商户和灵活就业人员参保为重点，进一步扩大养老保险参保范围，到 2013 年基本实现全覆盖。

主要做法为一是对无社会保障、年满 60 周岁的男性老年居民以及年满 55 周岁的女性老年居民领取基础养老金；二是对男年满 16 周岁未满 60 周岁、女年满 16 周岁未满 55 周岁（不含在校生），未纳入行政事业单位编制管理或不符合参加本区基本养老保险条件的城乡居民，通过缴纳养老保险费用，到规定年龄参保居民可领取个人账户养老金和基础养老金；三是基础养老金由区政府按照实际情况确定，所需资金由区财政负担，并列入区财政预算。

2. 建立一体化、多层次的城乡居民医疗保险制度

深化医疗保险制度改革，完善多层次职工医疗保险制度，健全运行机制和管理办法，实现区域医疗保险一卡通。完善城乡居

民合作医疗保险制度，逐步增加筹资额度，提高保障水平。实现城乡居民合作医疗保险制度与城镇职工基本医疗保险制度的接轨。积极推进医疗卫生体制、药品流通体制的配套改革，加强城乡医疗服务体系建设，扩大医疗保险定点医疗机构，规范医疗机构行为。坚持合理检查、合理用药、合理收费，努力减轻城乡居民的医疗负担。强化医疗保险基金监管，医疗保险基金节余率控制在合理的水平以内。完善医疗保险信息系统，逐步统一全区医保政策，实现全区范围内医疗保险参保人员就医刷卡的即时即报，并探索向周边城市延伸。

3. 积极推进失业保险制度改革

实行统一缴费费率，统一征收管理办法，统一失业保险待遇，统一支付办法，建立城乡一体的失业保险制度。扩大失业保险覆盖面，重点加强个体工商户、非企业组织和农村转移劳动力、新居民务工人员的参保工作，探索建立自谋职业、自主创业和灵活就业人员的失业保险办法，实现失业保险制度的全覆盖，做到应保尽保。

4. 加强工伤、生育保险制度建设

进一步完善工伤、生育保险的操作办法，探索建立特殊行业工伤保险全覆盖办法，不断扩大工伤、生育保险覆盖面。

（三）完善城乡新型社会救助体系，提高社会救助的社会化程度

1. 进一步完善最低生活保障制度

继续推进分类施保，强化动态管理，逐步实现低保制度与最低工资制度、城乡居民社会养老保险制度的衔接，从根本上解决低保家庭的生活保障问题。探索重度残疾人低保办法。加大对低

保工作的管理力度，建立和完善低保家庭申报听证和收入核查办法，规范城乡低保申请、审批程序，实现低保管理的规范化，做到应保尽保、应退则退。

2. 进一步实施分层分类救助

完善分层分类救助办法，重点帮扶有重大疾病、年老体弱、残疾和丧失劳动能力的低保、低保边缘人员。积极实施就业援助、帮困助医、帮困助学、住房解困，以及法律援助、残疾人救助、流浪乞讨儿童援助等专项救助，逐步形成以保障社会困难群体基本生活为主，帮助就业、帮困助医、住房解困、帮困助学等专项救助为补充的一体化、多层次、多方位的社会救助体系，探索建立即时救助机制。

3. 进一步巩固集中供养成果

完善以集中供养为主，分散供养为辅的供养体系，建立健全农村“五保”、城镇“三无”人员集中供养的长效管理机制，探索建立重特困残疾人集中供养（托养）办法。在全区所有敬老院设立医务室，并与当地卫生院实行定点挂钩，提供即时医疗和康复服务。积极推进敬老院规范化创建工作，配好康复人员和康复器材，提高服务水平，巩固和提高集中供养成果。广泛开展社会化养老服务示范活动，积极推进社会化养老。

4. 进一步发展慈善事业

积极培育发展各类社会慈善组织和专业志愿者服务组织，大力开展形式多样的慈善活动。加强社会捐赠管理，依托基层社会事业服务机构，设立社会捐助接收站（点），广泛开展专项和经常性捐赠活动，积极推广“慈善超市”和“爱心超市”，使社会捐助活动经常化、制度化、规范化，形成政府支持、社会举办、公众参与的慈善事业发展新局面。

5. 进一步加强困难职工帮扶工作

健全工会组织三级帮扶体系，加大对困难职工的帮扶力度，逐步提高慰问和救助标准，重点完善特困职工医疗优惠政策，提高医疗补助标准。探索在优势行业、大型企业中建立职工医疗互助补充保险工作，充分发挥基层组织的互助互济作用，推动送温暖工程经常化、制度化、社会化。

6. 进一步加强住房保障工作

以满足城市低收入家庭基本居住需求为目标，建立以廉租住房制度为重点，经济适用住房制度和老住宅区综合改造、新居民居住条件改善等多渠道并举的城市住房保障体系。到 2011 年，基本实现低保标准两倍以下低收入住房困难家庭廉租住房应保尽保；到 2013 年，基本实现低保标准以下低收入住房困难家庭廉租住房全覆盖；城区确保每年新建一批经济适用住房，基本满足低收入住房困难家庭购买或租赁经济适用住房；基本完成现有老住宅区的综合改造，城郊结合部探索建设新居民临时居住点。结合新农村建设，推进农村贫困户的危旧房改造工作，全面完成现有农村危旧房改造任务，并做到出现一户改造一户。

(四) 夯实公共服务基础，提升劳动就业和社会保障工作水平

1. 加强劳动就业和社会保障基层服务组织建设

按照管理和服务重心下移的要求，整合基层劳动就业、社会保险和社会救助等各项社会事业职能，加强街道（镇）和社区（村）社会事业服务机构建设，做到机构、人员、经费、场地、制度、工作“六到位”，使基层服务组织与其担负的任务相适应。在社会事业服务机构聘用社会事务员或社会事务法律监督员，负

责所在地城乡居民劳动就业、社会保险和社会救助等服务工作，承担区域内劳动保障监察责任。到2013年，全区形成区、街道（镇）、社区（村）三级社会保障管理服务网络。

2. 加快社会保障信息化建设

依托市公共事务信息系统，全区建设统一的信息网络、统一的数据库、统一的应用平台、统一的市民卡、统一的信息中心，建成统一、互通、完善、高效的社会保险、社会救助、社会服务信息系统，实现对各项劳动就业和社会保障业务工作、服务人群、信息系统功能和管理服务机构网络应用的全覆盖，确保信息系统安全运行。

3. 实施劳动就业与社会保障公共服务建设及公共实训示范中心建设

围绕“记录一生、服务一生、保障一生”的目标，全区建成集劳动就业、社会保障各项经办业务和服务项目的劳动就业与社会保障公共服务信息中心，进一步提升政府的公共服务能力和水平。根据我区产业发展和技术工人需求情况，重点建设好市区公共实训示范中心，并带动各个公共实训基地建设，形成中心示范、覆盖城乡、功能完善、各具特色、与产业相衔接的区域性公共实训基地网络。

三、城乡劳动就业和社会保障一体化的保障措施

（一）切实加强领导，为建立完善城乡一体劳动就业和社会保障体系提供组织保证

把劳动就业和社会保障工作作为保障和改善民生的重点，摆

上区党委政府工作的重要位置，明确牵头领导，建立劳动就业、社会保险、社会救助三个推进小组，落实各成员单位的职责，制定实施计划，加强组织协调，形成统一领导、分工协作、分层推进的工作机制。将城乡一体劳动就业和社会保障工作的相关目标任务列入各有关部门的目标责任制考核内容和现代新农村建设内容，层层签订责任书，建立工作报告制度、定期通报制度和检查督办制度，确保各项工作任务落到实处。充分利用各种新闻媒体和手段，开展形式多样的宣传，引导全民参与劳动就业和社会保障体系建设，营造良好的社会氛围。加大《劳动法》、《劳动合同法》和《就业促进法》等法律法规的宣传贯彻力度，提高依法加强劳动就业和社会保障工作的自觉性。建立企业劳动就业和社会保障诚信评价制度，将社会保障诚信纳入整个社会诚信体系范畴。

（二）推进体制机制创新，为建立完善城乡一体劳动就业和社会保障体系营造政策环境

按照统筹城乡发展的要求，深化户籍、土地、住房、教育、医疗等配套改革，逐步建立城乡一体的户籍制度，积极探索已在城镇实现稳定就业的农村劳动力有偿转让土地使用权、农民用宅基地置换等方式，为农村劳动力转移和在城镇稳定就业创造条件。创新融资政策和融资机制，推进政策性保险扩面，采取税费减免等优惠措施，逐步建立城乡居民自主创业的风险化解机制。深化社会管理体制改革，理顺社区工作关系，强化基层社会管理和公共服务职能，实现管理和服务重心下移。按照“统一、有序、高效”的原则，积极推进资源整合和制度接轨，在劳动就业、社会保险和社会救助等方面，逐步形成一体化、多层次、可

衔接的政策体系和多部门协同的工作机制，提高资源利用效率。

（三）建立经费保障机制，为构建城乡一体劳动就业和社会保障体系提供资金支持

加大政府公共财政对劳动保障事业发展的投入力度，较大幅度增加对劳动就业和社会保障事业等方面的支出，形成与城乡一体劳动就业和社会保障体系建设相适应的财政资金投入机制和激励机制。整合和统筹使用财政促进就业经费，根据统筹城乡就业需要，逐步增加经费投入，扩大就业经费使用范围，发挥就业经费在促进就业中的作用。加强就业经费监管，提高资金使用绩效。同时，督促企业用足用好职工培训费用。全面落实企业和个人的社会保险责任，加强社会保险基金征缴稽核工作，完善社会保险费征缴管理办法，确保基金足额及时征缴入库。强化各级财政对社会保险基金的责任，重点落实各级财政对养老基金、医疗保险基金、做实个人账户、城乡居民社会养老保险的资金安排，在逐步增加城乡居民合作医疗保险筹资额度的同时，逐步提高个人筹资比例。强化企业和个人的社会责任，广泛开展“献爱心”活动，多渠道筹集社会救助资金。加强基金支出监管，确保基金安全。

（四）健全执法监察机制，为建立完善城乡一体劳动就业和社会保障体系提供有力保障

全面贯彻落实《劳动法》、《劳动合同法》、《就业促进法》和《社会保险法》等法律法规，加强劳动和社会保障监察，督促所有用工单位严格执行劳动合同制度，依法与所有劳动者签订劳动合同，明确双方权利与义务，进行就业登记，依法参加各项社

会保险。适时组织劳动保障法律法规执行情况的专项检查，依法严肃处理违法违规行为，进一步夯实劳动关系基础。发挥工会、行业协会等组织的作用，建立健全三方协调机制，加强行业自律，切实维护城乡劳动者的合法权益，构建和谐劳动关系。建立覆盖城乡所有用工单位的劳动保障监察网格化管理体系，依托基层社会事业服务机构网络，以社区（村）为单位，发挥社会事务员或法律监督员的综合职能作用，逐步实现劳动保障监察由被动转为主动，由有限管理转为全面管理，由静态监控转变为动态实时监控。

第六章 金川区城乡生态环境一体化专题规划

金川区区委、区政府加大了城乡一体生态环境建设与保护的力度，生态示范区、生态镇建设得到全面推进，农业农村面源污染治理取得突破性进展，生态型经济稳步发展，环保基础设施建设得到加强，街道卫生整治、绿化造林工程成效明显。虽然我区城乡一体的生态环境建设取得了一定成绩，但水环境形势依然严峻，农业面源污染尚未得到有效控制，治污设施建设相对滞后，主要污染物减排任务仍然艰巨。为了进一步建立城乡一体的环境建设体系，建设生态文明，根据《金昌市金川区国民经济和社会发展“十一五”规划纲要》的要求，特制定本专题规划。

一、城乡生态环境一体化的目标任务

（一）总体目标

让人民喝上干净的水，呼吸清洁的空气，在良好的环境中生产生活。

2011 年，城市环境质量有所改善，农村环境质量基本保持稳定；生态环境恶化得到初步遏制，主要生态功能区的生态功能开始恢复；环境法规、环境监督管理能力得到进一步加强。

2020 年，工业污染得到全面控制，城市和农村环境污染得到有效治理，大部分生态功能区环境质量逐步改善，基本满足小康社会的要求，初步实现经济与环境的协调发展。

（二）具体目标和主要任务

1. 环境质量指标

到 2013 年：

水环境：地下水水质量达到三类标准。农村安全饮用水普及率超过 95%；到 2020 年，农村安全饮用水普及率超过 99%。

大气环境：市区环境质量达到二级和好于二级的天数，年递增 10 天，2011 年达到 203 天/年，2013 年达到 223 天/年；沙尘暴及酸雨的强度和发生频率有所降低。

声环境：城市区域环境噪声小于 55dB（A），城市道路交通噪声小于 70dB（A）。

生态环境：城市建成区绿化覆盖率达 35% 以上，人均占有公共绿地面积超过 25 平方米。

完成日元贷款内沙治理项目，“三北四期”防护林和退耕还林还草面积逐年有所增加。

2. 污染防治指标

到 2013 年：

废水中化学耗氧量、氨氮排放量在 2009 年水平上削减 5%。

废气中二氧化硫、氮氧化物、颗粒物排放量控制在 2009 年水平。

危险废物、医疗废物全部得到安全处置。

城市生活污水集中处理率大于 80%。

城市生活垃圾无害化处置率大于 90%。

重点工业废水、废气排放达标率分别达到 90%、95%。

规模化养殖场和集中式养殖区粪便综合利用率达到90%。

工业用水重复利用率达到80%。

工业固体废物综合利用率达到70%。

3. 环保管理能力指标

环境监察、信息、宣教能力达到标准化水平。

排污许可证发放率达到95%以上。

4. 能耗污染物强度指标

万元国内生产总值综合能耗低于2.0吨标准煤。

万元工业增加值耗水量低于300立方米。

万元工业增加值化学需氧量排放量低于12千克。

万元工业增加值二氧化硫低于60千克。

5. 改善城乡人居环境

创新村镇环境管理模式。

设立覆盖城乡的环境卫生管理体系，完善城乡环境卫生管理网络。

二、城乡生态环境一体化的工作重点

（一）发展循环经济，深化工业污染防治

严把建设项目审批关，限制资源消耗高、排污强度高的项目在我区落户，新扩、改建项目在严格执行国家产业政策和环境保护法规的同时，采用清洁生产工艺和设备，严禁采用落后工艺和设备，使排污强度达到规定的标准，通过“以新带老”，做到增产不增污。积极推进清洁生产，完成重点企业是清洁生产审核，创建一批废水、废气、废渣“零排放”企业，使全区重点企业的

能耗、物耗、水耗和污染物排放的强度达到省内先进水平。

实施循环经济战略，开展废水、废气、废渣的重复和梯级利用，企业内部要通过对能量流、物质流的分析引入关键链接技术，实施技术发行在生产的过程降低资源、能源的消耗和污染物的生产，再创建一批“零排放”企业，在相关企业间，要通过建设关键链接项目，形成废物和能源梯级利用的生态网络，实现区域内资源、能源利用效率最大化，污染物排放量最小化。

对污染严重、不达标排放的企业纳入治理计划，分年度进行治理，明确治理时限。

淘汰污染严重的落后生产能力，特别是对治理后仍然能达到规定排污强度标准，物耗、能耗、水耗高的企业，要强制关闭。

（二）建立绿色政策法规体系，建设循环经济型社会

1. 建立完善政策制度

制定鼓励废旧资源回收利用率的经济政策，逐步建立和完善促进循环经济发展的价格和收费制度，如开征垃圾处理费等。

2. 建立绿色消费体系

倡导鼓励绿色消费，市区公共设施要使用节能、节水产品，逐步建立资源节约型社会。

3. 建立绿色GDP核算体系

研究建立将自然源损耗和环境污染造成经济损失纳入其中的绿色国民经济核算体系，真实反映我区经济社会发展状况及发展潜力。

（三）大力开展城市环境综合整治，提升人民环境质量

1. 清洁能源的使用

改善城市环境空气质量。调整、优化能源结构，加大清洁能源的利用力度。

2. 合理布局城市

深化城市管理，禁止污染企业建在市区。在城市总体规划指导下，合理区域经济布局和城市用地，使市区真正成为适合居住、商贸、文教、信息、旅游等多功能的区域。

3. 加快城市环境基础设施建设

加快城市污水处理厂建设和启用，到2013年，城市污水得理率达到90%以上。做好新建城市生活垃圾处理场收尾验收工作并启动运行，封闭旧垃圾场，生活垃圾无害化处理率达到95%以上。按照《全国危险废物和医疗废物处置设施建设规划》要求，2011年底全区医疗和危险废物处置率达到100%。拓宽城市道路，加大道路分车带绿化和其它路段补植，推进小区绿化，营造更具人性化的特色景观。

（四）实施重点污染防治工程

搞好城市污水处理厂和垃圾处理场建设和运行，使其运行时间和能力达到90%以上。

合理配置水资源，保证生态用水。主经配合抓好金水湖景区（城市中水蓄水池）项目，结合节水型社会高效示范区试点工作，争取金川灌区改造、节水灌溉项目的实施。

控制面源污染。严格控制使用农用化学品，推广使用低毒农药、生物农药，养殖粪尿还田和综合利用率达到80%以上，继续

建设“四位一体”沼气池，并积极开展儿童环境与环境卫生项目（CES 项目）工作，力争农村改厕普及率达到60%以上，改善农村人居环境。

（五）深入开展生态环境保护，遏制全区生态恶化的趋势

继续推进三北四期防护林和退耕还林工程，完成日元贷款风沙治理项目，做好“金昌市生态功能区划”的实施，切实加强资源开发环境监督管理。

采砂采石场生态环境恢复。在砂石开采破坏区域积极开展废料回填，植被恢复，到 2011 年，全区采砂采石植被破坏恢复率达到30%。

农村生态环境保护要合理确定化肥放用量，扩大有机肥施用量；加强农药管理，使用高效、低毒、低残留农药新品种，停止污水灌溉，实施清污分流；积极发展有机食品和无公害农产品基地，保障食品安全。开展优美乡镇创建活动，力争创建 1 个国家优美乡镇。

建立生态补偿机制。对退耕还林还草及风沙治理等区域，由于保护生态环境减少的开发、生产等活动造成的经济损失，建立生态补偿机制。

（六）大力发展环保产业

培育环保技术服务市场，形成以市场为导向的环保技术推广转让机制。进一步联合社会和工业企业的力量，发挥它们的技术、资金优势，引进先进环保技术，解决本地环境污染治理难题。

规范环保产业市场，建立正常的环保产业生产流通秩序，构

筑面向市场的环保技术服务体系和公平有序的市场运行机制。

（七）提高环境监管能力

区级监察机构实现标准化。强化建成运行的城市污水处理厂、垃圾处理场、危险废物及医疗废物集中处置中心、70%以上的重点水气污染源的全方位监控。严格执行排污许可证制度和建设项目环境影响评价制度。最大限度的削减污染物的排放，减轻辖区污染负荷。

（八）创新村镇环境管理模式

1. 管理机构职责及管理模式

区级环境卫生管理部门负责城区环境卫生管理（包括城乡结合部），同时对镇环境卫生管理工作进行指导、监督和管理。镇环卫所专门负责村镇环境卫生监督管理、检查考核、环卫基础设施建设、垃圾转运车辆的管理和生活垃圾无害化处理，并负责镇中心区市容、建筑工地、集贸市场环境卫生管理。村级环境卫生专管人员负责村镇环境卫生清扫保洁队伍的组建，主街道或前路的清扫保洁、垃圾收集人员及车辆的管理运行。

2. 生活垃圾的收集、转运及处理模式

村镇生活垃圾采取“户分类、村收集、镇处理的方式。农户每天产生的生活垃圾中有机（可降解）垃圾采用分户堆肥施用于农田（如厨余垃圾等），可回收垃圾（如包装垃圾、废铁、塑料、玻璃等）实行回收遁环利用，其它无机（不可降解）垃圾及建筑垃圾实行上门收集，统一集中转运至小型垃圾转运站，再转运至各镇垃圾处理场实行无害化处理。

3. 人畜粪便及农作物秸杆收集及处理模式

农户人畜粪便及植物秸杆一是通过农户修建气池进行厌氧发酵处理，残渣用作肥料施用于农田；二是直接通过高温堆肥处理。公厕粪便由农户收集后用于沼气池或堆肥。

（九）设立覆盖城乡的环境卫生管理体系，完善城乡环境卫生管理网络

将城乡结合部（城中村）环境卫生管理纳入城市环境卫生管理体系，由城区环境卫生管理机构直接管理，按照城镇清扫保洁标准配备清扫保洁、垃圾收集人员及垃圾清运车辆。

在镇一级设立环境卫生管理所，隶属镇政府，业务工作由区环境卫生管理部门管理。环卫所配备管理人员 5 ~ 8 名，具体负责镇中心区街道的清扫保洁、垃圾清运、处理及全镇环境卫生管理工作，

在村一级配备村镇环境卫生专管人员 1 ~ 2 名，并相应配备环境卫生保洁、垃圾收集清运人员、车辆及公厕管理保洁人员。清扫保洁人员按照清扫保洁面积人均日清扫 6800 平方米的标准核定。垃圾收集清运人员按照村镇居住区人口每 3000 人配备 1 名垃圾收集人员。公厕保洁管理人员按照每座公厕 1 人的标准配备。

三、城乡生态环境一体化的保障措施

（一）加强组织领导

1. 建立组织机构

区、镇（街道）二级建立领导小组，加强对统筹城乡生态建

设与环境保护工作的领导。建立专门工作班子，确定相应的工作目标和工作任务，指导城乡一体的环境建设体系工作的开展。

2. 严格实施考核

把城乡一体环境建设体系工作纳入考核内容。建立生态区建设工作领导小组，小组分年度对市级党委、政府生态建设目标任务完成情况进行考核。考核结果报区考评办，作为评价党政领导班子年度工作目标责任制完成情况的重要依据。

(二) 创新工作机制

1. 健全排污市场交易机制

凡是化学需氧量和二氧化硫排污权的出让、申购，均要通过排污权储备交易管理中心的交易平台进行买卖。有新增主要污染物排放的工业项目，除企业内部削减平衡外，均需通过交易平台获取排放指标。同时通过交易平台把排污权交易所获取的部分资金，提供给农村养殖业的治理。

2. 实施部门联动机制

继续完善由市纪委、市监察局、市环保局、市公安局、市中级法院、市检察院等六部门联合组成的查处环境污染违法违纪案件部门联动协作机制。

3. 完善区域环保协作机制

明确各级政府、部门在区域环保协作、环境污染统筹治理中的责任。建立跨行政区域的环境污染整治联席会议制度，建立边界水环境预警机制和通报制度、边界水质联合监测机制和边界污染纠纷调查处理机制，同时积极探索建立流域上游对下游水污染的补偿机制，切实加强环境污染统筹治理。

（三）加大政策支持

把生态环境建设纳入政府公共预算支持范围，支持污染减排三大体系（指标体系、监测体系和考核体系）和生态环保重点工程建设。

研究制定污染治理市场化的政策措施，推进环保设施的企业化、社会化、专业化运营，支持发展环保服务产业。

发挥环保、节能专项资金的作用，积极支持重点节能减排项目的实施，提高资源利用效率，保护生态环境。

（四）强化技术支撑

鼓励和培育发展企业技术研发中心，开发应用先进生态环保技术，加快科技成果转化。

培育一批环保骨干企业，推广一批环保先进设备和技术。围绕重点产业和企业节能降耗等方面的关键和共性技术，组织研发有重大推广意义的开发企业间产业生态链的集成技术、工业废水高效低费处理技术、新型节能节水技术、农业污染治理与废弃物的无污染利用技术、水生态修复技术等，形成技术优势。

大力扶持行业协会、节能技术服务中心等中介机构发展，为城乡一体的生态环境建设提供先进和科学的咨询服务。

作者李强简介

李强，男，汉族，1973年10月生，湖北襄阳人，管理学博士。先后就读于华中科技大学管理学院、中共中央党校研究生院、四川大学经济学院、南京大学政府管理学院。系国家发改委宏观经济研究院研究员、国杰老教授科学技术开发咨询研究院副院长、中科人才技术交流发展中心常务副主任、南京大学中国基层组织研究基地首席研究员。系天津市宝坻区、天津市河西区、黑龙江省绥棱县、江苏省徐州市、广东省惠州市、云南省玉溪市、新疆自治区阿瓦提县等政府顾问及中国中信集团内蒙古乌兰察布农商银行等企业发展顾问。主要研究领域：区域经济理论与政策；产业经济理论与政策；金融理论与政策；组织理论与组织创新；创新发展理论。

近年来，先后主持和参加县市级区域发展规划和政策研究30余项；主持和参加国家和地方产业政策、产业发展规划和产业重大项目课题研究50余项；出版各类著作10余部；发表各类论文50余篇。其中，"十五"以来主持和参加的经济社会文化规划咨询项目课题主要有：

一、"十五"期间主持和参加的重点规划研究课题

1. 辽宁葫芦岛市滨海地区旅游发展规划（2004）
2. 江苏昆山市社会经济发展与土地开发利用研究（2004）
3. 中国西部生态脆弱带生态综合治理可行性研究（2004）
4. 云南玉溪市区域性空间控制性规划（2005）
5. 云南玉溪市"十一五"产业发展规划（2005）

二、"十一五"期间主持和参加的重点规划研究课题

1. 云南玉溪市国际竞争性烟草项目可行性研究（2006）

2. 云南玉溪市城市水资源保护与防洪体系建设项目可行性研究（2006）

3. 云南玉溪市区域性国际物流中心可行性研究（2006）

4. 江苏吴江市盛泽现代服务业发展规划研究（2006）

5. 淮海经济区区域经济发展研究（2007）

6. 中国矿业大学（徐州）高校科技园区产业规划研究（2008）

7. 黑龙江绥棱县"十二五"产业发展规划（2009）

8. 北京昌平区"十二五"科技与知识产权发展规划研究（2009）

9. 北京昌平区"十二五"社会经济发展前期规划研究（2009）

10. 北京昌平区"十二五"产学研一体化区域创新体系研究（2009）

11. 江苏连云港市"十二五"花卉产业发展规划（2009）

12. 天津宝坻区京津国际文化城发展规划研究（2009）

13. 甘肃省金昌市城乡一体化发展规划（2009）

14. 甘肃省金昌市金川区城乡一体化发展规划（2009）

15. 云南省利用外资与境外投资发展战略研究（2010）

16. 新疆自治区新湖农场"十二五"产业布局与规划（2010）

三、"十二五"期间主持和参加的重点规划研究课题

1. 互助担保基金的理论与实践（2011）

2. 北京昌平区十三陵明文化产业集聚区可行性研究（2011）

3. 中国（山东·邹城）国际母教文化产业集聚区可行性研究（2011）

4. 天津宝坻区京津冀区域桥头堡发展研究（2012）

5. 甘肃白银市核桃产业发展规划（2013）

6. 西藏自治区高原特色农产品基地建设规划（2014）

7. 安徽同福碗粥股份产业发展战略规划（2014）

8. 天津市河西区城市发展定位研究（2015）

9. 国家自主创新示范区企业信用评估指标体系研究（2015）

四、"十三五"期间主持和参加的重点规划研究课题

1. 四川·筠连县漆树产业发展规划研究（2016）

2. 贵州交通小康化财政金融统筹模式研究（2016）

3. 新疆自治区阿瓦提县文化立县治县研究（2016）

4. 江西省德兴市优秀传统文化挖掘、传承与保护研究（2017）

5. 田园综合体规划发展研究（2017）

6. 农村商业银行转型发展研究（2017）

联系电话：010－63908399 13910954677

邮箱：13910954677@139. com